区块链产业应用 100例

袁煜明 王蕊 孟岩 李慧 肖晓 马天元◎著

人民邮电出版社

北 京

图书在版编目（CIP）数据

区块链产业应用100例 / 袁煜明等著. -- 北京：人
民邮电出版社，2021.1（2021.9重印）
ISBN 978-7-115-55272-3

Ⅰ. ①区… Ⅱ. ①袁… Ⅲ. ①区块链技术－产业发展
－案例 Ⅳ. ①F713.361.3

中国版本图书馆CIP数据核字(2020)第219443号

内 容 提 要

随着行业的发展和技术的进步，区块链技术理论已经逐渐成型，并开始在各个领域小试牛刀。区块链技术与这些领域的结合，带来了一个个创造性和颠覆性的尝试。经过广泛搜集和严密论证，本书精心选取了100个区块链产业应用的落地案例，希冀为区块链行业的探索者带来灵感的火花，让区块链技术得以广泛应用，帮助更多的实践者使用区块链技术赋能实体经济发展，让我们的生活更加美好。本书适合金融、物流、教育、医疗、政务等行业希望使用区块链技术的企业和个人阅读与学习。

◆ 著　　　　袁煜明　王蕊　孟岩　李慧　肖晓　马天元
　　责任编辑　赵　娟
　　责任印制　彭志环

◆ 人民邮电出版社出版发行　　北京市丰台区成寿寺路 11 号
　　邮编　100164　　电子邮件　315@ptpress.com.cn
　　网址　https://www.ptpress.com.cn
　　北京天宇星印刷厂印刷

◆ 开本：720×960　1/16
　　印张：17.25　　　　　　　　　　2021 年 1 月第 1 版
　　字数：261 千字　　　　　　　　2021 年 9 月北京第 3 次印刷

定价：79.00 元

读者服务热线：(010)81055493　印装质量热线：(010)81055316
反盗版热线：(010)81055315
广告经营许可证：京东市监广登字 20170147 号

推荐序

　　20多年前，互联网给我们带来了一个信息互联、天涯若比邻的时代；10多年前，移动互联网让人们突破固定界限，实现时间和空间的自由连接；如今，全球科技创新进入空前密集、活跃的时期，物联网、互联网、云计算等带来了大数据的爆炸式增长，我们迎来了一个全新的时代——数字经济时代。

　　从国家战略的角度来看，数字经济有六大维度，包括数字化生产力的维度、数字基础设施的维度、数字化转型的维度、数字技术的维度、数字公共服务的维度和数字化治理的维度。从不同的维度来看，我们不仅要实现互联网的信息化，更要基于数据，与实体行业结合，实现智能经济。对此，区块链能在很多方面发挥重要的作用。

　　当前，区块链行业已经走过了3个阶段：第一个阶段是以"加密货币"为代表的点对点的现金场景；第二个阶段是应用智能合约和数字资产的可编程金融时代；第三个阶段则是区块链应用时代，即区块链技术与数字经济全面融合。

　　我认为，区块链技术将成为数字经济的支撑，其应用主要集中在3个方面。一是构建可信体系，利用分布式账本和区块链式结构保证信息的真实性和不易篡改性，降低信任成本。二是信息互通，区块链的分布式账本、非对称加密等技术能够打破"数据孤岛"，连接和共享分散在各个部门、系统和产品的数据，使其发挥更大的价值和能量，让实体产业更智能地运转。三是从信息互联网升级为价值互联网：一方面实现了价值的点对点互通、实时可清算与可追溯，为

金融更好地服务实体产业打好基础；另一方面则实现了权益数字化，用可信数据赋能个人价值，创造新的商业模式和生产关系。

2019年，国家信息中心与中国移动通信集团公司、中国银联等单位联合发起并建立了区块链服务网络（Block-chain-based Service Network，BSN），致力于打造全球性的区块链公用基础设施，为联盟链技术服务提供新的规范，服务新型智慧城市建设与数字经济发展。火链科技也是我们的联盟成员之一，为BSN项目的研发和落地做出了很多贡献，它在区块链技术和应用方面的研究在行业内处于领先地位。

尽管区块链技术极具潜力，但不可否认的是，区块链的技术标准、行业规范、系统安全性等都需要进一步完善，这需要政府、区块链企业和从业者一起为行业的发展贡献力量。

应用启迪未来。区块链发展的核心是应用驱动、应用为王。应用是区块链技术发展的基础载体和核心支撑。《区块链产业应用100例》一书正如其名，囊括了政务、司法、金融、供应链等方面的100个经典案例，为我们呈现了区块链丰富的应用场景，内容翔实，专业性强。它既能让我们深入地了解产业变革的脉络、了解区块链的实际落地方向，也能让我们更好地思考如何用区块链构筑智慧化的未来。

是以为序。

国家信息中心信息化和产业发展部主任

区块链服务网络（BSN）联盟理事长

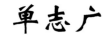

2020年5月

前言

近年来，随着国家政策利好及应用场景的推动，区块链技术逐渐进入大众视野。尽管国内外已经有一些探索和应用，但区块链作为一项前沿且抽象的技术，实际上仍然处于发展早期，其技术逻辑和实际应用并非广为人知。作为一个区块链从业者和研究者，我经常会被问到，区块链到底能发挥什么作用，目前有没有能够落地应用的案例可以作为参考。

我们火链科技研究院在长期的研究和实践中，挖掘了不少既经典又有趣的案例，也参与设计了很多与区块链紧密结合的应用程序。我们得到了不少行业内外的认可和关注，深感责任重大，因此便有了最初收集整理区块链应用案例的想法，希望能够让想要对区块链技术进行落地应用的团队有所借鉴，少走一些弯路。

然而，单纯的案例呈现和分析容易让读者陷入单个案例的背景和细节，缺乏整体认知和对区块链技术应用的完整逻辑思考。所以，我们在以案例作为分析重点的同时，也对区块链的背景、原理、难点、关键点、各个行业的实际情况等内容做了梳理，结合我们长期以来对区块链技术应用的理论体系，创作了这本《区块链产业应用 100 例》。

◎ 如何阅读本书

本书分为 3 篇，以行业发展需求、区块链技术的作用、具体应用以及存在的关键点作为主要脉络。

第 1 篇主要介绍了区块链蓬勃发展的政策背景以及区块链产业应用的关键点。目前，在数字经济时代的背景下，数据成为新的生产要素，数据治理问题突出，而区块链技术将成为数据生产要素化的支撑。区块链在实际应用过程中的一些难点和关键点，包括上链数据的真实性、链上权限等问题，是企业在应用区块链技术时需要重点思考的问题，也是未来需要持续探讨和改进的领域。

第 2 篇系统介绍和梳理了区块链的相关知识，例如，区块链的原理、区块链的作用等，解释了区块链能够作为信任基础的技术原理。

第 3 篇是本书的重点内容。我们根据长期的研究经验，以具体的细分行业为线索，选取了公共事务、政务、司法、金融、农业、工业、商业、交通运输及物流、医疗、教育及文创和能源 11 个大类 23 个小类，共计 100 个区块链赋能实体经济的案例。它们或影响力较大，或与区块链结合得非常巧妙，均具有很强的代表性。我们还对每个细分行业做了行业现状、现存痛点和区块链作用的梳理，在分析案例之前帮助读者系统性地了解每个行业与区块链结合的逻辑。

由于编写时间有限，再加上区块链技术的发展日新月异，书中难免存在一些错误和疏漏，恳请广大读者批评指正。读者可以将宝贵意见或建议发至邮箱 huobiresearch@huobi.com。

在本书的编写过程中，我们得到了多方的指导与支持。感谢国内区块链通证学派开创人之一、数字资产研究院技术及学术副院长、火链科技顾问孟岩先生，以及火链科技研究院的肖晓、李慧、马天元、王蕊、翁溢铭、李宗赫、陈圣桦、孙航天（排名不分先后）等诸位同事为编写本书所付出的努力。

本书中的所有内容、所有案例都饱含一个乃至多个团队夜以继日的思考，它们寻找到了行业需求和区块链技术的最佳平衡点，包含区块链应用的内核，阐述了区块链技术的本质。100 例虽少，只是已发掘的区块链应用的一小部分，但是我们希望读者通过它们能够窥一斑而知全豹，继而真正了解正在蓬勃发展的区块链世界。

火链科技 CEO、火链科技研究院院长

袁煜明

2020 年 7 月

目录

第 1 篇
区块链的蓬勃发展

第1章　中国的数字经济转型：数据将成为新的生产要素

2019 年 10 月 24 日，中共中央政治局进行了第十八次集体学习，会议提出：

◎ 要抓住区块链技术融合、功能拓展、产业细分的契机，发挥区块链在促进数据共享、优化业务流程、降低运营成本、提升协同效率、建设可信体系等方面的作用。

◎ 要推动区块链和实体经济深度融合，解决中小企业贷款融资难、银行风控难、部门监管难等问题。

◎ 要利用区块链技术探索数字经济模式创新，为打造便捷高效、公平竞争、稳定透明的营商环境提供动力，为推进供给侧结构性改革、实现各行业供需有效对接提供服务，为加快新旧动能接续转换、推动经济高质量发展提供支撑。

◎ 要探索"区块链+"在民生领域的运用，积极推动区块链技术在教育、就业、养老、精准脱贫、医疗健康、商品防伪、食品安全、公益、社会救助等领域的应用，为人民群众提供更加智能、更加便捷、更加优质的公共服务。

◎ 要推动区块链底层技术服务和新型智慧城市建设相结合，探索在信息基础设施、智慧交通、能源电力等领域的推广应用，提升城市管理的智能化、精准化水平。

◎ 要利用区块链技术促进城市间在信息、资金、人才、征信等方面更大规模的互联互通，保障生产要素在区域内有序高效流动。

◎ 要探索利用区块链数据共享模式，实现政务数据跨部门、跨区域共同维护和利用，促进业务协同办理，深化"最多跑一次"改革，为人民群众带来更好的政务服务体验。

由此可见，中国的区块链强调与产业结合，反对脱离实体经济、脱离具体行业。那么，区块链与中国的经济又有怎样的关系呢？我们可以从中国的数字经济说起。

目前，我们正处于从传统的工业经济走向数字经济的进程中。中国 2019 年数字经济的规模是 31.3 万亿元人民币，大约占 GDP 的 1/3。虽然中国现在已经是全世界数字经济发展较快的国家了，但中国的数字经济仍处于早期阶段，现实生活中的很多领域并没有普遍使用数字方式、数字工具来解决问题。

数字经济与传统经济不同，高科技的深远影响为经济的运行方式带来了巨大的变化。在未来的 20 年里，数据资产将成为数字经济的新动能。

经过将近 30 年的发展，全世界的主要经济体已经充分认识到数字经济对于整体工业、经济和社会发展的"催化剂、变压器"效应，纷纷结合信息技术升级换代的新趋势制订自己的数字经济升级计划。

◎ 美国先后推出了"数据科学战略计划""美国国家网络计划""美国先进制造业领导力计划""美国国防数字战略计划"等[1]，同时 Facebook 计划发行的 Libra 本身也是美国在全球数字经济当中的一手策略。

◎ 德国于 2019 年 9 月发布了《德国国家区块链战略》文件，配合此前已经提出的"工业 4.0"和"德国国家高技术战略 2025 计划"，为德国数字经济升级提出了新规划。

◎ 法国制订了"法国数字技术推进工业转型计划"。

◎ 欧盟制订了"欧盟人工智能战略""通用数据保护条例（GDPR）""非个人数据自由流动计划框架""地平线欧洲计划 2021-2027"等战略计划，为未来的数字经济发展设定框架。

◎ 英国发布了《数字宪章》和《英国国家数字度量实施计划》。

◎ 日本发布了《支付服务法案》，并制定"综合创新战略""整合创新战略"

---

[1]　李健旋. 美德中制造业创新发展战略重点及政策分析 [J]. 中国软科学，2016（9）：37—44.

以及"战略性创新推进计划（SIP）二期"。

◎ 俄罗斯发布了《俄罗斯联邦数字经济规划》。

显而易见，一场新的全球数字经济竞争已经展开。在这场竞争中，中国的关键战略是什么呢？

在中共十九届四中全会通过的《中共中央关于坚持和完善中国特色社会主义制度、推进国家治理体系和治理能力现代化若干重大问题的决定》（以下简称"《决定》"）第六节第二条"坚持按劳分配为主体、多种分配方式并存"中有一段简短却意义深远的论述：

"健全劳动、资本、土地、知识、技术、管理、数据等生产要素由市场评价贡献、按贡献决定报酬的机制。"

2020年3月30日，《中共中央　国务院关于构建更加完善的要素市场化配置体制机制的意见》（以下简称"《意见》"）进一步明确了数据作为生产要素之一。

这是一个具有重大理论价值的决策，为中国数字经济的发展指明了新的方向。如何理解这个决策的重要意义？这与产业区块链和数字经济升级又有怎样的关系？

我们必须深入理解生产要素的含义。生产要素是经济学上一个非常重要的概念。古典经济学和新古典经济学并不关心企业怎样组织、如何管理，而是将企业当成一个"黑盒子"。假设"黑盒子"里有一群变魔术的人，只要往这个"黑盒子"的一头放进一些投入品，那么这个"黑盒子"就能变戏法般地从另一头输出产品。就好比这家企业是一个函数，给它输入一些参数，函数就会输出结果。对应到现实生活中，企业输出的结果自然是老百姓需要的商品和服务。那么企业需要的投入品是什么呢？在经济学中，这些投入品就被抽象地称为"生产要素"。

"什么是生产要素"是经济学中的一个重要问题，不仅反映观点，还反映立场。例如，亚当·斯密（Adam Smith）提出3个生产要素：土地（自然资源）、劳动力、资本。而马克思认为生产要素是劳动、劳动对象、劳动工具。一部分新自由主义者认为一切生产要素都与资本有关，因此他们主张生产要素是可变资本（也叫流动资本）、固定资本、金融资本、人力资本，甚至是社会资本，总之一切都是资本。改革开放以后，一些经济学家向中国政府建议，将"企业家才能"作为生产要素看待。而经济学告诉我们，一个人的收入来自其对于生产要素的贡献。由此可见，怎样认识生产要素体现了不同的人对于"什么是驱动经济增长的关键因素"的认识和理解。对这个问题的回答在很大程度上会影响一个国家的经济政策和经济发展模式，更决定了一个社会的收入分配模式。

在中共十九届四中全会以前，我国认定的生产要素包括 6 项，分别是劳动、资本、土地、知识、技术、管理。这已经能够代表全球主流经济体对于生产要素问题的高水平认识。而在中共十九届四中全会上，数据被首次认定为生产要素，而且有助于其他要素的价值实现。这个经济学上重大的理论突破将对中国乃至全世界的数字经济发展产生巨大且深远的影响。

第一，数据将成为经济增长新的"发动机"。 数据作为一种新资源，其总量没有限制，正在以指数的形式快速增长。因此，如果能够让数据充分发挥经济的驱动作用，那么经济增长将获得推动力。

第二，数据要素市场化。 《意见》指出，要推进政府数据开放共享、提升社会数据资源价值，加强数据资源整合和安全保护，以加快培育数据要素市场。同时，要完善主要由市场决定的要素价格机制，加强要素价格管理和监督，健全生产要素由市场评价贡献、按贡献决定报酬的机制，以加快要素价格市场化改革。这就意味着，要让数字资源市场化、商品化，由市场来配置数据资源，并且决定各个参与方的收入分配。

第三，数据将成为资产。 国务院副总理刘鹤在 2019 年 11 月 22 日《人民日报》上发表了《坚持和完善社会主义基本经济制度》一文，在文中强调，建立健全"数据权属、公开、共享、交易规划"。这意味着我们要努力使数据

资源摆脱现在权属不明、权利不清、定价不公、分享不易的状态，进入高效率、低摩擦、高流动性的交易市场，给数据资源的权利所有人带来经济收益，这表明数据将成为新时代的资产。

第四，数据资产将在很大程度上影响未来的财富创造方式和分配格局。 在市场经济中，个体和企业的报酬是由其要素贡献决定的。而相较于其他要素，数据这一要素的增长更快、更具有活力和潜力，因此将成为左右财富分配格局的关键因素。再过 20 年，整个社会的财富分配将在很大程度上受到数据因素的影响。

毫无疑问，中国对于数据成为新生产要素的判断将会对中国乃至全世界未来数十年的经济和社会生活产生重要的影响。

第2章 了解数据生产要素

 2.1 来自数据生产要素的挑战

数据作为新的生产要素和新的资产，其发展前景无限。由于数据的一些特性，它与传统的资产存在巨大的性质差异。数据要升级为资产，在技术、应用模式、监管和制度设计等方面将会面临一系列的挑战。

1.克隆挑战

数据要想成为商品，就必须流动。数据具有一个显著的特点，即可以低成本甚至零成本地复制、克隆。一个低成本的、可以随意复制的东西是没有稀缺性的，供给可以随意放大而且永不折旧，那么该如何使其商品化呢？

2.确权挑战

数据难以确权。当一份数据放到我们面前时，我们该如何确认其创造者和所有者？当两份一模一样的数据放在眼前，我们该如何确认哪个是原本、哪个是复本？由于数据没有天然的权属机制和标签，因此我们根本无法区分数据归谁所有。一个难以区分所有权的东西该如何交易呢？

3.产权挑战

数据只有整合起来才能发挥最大的作用，可是数据整合应用与数据产权分散存在天然的矛盾。整合数据需要很多人主动地将数据交出，但他们凭什么交出数据？如何确认整合中心？按照什么标准为数据提供方支付对价呢？

4.隐私挑战

数据整合应用与人们越来越强烈的数据隐私保护意识之间存在尖锐的矛

盾。如何既保护和尊重个人隐私，又实现数据的整合应用、整合协作？这是技术上的重大挑战，也是应用模式和监管上的重大挑战。

5.定价挑战

互联网免费模式的本质是什么？用户免费地使用互联网产品，产品提供方免费地收集用户的数据。这样带来的后果是，大家以一种"大锅饭"的计算方式来考虑数据的价值，也就是没有进行精确的数据价值衡量和数字管理。在互联网发展初期，很多人都称赞这种免费模式。但如今，我们应该反思这个问题，因为这种免费模式已经严重地阻碍了数字经济的进一步发展。要对数据进行商品化并投入市场，就需要给数据定义和定价，但精准定价仍然是一个难题。

6.真实性挑战

数据有这样一个特点：如果是高质量的数据，想要掺假是非常容易的；而一旦掺假，再想把这个假数据过滤出来、恢复数据质量是非常困难的，这里存在非对称性。目前，互联网数字经济、流量经济领域造假猖獗，受害者无计可施。2019年10月，一位拥有380万粉丝的微博"网红"帮甲方做广告，这个"网红"发布的短视频共计有353万人次观看，最后成交量为零，为什么？因为她的粉丝几乎都是机器人。可想而知，数据极易掺假、作假。这带来了一个问题，既然要让数据资产化，要让数据的价值由市场衡量，可我们又没有办法把真数据与假数据区分开，这会带来什么后果？难道谁越能作假，谁就越能挣钱？这肯定是不允许的。数字经济向前发展，必须解决数据真实性问题。

7.安全性挑战

随着大数据分析、机器学习等智能算法的广泛应用，"数据黑客攻击"逐渐猖獗。这种新的IT系统攻击方法，是使用"病态"数据对依赖数据实施判断的智能算法进行攻击，使智能算法出现重大错误，例如，通过身上佩戴的简单的贴纸，人脸识别程序将一个人完全识别为另一个人，或者通过埋藏的"数据炸弹"使无人驾驶装置做出可能导致自毁的行为。目前，学术界对这个领域的研究尚处在起步阶段，但是安全性挑战对于数据资产的广泛应用无疑将构成严峻的挑战。

以上挑战是数据在转变为生产要素的过程中必须面对的问题。

2.2 区块链：数据生产要素化的支撑

区块链为解决上述问题提供了一个可行性方案，区块链成为数据生产要素化和数据资产化的理想支撑平台。

首先，区块链从根本上确保了链上数字对象的唯一性，即区块链上的数字对象无法复制。此外，区块链上的数字对象在任何状态下均有清晰的所有权归属，也就是说，任何一个区块链对象一定是绑定着自己的所有者账户（地址）的。这两点使区块链能够成为数字生产要素化基础平台的技术保障。

其次，区块链不仅仅是一种技术，更是一套思维方式、行动协议和应用模式。区块链产业应用之所以会有一致的模式，是因为区块链并不是与方法论无关、任由设计者自由发挥的纯技术平台。可以这么认为，区块链技术平台只是整个系统的"硬件"部分，而一个区块链产业应用系统要想顺利地运行、解决问题，就必须遵循一套规则、协议、流程和方法，这就是系统的"软件"部分，也就是使区块链产业应用明晰一致的模式。这样做的目的在于通过各方的响应式协调行动和交叉验证，将普通的数据上升为可信数据并记录在链上。通过这种方式，各方在不需要事先共享私有数据的情况下，基于协作方的具体需求，在有效的激励之下协助对方获取所需的数据并完成交易。整个过程安全、高效，并且结合市场化的激励制度，能够比较公允地为数据定价。

经济协作的范围越大，分工越细致，效率越高。因此，经济协作范围有无限扩展的趋势。随着数字经济的不断深化，越来越多的经济组织在互联网上协作，越来越多的交易活动通过计算完成，因此人们对计算的可信度要求越来越高。例如，甲乙双方通过互联网达成一个交易，根据经济学的基本思想，一切交易都是由合约来规范的，也就是说，甲乙双方的交易是遵循某个合约进行的。互联网计算系统对于这个交易的处理过程必须与合约完全一致，这是对交易双方最基本的要求。到目前为止，所有的计算系统，包括以分布式计算为基础的互联网系统，都是采用"中心化"的方式来构建的，这就要求各参与方对于这个"中心化"系统存在高度的信任。事实上，这种多对一的信任总是存在边界的。地域、文化、行业、商业生态、司法管辖等都有天然的信任边界。例如，在一个国家规模很大、备受信任的电商平台，在另一个国家可能毫无信任度可言。此外，交易性质、目标、规模和金额都有可能影响信任边界。可以想象，在一个交易二手日常生活用品的个人与个人之间的电子商务（Customer to Customer，C2C）平台上，买卖双方对平台比较信任，但是同样一个平台，如果交易大宗、复杂的金融合约，或者为供应链仓单提供担保，其目标用户就很有可能对该平台缺乏足够的信任。事实上，在全世界仍然处于多种族、多民族、多文化、多行政司法区域问题的今天，"中心化"信任的边界总是有限的。日益扩大的经济协作范围与有限的"中心化"信任之间已经形成尖锐的矛盾。

区块链的优势就在于可以解决这个矛盾。为了实现跨越信任边界的协作，区块链以自己特有的方式构造可信的计算平台，并且向第三方证明其计算过程的可信性。区块链是怎样做到的呢？我们不妨考虑一个问题：一个可信的计算系统由哪些部分组成？最简单的回答就是，**由可信的计算基础设施和可信的程序组成。**

其中，可信的计算基础设施就是要正确、健康，确保没有人可以通过攻击基础设施使计算产生错误的结果。区块链创建跨越信任边界的分布式基础设施，因此协作的各参与方都可以确信，单个或少数恶意方无法通过修改和干扰基础设施的方式损害计算的可信性。也就是说，区块链提供了一个可靠的计算机"硬件"。

而实现可信的程序则比较复杂。著名的计算机科学家尼克劳斯·沃斯

（Niklaus Wirth）曾高度概括地指出，程序 = 数据结构 + 算法。因此，可信的程序就要有可信的数据和可信的算法作为基础。可信的算法通过开放源代码并接受代码检查和验证就可以实现。真正的难点是可信的数据，尤其是可信的输入数据。一个计算系统想要做出正确的计算，就必须能够得到关于外部世界状态变化的准确信息，而这是通过输入数据实现的。如果有人故意向计算系统提供假数据，那么无论计算系统本身多么完美、可信，都必然会出错。区块链能够确保其基础设施和程序的可信性，但输入数据是否可信不在其能力范围之内，必须由外界提供保证。

区块链之所以需要一套与众不同的应用模式，就是为了向系统内提供可信的输入数据。区块链是创建数字资产的机制，也是一套解决问题的方法和思路。它的核心是在链上记录不易篡改、可追溯的事实，并基于这些事实进行衍生应用。

总而言之，区块链为应对 2.1 节所列举的各项挑战提供了一整套解决方案。以发展的眼光来看，这套解决方案未必是唯一的，也不一定是最优的，但在当前，它是最可行的方案之一。因此，区块链也就转变为支持数据成为生产要素、支持数据资产化的一个现实可用的平台，在当前这个特定的历史阶段具有极其重要的战略价值。

第3章 区块链产业应用的关键点

3.1 保证上链信息的真实性

信息与区块链的关系可以分为信息上链前以及信息上链后两个阶段。区块链的可追溯性、防篡改等优势主要是在信息上链后的阶段创造价值，例如，保证信息上链后的真实性，让用户可以相信它。但要想保证用户相信的信息确实是正确的，还要从信息的源头入手，保证信息上链前没有被篡改过。这是单一的区块链技术无法做到的，可以借助其他方式从以下两个层面进行改进。

第一个层面是信息采集的层面，可以在信息采集环节先对信息进行认证，让信息有一定的权威背书再进行上链处理。

这种方式需要基于现有的信息认证方式，例如，公证处公证、CA 认证、尽职调查等。本书提及的 tZero 投资人采用的就是先进行尽职调查再上链的方式，该案例中投资人的相关信息全部通过传统的方式进行链下审核，例如，ID、住址、净资产等，得出结论后再上链生成投资人账户，并基于审核的结果通过智能合约管理账户权限。这个账户和对应的权限其实就是投资人的链上身份信息，以后所有涉及解除禁售、市场交易的行为，全部是基于这一认证过的信息进行的。

在信息认证的过程中，企业也可以借助其他技术，例如，语音识别、指纹识别等生物特征识别技术。生物特征本质上也是对信息的背书，同一个用户产生的不同信息，可以通过生物特征识别认证后再上链存证。除此之外，企业也可以借助物联网技术，由机器自动采集数据，减少人工干预，降低信息被篡改的可能性。

第二个层面是缩短信息产生或信息验证到信息上链之间的时间窗口，以降

低被人为篡改的可能性。

　　为了缩短信息验证后到信息上链的时间窗口，我们可以在联盟许可链中设置验证节点，信息验证后可以在第一时间向其他节点广播，甚至可以将验证过程放在区块链上完成，例如，引入多家认证机构，各自分别上传认证结果，基于智能合约判定，只有全部认证通过后才算是完成认证，而智能合约判定后也将自动为信息加盖时间戳，完成信息上链全流程。除此之外，基于传感器、物联网等技术采集的数据也可以直接绕开人工干预环节，实现自动地实时上链。

　　除了通过以上方式加强信息上链前的可信度外，区块链上链后的不易篡改性也将对上链前的篡改行为产生约束，尤其是针对临时性的篡改行为。基于单点管理的系统，可以随意更改数据，临时作恶达到目的之后可以不留痕迹地把信息更改回来。一旦将篡改后的数据上传至区块链，就再也没有修改的机会，或者说任何修改都会留下不可磨灭的记录。因此，在数据上链前是否要篡改数据，对此"作恶者"需要慎重考虑，会有所顾忌，篡改数据的成本升高了，这样也就降低了人为篡改的可能性。

3.2　妥善设置链上权限

　　区块链希望实现的一个重要目标就是数据共享，解决"数据孤岛"问题。而在数据共享的过程中，企业经常会对数据隐私的问题产生担忧，这一担忧极大地阻碍了区块链应用的落地。如何确保数据在保护隐私的前提下共享是一个亟待解决的问题。常见的区块链隐私保护方式可以分为设置数据权限和加密计算两种。

　　设置数据权限是指通过一些方法对数据读取的权限做出一定的限制，多重签名是使用较多的一种方式。区块链上一个账户给另一个账户传输数据时会用到数字签名，其基本过程是接收账户首先生成一对密钥，同时将其中的一把作为公钥，得到该公钥的发送账户使用该公钥对数据进行加密，并与包含发送方私钥的数字签名一起发送给接收账户，接收账户使用另一把对应的私钥对其进行解密，这样就实现了区块链上的机密数据传输。如果接收方是多重签名账户，就需要将过程中的一个数字签名变为多个签名，而接收方也需要使用多把对应的私钥对信息进行解密，例如，该多重签名账户对应 N 个密钥对，可规定其至少需要 M 个（$M \le N$）对应私钥进行解密，才可以查看数据。在企业应用中，可以只将解密的私钥授权给相关的人员，便可以实现由多方控制更高级别的数据隐私。

基于密钥对的这一特征，我们还可以结合智能合约，对解密私钥的权限做出额外的限定。例如，限定有限时间拥有权限：通过智能合约限定持有私钥的人员只能在特定时间内进行数据解密，过了限定时间，该权限自动失效。或者由事件驱动获取权限：只有当特定事件发生时，这 N 个密钥才可以拥有解密权限。

除了对数据读取的权限进行限制之外，还可以通过一些方式绕过数据读取，直接进行加密计算。

安全多方计算就是这样一种方式。该方案主要解决多方参与数据处理，且在无可信第三方的情况下，如何安全地计算一个约定函数的问题。参与计算的各方可以在不泄露自己数据的前提下，共同完成某个计算过程，并且最终的计算结果还能证明是正确的。安全多方计算可以解决大数据时代有价值的数据或隐私数据难以分享的痛点，例如，金融数据、医疗数据等。在安全多方计算的协助下，多个数据持有方才能更放心地开展合作，在不损害自身利益的情况下，创造更大的价值。

可信执行环境（Trusted Execution Emironment，TEE）技术也能够达到对数据进行加密计算的目的，它主要是通过硬件以及和硬件最接近的软件对数据和计算过程进行加密。TEE 是计算机设备 CPU 内的一个安全区域，它运行在独立的环境中，且与操作系统并行运行。在 TEE 中运行的授信应用可以访问设备主处理器和内存的全部功能，而硬件的隔离保证操作系统中其他应用无法查看 TEE 中的数据和代码，从而保证该环境下的机密性。

TEE 与安全多方计算的主要区别在于：

◎ TEE 技术方案需要有硬件支持，而安全多方计算主要基于软件；

◎ TEE 环境主要确保单台设备中的数据和计算过程的隐私，而安全多方计算主要保证多方协作时的数据计算隐私。

3.3　联盟链之间的数据互通

目前，大部分的区块链应用都只解决了单个联盟许可链之内的数据共享以及协作问题，如果有其他的主体或其他的联盟链想与这个系统产生交互，就需要加入这个联盟许可链成为其中的节点。但这样做的成本较高，也不可能让全世界所有的主体都加入一个共同的联盟链，且有些时候这种"交互"可能只是部分的数据互通，而这个新主体或新联盟并不需要参与到这个联盟许可链的共识或者记账的过程中。这个时候，最理想的方式是让两个联盟链保持独立性，但在需要时保留跨链交易的可能性。

联盟链的链间跨链和传统公链的链间跨链既有相似之处也有不同之处。传统公链的链间跨链强调资产的高安全性，而且公有链节点数量众多，不需要准入许可，容易受到网络中的拜占庭节点（或恶意节点）攻击。这对跨链的中间步骤要求较高，例如，需要大量抵押或者强密码学手段来增加其安全性。但是对于联盟链来说，联盟链中的节点较少，容易协调，且存在准入门槛，它有助于让节点之间、联盟链账本之间的协调、沟通更高效和安全。当然，如果只是简单的资产跨链，那么哈希时间锁定合约技术可能要同时适用于公有链和联盟链间。

针对联盟链之间需要进行的数据互通和信息交互问题，业界已经初步摸索了多种解决方案，其中有 3 类解决方案备受关注，分别是公证人跨链模式、主动兼容跨链平台和被动兼容跨链平台。

（1）公证人跨链模式是最为简洁的设计，即"中间人"不仅进行数据收集，还进行交易确认和验证。此时的"中间人"将成为可信的第三方，可以是一个

双方可信的机构，也可以是一群节点。

对于需要跨链交互的多个联盟链来说，由各联盟链派出代表组成新的"中间人"是不错的选择。因为联盟链节点是可信节点，其组成的新的中间人群体是相对可信的。当联盟链 A 和联盟链 B 需要进行跨链信息交互时，可由中间人进行传递。该机制整体效率高，且可信任程度高。此时的"中间人"将成为可信的第三方，这可以是一个双方可信的机构，也可以是一批机构。验证交易是否正确的过程又将有多种演化，主要分为 3 种：单签名公证人机制、多签名公证人机制以及分布式签名公证人机制。

（2）**主动兼容跨链平台是自上而下进行设计的，主要针对的是已有的区块链系统。** 对于一些联盟链解决方案来说，若已有不同的上层区块链应用系统，再进行底层的跨链机制研发，可以主动兼容一些规模较大、使用范围较广的区块链方案，例如，HyperLedger Fabric、Quorum 等，通常这些系统都是异构链，需要开发定制化的接口。

（3）**被动兼容跨链平台是自下而上进行设计的，主要针对的是未来尚未开发的区块链体系。** 对于一些联盟链解决方案来说，可以先行搭建好底层的跨链平台，让其他区块链系统简单、便捷、安全地接入，共享跨链平台的系统便利。

一般来说，跨链平台需要优先链间互操作系统和协议标准开发，后续只需要在其已有的平台上进行符合标准的开发，便可建立天然的、具有系统内跨链功能的区块链。不过这里的跨链是指符合此协议标准的链间能简单互联，若是要和该体系外的其他链之间进行互操作，还需要开发单独的中间件，例如，用"桥接链"等来进行连通。

2019 年 5 月，加拿大中央银行和新加坡金融管理局基于区块链技术和中央银行数字货币完成的跨境支付试验就实现了联盟链之间的跨链。通过使用哈希时间锁定合约技术，双方将各自的区块链项目 Jasper(基于 Corda)和 Ubin(基于 Quorum) 区块链网络进行连接，完成了"跨链"动作。蚂蚁金服旗下的蚂蚁区块链，也已经于 2019 年 9 月发布了 ODATS 联盟链跨链方案，中文全称是"开放数据接入可信服务"，它给联盟链用户提供了基于智能合约的跨链服务能力，蚂蚁金服通过 ODATS 可以让联盟链的开发者和用户低成本、安全、跨平台地交互操作。根据 ODATS 披露的信息，采用 ODATS 开发的联盟链系统，可以使用蚂蚁区块链、Fabrci 及 Quorum 等知名联盟链组件。

在不远的未来，我们有希望看到更多的联盟链系统进行互联，并更好地把其应用于商业和生活中。

3.4 冷启动的推动力

虽然区块链的长远目的是解决信任问题，但在落地时仍然会有一个信任过程。它在应用初期需要一定的权威推动力来对它进行背书，并建立示范效应，才能实现冷启动。这种权威推动力可能来自政府、行业巨头以及行业联盟。

政府背书。对于涉及居民人身、财产安全等方面的应用，最好政府能够参与。例如，基于区块链身份的链上征信、安防系统等，由于涉及的数据较为敏感，且涉及的群体广泛，得到政府的背书会更容易让用户信任。政府参与的方式是可以作为认证节点，为区块链中的数据交换、交易往来做认证和记录；也可以作为监管节点，对区块链中的某些方面进行监管以及定期检查。

核心企业推动背书。在一些上下游存在依赖关系的领域，例如供应链金融领域，需要由核心企业推动区块链在其周边生态内落地。一个供应链系统及金融服务的运营需要依赖核心企业的信用，而要彻底解决上游中小企业"融资难、融资贵"等问题，则需要整个链条上与业务流、信息流、资金流相关的数据都进行上链加密共享。其中，核心企业在供应链最下游生成订单时，就将其记录在区块链上，这也是核心企业信用在区块链上流转的前提。所以说，该领域最主要的问题是需要核心企业参与才能得以解决，而如果直接由核心企业牵头，区块链落地也会更有效率。

行业巨头联合，共同推动。有些对数据全面性要求较高，需要整个行业集体参与的领域，需要由行业各巨头联合，或由行业联盟来共同推动。例如，在智能交通领域，智能交通的一个重要目标就是改善道路安全、缓解交通拥挤，这一目标的实现需要基于所有的汽车数据，而汽车数据的上链又需要基于汽车的数字身份。如果这一领域应用区块链，就需要各大整车厂联合推动，让整车在出厂时就能拥有身份上链的可能性，例如，内嵌数据感应装置，内嵌区块链钱包地址，或在出厂时直接将汽车的唯一编码上链登记等。

3.5 确保项目可持续发展

一个区块链项目能不能可持续发展，需要考虑以下几点。

首先，取决于区块链项目背后有没有解决刚性需求，在原有的传统模式下，是不是存在真实的痛点。 例如，在原有的场景中，是否存在生产资料流动效率低下的问题，如果本来就不存在"数据孤岛"现象，数据交换一直都很顺畅，区块链"促进数据在隐私前提下交换"的价值就没有用武之地，因此也不需要强行应用区块链。或者，在原有的模式中如果存在销售和传播瓶颈，区块链也是有价值的，因为它可以通过公开、透明、公平的激励机制来调动销售和传播。

其次，要有良性循环的商业模式。 例如，供应链金融中的区块链让核心企业的信用流转起来，在链上传递，为中小型供应商提供了更多的融资机会；而中小型供应商有了更多的融资机会，又可以反过来更好、更及时地服务供应链下游买家，这样就形成了一个良性循环。例如，一个基于大数据的互联网服务平台，其业务瓶颈之一就是越来越多的用户担心信息被平台滥用而不愿提供数据，而区块链上的数据自治性可以保证用户数据只有用户自己能管理，且收益权也将归还给用户，这样一来用户的担忧就会减少，平台方也有更多的机会去接触用户数据，并合法地使用它们。

再次，需要在项目参与者之间建立共赢的奖惩体系。 一方面是需要给做出贡献的人合理的回报。例如，一个区块链平台为其参与方带来了新的收入，那么需要确认这个收入是通过哪家参与方的宣传与传播引来的，或是来自哪位用户的二次传播，并给予相应的奖励。另一方面，合作也需要建立惩罚机制，对于联盟链中不积极贡献者要有一定程度的劝诫，调动其积极性，或者给尝试"作恶"的参与方一定的惩罚。

最后，需要建立合理的治理机制，这种治理机制最好是多点参与的。 多点治理与单点治理相比更为客观独立，将更有利于联盟链的长远发展。例如，一个行业巨头发起的联盟链网络，如果它因为是发起者而成为唯一的管理者，未来可能将出于私利而拒绝竞争对手及相关公司加入网络，这样不仅将桎梏网络的发展，还会造成行业信息割裂。另外，多点治理与完全分布式的治理相比，效率更高，更适合企业级的联盟链应用。例如，一个清结算联盟链网络会涉及多家银行，如果完全用分布式形式管理，容易出现"群龙无首"的问题。如果在研发或运营上遇到问题，参与者相互推脱责任，会导致解决问题的效率低下，甚至将项目"拖死"。一方面原因是激励机制不够到位，另一方面也存在权责确认不够明确的问题。如果这时存在一个多点治理委员会，该委员会将需要担负起研讨出解决方案的责任。多点治理委员会成员需要由所有参与方共同选举，同时也需要定期换届，以保证其客观独立性。

第 2 篇
区块链的基础知识介绍

第4章 区块链的原理

技术革新始终是生产力发展的不二法门。蒸汽机改良技术的诞生成为人类第一次工业革命的开端。西门子的发电机技术又引领了第二次工业革命。随着以计算机和互联网为代表的科学技术的普及，第三次工业革命的科技成果早已应用在我们生活的方方面面。在了解100个具有代表性的区块链产业应用案例之前，我们需要先了解区块链技术本身。区块链到底是怎样的技术，有什么特点，能够发挥什么样的作用，能为生产关系带来怎样的推动力，这些问题都需要我们深入思考和探索。

 ## 4.1 区块链账本——分布式系统的协同方式

可以预见，分布式系统将是未来社会的重要组件。其实，这个趋势现在已经初见端倪。一家跨国巨头会将子公司和办事处分布在多个国家和地区，一部智能手机能够把计算任务分布给多核处理器并行处理，其实这些都是广义上的分布式系统。无数的分布式系统通过不同单元的组合形成远超单一节点的巨大收益，实现"1+1>2"的效益。

但是分布式系统内的多方协同并没有那么容易。如何处理不同部门的争端？如何分配不同组件的任务？如何确保不同节点的安全？这背后需要一门科学来指导。早在20世纪末，一个由密码学家、计算机学家组成的加密朋克邮件组就探讨过众多方案。2008年，这个加密朋克邮件组中的一员——中本聪——为一个分布式电子支付系统提出了解决方案。

随着对分布式系统协同方案的深入研究，研究者们逐渐提炼出两个技术名词——"区块"和"链条"，结合起来就称为"区块链"。区块链也因此成为指导分布式系统如何完成协同的一门学科。那么，区块链又是以什么形式完成这个艰巨的任务呢？

人们对区块链最常用的比喻是把区块链比作一种账本。记账对于我们来说并不陌生，它本身是人类商业社会发展的缩影。在最早的部落时代，人们靠画图和记忆记账；随后，文字和文字记账的出现让原始社会得到了长足的进步。从古希腊到中世纪，记账的方式也由单式记账转变为复式记账。随着社会生产力的进步，人类的记账方式也在快速发展，不断刺激着商业的蓬勃发展。如今，区块链分布式账本技术快速兴起，或许它会是未来社会生产关系中必不可少的组件。

无论是跨国公司的不同部门，还是智能手机的多核芯片，分布式系统中的不同部分要想完成协同，最大的困难就是交互。例如，在一个由 A、B、C 和 D 4 人组成的分布式系统中，A 向 B 借 500 元，B 补偿给 A 一千克货物，随后 B 租给 C 一套工具以获得利息，D 作为见证人见证着每次交易，并抽取一定的见证手续费。但是，倘若我们有一个公共账本，A、B 和 C 每进行一次交易，就记录一笔账。同时 A、B 和 C 每人拥有一份备份账本，如果谁的账本漏计一笔，其他两人就立刻帮他补上，由此账目明明白白，谁也无法抵赖。久而久之，他们就会发现，这个系统可能并不需要 D 作为见证人，他们就可以节省一笔付给见证人的钱。

这就是区块链分布式账本最显著的特点之一：**区块链能够提升协同效率，降低运营成本。**

4.2　"区块"和"链"——不易篡改的信息存储

区块链之所以难以篡改，是因为区块链有独特的链式存储结构及众多的技术支撑。那么，在开始探究链式存储结构之前，我们要先了解区块链背后最重要的 3 项支撑技术：分布式数据存储、点对点传输网络和非对称加密算法。

1.分布式数据存储

分布式数据存储是将数据拆分后分布存储在多台独立设备上的存储形式。

分布式存储是相对于集中式存储而言的。在过去，存储系统往往利用集中的存储设备存放所有数据。例如，21世纪初，一些公司还在搭建集中式"机房"，放上几台笨重的存储设备去维护企业数据。但是，随着技术的发展，人们发现这样的集中存储服务器会成为整个系统的性能瓶颈和安全瓶颈，企业的管理成本也很高。于是，分布式存储的理念开始兴起，系统利用多台存储服务器分担存储负荷，建立相关索引机制和备份机制，并且预留了很大的扩展空间。于是，分布式存储因为容错性高、性能良好，迅速受到了企业的青睐。

在区块链中，账本存储就利用了分布式数据存储的思路。在区块链网络中，每一个全节点设备中都有一份完整的账本。同时，这些节点可能分布在全球各地，这些账本完全一致。在这样的分布式数据存储框架下，个人难以影响集体去改变记录内容。换言之，这种账本几乎不会丢失，也极难遭到集体篡改。

举个例子，如果一个"作恶者"要篡改一个人的账本尚且在其能力范围之内，但他要想篡改10个人的账本就没有那么容易了，而要篡改成千上万人的账本几乎是不可能的事情。这就是分布式数据存储在区块链应用中带来的安全保证。

2.点对点传输网络

点对点（Peer to Peer）传输网络又称对等互联网络技术，它不需要依赖几台核心服务器，而是依赖网络中所有参与者的计算能力与网络带宽。

用支付宝和曾经的BT下载举例说明。支付宝的用户之间其实不需要相互连接，所有用户只需要和支付宝官方服务器连接即可。例如，爱丽斯要付款，她不用和商店老板鲍勃连接通信，也不需要与鲍勃同在一个Wi-Fi环境中，爱丽斯只要确保和支付宝官方服务器能够连接通信即可，爱丽斯告知支付宝官方转账金额，随后支付宝官方服务器利用后台服务器结算。

而 BT 下载则有所不同，爱丽斯要想下载速度足够快，有时候需要和用户直接联网。例如，爱丽斯和鲍勃同住在一个小区单元内，他们用 BT 下载的速度会非常快，这是因为爱丽斯的文件不需要经过第三方服务器中转，而是二人的网络直接和鲍勃连接，双方的文件就能完成传送。爱丽斯和鲍勃其实就是网络中的两个节点，这两个节点之间建立了直接连接，并没有借助第三方服务器，因此连接速度就快了很多。一些局域网内的游戏对战也是采用了点对点传输技术。

两者的区别想必读者也能猜到，支付宝使用的是"中心化"网络，BT 下载使用的则是"点对点传输"网络。前者采用"节点—后台服务器—节点"的方式，而后者则是采用"节点—节点"方式，没有后台服务器的参与。中心服务器网络（a）和点对点传输网络（b）对比如图 4-1 所示。

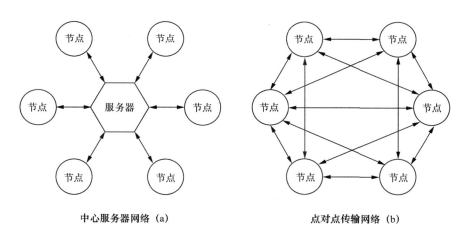

中心服务器网络（a）　　　　　**点对点传输网络（b）**

图 4-1　中心服务器网络（a）和点对点传输网络（b）对比

图片来源：火链科技研究院整理

点对点传输网络的应用保证了区块链不同节点之间的通信。节点之间直接建立连接，不再需要一个或几个后台服务器。即便若干个节点掉线，其他节点也能不受影响地保持正常工作。所以，普通网络中服务器宕机的情况并不会在区块链中出现，成熟的区块链系统因此能够保证 7 天 24 小时运行。

3.非对称加密算法

非对称加密算法是一种密钥加密手段。与对称加密算法相反，它在加密和解密的过程中使用的是不同的密钥，所以被称为非对称加密算法。非对称加密算法也在分布式系统中发挥着巨大的作用。

通俗来说，无论是对称加密算法还是非对称加密算法，其本质上都和"密码"相关，是确认用户身份证明和保护隐私的手段。两者目前在互联网上各有所长，都有诸多应用。我们知道，在互联网上利用"明文"进行传输是不安全的，如果用户利用互联网明文将自己的信用卡安全码发给他人，一旦黑客截获了它，那么用户的信用卡可能就会面临被盗刷的风险。

因此，加密机制应运而生，当用户需要利用互联网发送任何敏感信息时，用户可以用密钥对敏感信息进行加密，以密文形式发送；同时，接收方也利用这把密钥将接收到的密文还原成明文。这样，即便中途任何环节的信息被人截获，截获方在没有密钥的情况下也很难破解出原始信息。这和战争时期情报人员利用特定暗号对情报进行加密的原理很相似，敌方截获电报后，在没有"密码本"的情况下是极难破解截获的密文情报的。

但是，对称加密手段并非万能的。对于已经建立联系的发送方和接收方来说，他们共用同一把密钥，可以自由地对信息进行加密和解密。但是，对于点对点传输网络中的两个陌生节点来说，这个过程将会变得困难。熟悉的双方可能通过线下、中心服务器等方式交换密钥。但是点对点传输网络中往往没有中心服务器，如果双方要交换密钥，则必须通过网络。这会带来一个问题：当发送方要向陌生节点发送密文时，发送方必须要利用互联网传输密钥，然后再用这把密钥加密。而对于黑客来说，如果能够分别截获密钥和密文，再利用该密钥还原密文，那么加密的作用就荡然无存了。这就好比情报人员先把密码本利用电报发送给情报人员，然后再发送用该密码加密的电报一样，敌方截获两封电报后将会轻松破译出情报内容。

因此，在非对称加密手段中，密钥不再是一把，而是两把，分别是公钥和私钥。一条信息可以通过公钥加密，但只能通过私钥还原。举个例子，爱丽斯需要向鲍勃发送一条敏感信息，那么爱丽斯要求鲍勃先把公钥 b1 发送给她，因为公钥 b1 只能用于加密，无法用于解密，因此即便鲍勃的公钥被全网公开，也不会受任何影响。爱丽斯收到鲍勃的公钥 b1 后，利用公钥 b1 对信息加密，然后将密文通过互联网发送给鲍勃。鲍勃收到密文后，再用自己的私钥 b2 对密文解密，就可以还原出原始信息。在整个过程中，只有密文和公钥 b1 利用互联网传送，而私钥 b2 则全程不触网。这样，即便信息被黑客截获，黑客在没有私钥 b2 的情况下，也无法破解密文。同时，黑客也无法从公钥 b1 倒推出私钥 b2。信息加密和解密使用不同密钥的加密机制，因此被叫作非对称加密。

非对称加密在区块链中发挥了身份确认的作用。因为区块链往往没有中介机构，也就往往没有注册和 KYC[1]，一些传统的身份确认手段，例如，账号 - 密码机制无法发挥作用。在传统的互联网中，用户的账号密码其实在服务提供者的后台是能被看到的。当用户输入正确的账号和密码后，服务提供者在后台可以验证通过。但是，区块链系统通常没有单一的后台服务提供者，很多节点甚至每一个节点都有机会记账，同时又不可能把用户的账号和密码告知每一个节点。因此，区块链这样的分布式系统无法使用传统的账号-密码机制，而是使用基于非对称加密技术的地址-私钥机制。

那么地址-私钥机制如何帮助用户自证身份呢？首先，用户要自行生成一串私钥，并用私钥生成匹配的公钥，再用公钥生成与之匹配的地址，上述步骤都是单向的，倒推极其困难。例如，L5N6hdwGVPA4ZUSB7pv5jyJf8XLt91DXU7rGo63BDnKXpqXK6XNV 就是一个私钥，它是利用 Base58 编码的形式呈现的，如果换成二进制，则是一串 256 位由 1 和 0 组成的字符串。因为 256 位 1

---

[1]　KYC（Know Your Customer）政策（即充分了解你的客户），这是对账户持有人的强化审查，以便了解资金来源的合法性。

和 0 能够组成的私钥字符串有 2^{256} 种可能（$\approx 1.15 \times 10^{77}$），所以任何两次生成只要随机性够好，生成相同私钥的可能性仅有 0.0000…00008%，小数点后足足有 75 个 0，这种概率可以视为 0。

一位用户只要保护好自己独一无二的私钥，那么世界上就没有任何人能够猜出或者试出他的私钥。用户还可以通过私钥生成一个一次性的私钥签名，这样的签名他人无法仿造和篡改。因此在任何时候，只要该用户展示私钥签名，即可证实其身份。

同时，非对称加密还协助链上信息、数据、资产顺利传输。举个例子，当爱丽斯需要转给鲍勃 5 枚代币（Token）时，由于鲍勃的公钥 b1（或地址）是完全公开的，爱丽斯可以通过任何渠道明文获得鲍勃的公钥 b1（或地址）。随后，爱丽斯利用自己私钥 a2 生成一个签名，并将交易信息（爱丽斯转给鲍勃的 5 枚 Token）和签名信息（爱丽斯私钥签名）同时广播出去。获得记账权的节点，首先验证爱丽斯的私钥签名是否匹配爱丽斯的公钥 a1（或地址），并确认爱丽斯的公钥 a1（或地址）中剩余的 Token 是否大于或等于 5，验证通过后再将这笔交易和签名记入区块链中。那么鲍勃的公钥 b1（或地址）中的 Token 余额就会因此增加 5 枚，当下次鲍勃需要转给其他人代币时，再利用自己的私钥 b2 进行签名并广播。实际上整个过程就是爱丽斯先使用鲍勃的公钥 b1 进行加密，当鲍勃需要使用时再用自己的私钥 b2 进行解密的非对称加密过程。

4.3 区块链的基本结构

介绍完区块链的 3 项支撑技术后，再让我们将目光转移到区块链本身。除了分布式存储之外，区块链做到难以篡改的深层原因究竟是什么呢？答案就在"区块"和"链"中。

区块与区块之间通过链式结构连接在一起，除了第一个区块外，每个区块都有相应的父区块和子区块，它们按照时间戳的顺序串联起来，形成一条"链"。区块结构示意如图 4-2 所示。

每个区块由 4 个部分组成，它们分别是区块大小、区块头、交易计数器和交易。区块大小代表在它之后的区块的体积大小，交易计数器表示区块中交易的数量，交易部分则是区块中记录的所有交易。下面我们重点解释区块头的相关部分。

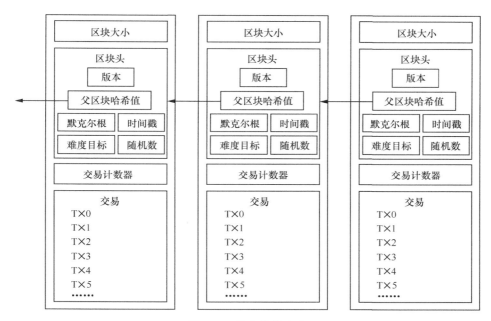

图 4-2　区块结构示意

图片来源：火链科技研究院整理

区块头由 6 个部分组成，分别是版本、父区块哈希值、默克尔根、时间戳、难度目标和随机数。

哈希（Hash）函数是一种散列函数，它能将任意长度的输入转变成固定长度的输出，此输出被称为哈希值。哈希值不同，其输入值一定不同，输入值即便有微小的变化，也会导致输出的哈希值有很大的不同。我们可以举个例子，123456 这个最简单的一串数字的 SHA-256 哈希值计算结果是 8d969eef6ecad3c29a3a629280e686cf0c3f5d5a86aff3ca12020c923adc6c92，而 123457 却变成 54b688a517f7654563a6c64d945a3670880a4c602ec67a065bbebbcd2b22edd5，与 123456 的哈

希值截然不同。

另外，哈希运算极难倒推。例如，我们可以很容易地算出 123456 的哈希值，却很难根据哈希值 8d969eef6ecad3c29a3a629280e686cf0c3f5d5a86aff3ca12020c923adc6c92 倒推出它的输入值是哪些。

业界有两个对哈希算法很形象的比喻：**输入值与哈希值之间的关系类似于人和指纹的关系，两个双胞胎可能长得非常相似，但是指纹却千差万别。**

对每个区块头进行哈希，会得到区块的哈希值。父区块哈希值指向的是前一个区块头的哈希值，各区块通过存储父区块哈希值确认先后顺序，所以每个区块都只能有一个父区块，这样就形成了链式结构。

由于每个区块只存有与父区块相关的信息，这不能保证其拥有唯一的子区块，而可能出现多个子区块的情况，意味着在此区块之后会形成多条链，也就是所谓的"分叉"。区块链"分叉"示意如图 4-3 所示。

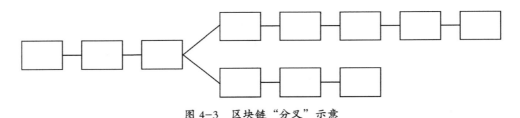

图 4-3　区块链"分叉"示意

图片来源：火链科技研究院整理

一般来说，在区块链中，大家承认最长链上的记录信息为有效信息，因为节点往往为长链付出了更多的资源，例如，工作量、保障更安全，以及有更多人参与。理论上造成分叉的原因有很多，例如，节点同步延迟、两个节点同时挖出区块、系统升级、黑客攻击等。节点如果意识到自己处在短链上，则会及时切换到长链上工作，以避免损失。

默克尔根是指区块中所有交易默克尔树根的哈希值。默克尔树是一种二叉树结构，其叶子节点分别代表区块中每个交易的哈希值，所以区块中只要有一笔交易发生变化，那么叶子节点中存储的哈希值就会有所变化，最终导致默克尔根的值改变。从区块结构中可以看出，如果默克尔根的值发生变化，那么整个区块头的哈希值也会改变。完全二叉树和默克尔根示意如图 4-4 所示。

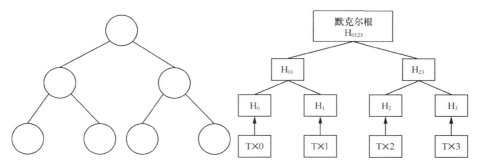

图 4-4　完全二叉树和默克尔根示意

图片来源：火链科技研究院整理

此外，区块头中的版本代表了该协议的版本号，时间戳表示该区块生成的时间，难度目标代表在工作量证明中的难度目标，也可以理解成随机数的寻找难度。随机数是节点需要付出代价寻找的数值，以工作量证明为例，区块节点需要付出电力和机器成本寻找一个随机数，让区块哈希值小于难度目标值。如果节点能够找到符合条件的随机数，那么它就获得了记账的权力，同时获得区块奖励。

在一份账本中，如果有人想要更改已经记录的某笔交易，那么存储交易所在区块头的默克尔根一定会改变，其区块头的哈希值也会改变，其子区块存储的父区块哈希值同样会随之改变。于是，节点要重新寻找随机数，这导致其子区块的哈希值与之前不同，子区块中存储的父区块哈希值也会改变，同样需要重新寻找随机数。以此类推，这样的连锁效应最终会导致修改存储交易所在区块之后，所有区块都必须随之一起改变，这些重新寻找随机数的工作量需要耗费极大的资源，极难凭一己之力完成。即使对于不采用工作量证明机制的区块链而言，篡改记录同样需要耗费大量的资源，最终可能导致篡改账本得不偿失。此外，上文中也提到，账本数据还分散存储在多台独立的设备上。在双重保障下，区块链存储信息极难篡改。

在分布式数据存储、点对点传输网络、非对称加密算法等多项技术的支撑下，区块链凭借链式结构拥有了极难篡改和公开透明的特性，进而为区块链上的应用创造了一个良好的信任环境。

 ## 4.4 智能合约——铁面无私的运行规则

智能合约是指在没有第三方参与的情况下可以自动执行的合约，其概念诞生于区块链之前，由计算机科学家、律师和密码学家尼克·萨博（Nick Szabo）在 20 世纪 90 年代提出。Nick Sazbo 也是加密朋克邮件组的成员，他认为自动执行的合约能在分布式账本上运行。区块链创造了分布式数据存储的可信环境，公开透明且不易篡改，这与智能合约的概念相符，与智能合约天生契合，这也就解释了为何智能合约会在区块链诞生之后才变得流行。

智能合约是两方或两方以上以计算机代码达成的协议，在满足一定条件下，计算机代码可以在分布式设备的帮助下自动强制执行。作为部署在区块链上的代码，它同样具有可信、公开透明和不易篡改的特点。智能合约可以被理解成数字合同，与目前的传统合同最大的不同在于，它不需要受信任的第三方参与，所以省去了与第三方沟通的时间成本和金钱成本。

与传统的合同相比，智能合约更便捷，可以提高人们的工作与生活效率。举个例子，如果爱丽斯想购买房产，鲍勃想出售房产，在传统模式中，爱丽斯需要雇佣中介找房源、检查鲍勃房产证和土地证的真伪、去房管局核查情况、雇佣律师撰写合同等，这不仅需要花费很多精力，也需要给中介支付费用。如果将房产交易平台转移到区块链上，爱丽斯和鲍勃通过平台即可直接找到对方，协商后就可以使用智能合约在房产区块链平台上记录交易信息，例如，"在一个月内，爱丽斯支付给鲍勃 100 万元人民币后，即可获得鲍勃的房产"，此记录不易篡改。当爱丽斯完成支付时，智能合约会自动执行，将代表鲍勃房产的证书自动归为爱丽斯名下。当然，这要先对鲍勃的房产信息进行上链验证并确权，并在证明智能合约同样具有法律效力的情况下才能实现。

由于智能合约不易篡改并且没有第三方参与，因此智能合约是绝对"铁面无私"的，也避免了很多纠纷和麻烦。以保险行业为例，如果将一些保险条例搬到区块链上用智能合约执行，保险公司和投保人均能节省很多的时间和精力。例如，购买飞机延误险就可以通过区块链上的智能合约记录，"爱丽斯支付给保险公司 20 元，如果 2 月 5 日 A 航班延误 3 小时以上，保险公司要支付 200 元到爱丽斯的账户"，当条件满足时，智能合约就会自动执行，将保险公司账户里的 200 元自动转到爱丽斯的账户中，且不需要任何烦琐的理赔环节。

再说一下医疗保险，如果投保人能将合格的医院发票上传，智能合约就能在发票通过验证后自动执行理赔，那么投保人也能及时收到赔偿，可以节约大量的时间。看到这里，我们也就明白了为什么智能合约的概念会由身兼计算机科学家、律师和密码学家三重身份的 Nick Szabo 率先提出。智能合约作为自动执行的合同，只有区块链能赋予其活力。

智能合约的优点有很多。与传统的流程相比，智能合约的执行速度很快，去除了第三方参与，可以节省大量的时间和金钱成本，同时避免了第三方加入可能存在的欺诈问题。智能合约会将问题量化，每种情况都有相应的解决方案，并且以代码的形式呈现，避免合同中那些模棱两可的描述造成纠纷。智能合约和交易一样，存储在区块链数据库中，同样完全透明，所有人都可以获得准确信息，减少双方可能出现的隐瞒行为。智能合约同样不易篡改，所以不会出现合同丢失、伪造合同等问题，理论上可以作为法律凭证。区块链构造的可信环境降低了各方的信任成本，自动执行智能合约减少了人为操纵的可能，也避免了传统合同在执行过程中出现的错误。总的来说，智能合约在各个方面都提高了效率，创造了价值。

当今时代，人们在工作和生活中需要与陌生人打交道，签订各式各样的合同，需要在网络上执行各种操作。"铁面无私"的区块链技术具有广阔的发挥空间，不只是交易和保险方向。在本书接下来的内容中，读者也会看到区块链技术在各行各业中的应用。

第5章 区块链的作用：从信任机制到价值创造

 5.1 创造信任环境

我们常说信任无价，是因为信任是一种无形且珍贵的属性，它无处不在，贯穿在我们的生活和商业中。但是，信任不会凭空产生，它既依靠参与者的自觉，也依赖机制的约束。区块链作为一种分布式系统的协同机制，其作用之一就是创造低成本的信任环境。

区块链为什么能够创造低成本的信任？这是由区块链难以篡改、公开透明、全程追溯等特点决定的，它通过设计机制可以大幅提高作恶的难度和成本。

首先，区块链在网络中拥有成百上千个账本，想要修改极其不容易，这就要求参与者在上传数据时要格外注意，任何被上传的虚假数据或者未经验证的数据都将难以消除，成为永久性"污点"，这极大提高了作恶成本。

另外，在节点权限平等的区块链上，全网广播的机制决定了链上的每一笔记录都是可以公开的。这样公开透明的特点又加强了网络中第三方对于链上数据的监督。广泛的监督再次提高了作恶成本——"作恶者"也许可以欺骗网络中的一个节点，但无法欺骗所有的节点，这会降低"作恶者"的作恶意愿。

正是通过透明的机制设计，区块链才得以提高"作恶者"的作恶成本和作恶难度，进而创造一个信任环境。

 5.2 解决"数据孤岛"

如果将互联网比喻成一个世界的话，那么数据毫无疑问就是这个世界的"石油"。借助大数据、区块链等技术，数据本身可以驱动互联网上的商业机器获取利益和好处。一条购买记录可以帮助商家定向推销产品，一张反馈表格可以帮助公司改进现有业务，一次双击点赞可以帮助后台发掘优质内容，一条个人信息可以帮助系统甄别安全风险，信息和数据的价值不言而喻。

但是如今的互联网重新从广泛流通走向割裂，无论是出于安全考虑，还是出于利益考虑，很多环节其实并不愿意公开和共享数据，进而形成了一个又一个的"数据孤岛"。这些"数据孤岛"如果能够串联起来，本可以形成网络效应，获得更大的收益。但是出于很多原因，这个宏伟愿景一直停留在想象阶段。

第一是出于安全和隐私的考虑。数据本身是中立无害的，但是如果被"作恶者"利用，就会立刻变成"帮凶"。例如，针对老年人的电话诈骗，如果用一些家庭成员信息，就会使老年人降低警惕。

第二是价值原因，数据毫无疑问是具有价值的。事实上，这些数据的价值属于创造它的客户，但是保管它的商业机构在缺乏相关规则激励的前提下，长期对数据公开共享的诉求无动于衷，因为它们希望通过这些数据再从客户身上获得超额价值，或者担心客户被竞争对手抢走。

区块链有希望解决"数据孤岛"问题。首先，区块链的加密机制和加密理念可以自然过渡到数据之上，例如，非对称加密、零知识证明都将在数据安全和隐私保护上一展身手。同时，用户有望通过身份认证系统和私钥体系确定自身对数据的所有权，这样可以有效地改善数据被迫由商业机构托管的现状。用户拥有这些数据后可以自行决定如何使用它们。

此外，借助区块链，数据共享也有了规则约束，某一方在调用数据时将会在区块链上留痕，这样可以使数据能够共享而不被滥用。例如，第 3 篇中"区块链 + 医疗"的一些案例就采用了相关的技术思路，它使病历在提高隐私性的同时又增加了共享性，使病历迁移更加容易、医生统计更加全面，可谓一举多得。

 ### 5.3 弱化中介依赖

减小对中介的"依赖"也是区块链技术能够解决的问题之一。在过去，中介无处不在，租售房屋要依赖房屋中介，寻找家政要依赖家政中介，组织贸易还要依赖贸易中介。中介的存在是为了解决信息不对称的问题，因此，中介在特定场合可以提高"撮合"的效率。但是世界上没有免费的午餐，中介费是很昂贵的。中介抹平了不同个体对信息的不对称问题，但也从中抽取了高昂的手续费，有时甚至反过来还会增加问题解决的难度。

区块链技术建立在点对点的对等网络上，它强调全网信息公开，而利用区块链技术搭建的平台在一些场景下可以降低对中介的依赖性。试想，当一位用户需要租赁房屋，而另一位用户需要出租时，区块链可以利用智能合约直接进行撮合；如果对智能合约稍作调整，它还能实现押金锁定的功能，这是传统中介不具备的功能。而在整个过程中，双方可能只支付了1美元不到的汽油费用，远不需要付出0.5～1个月的房租。再如，我们在第3篇中会提到的一些"区块链＋金融"的应用也利用区块链替代了一部分传统中介，让中间"磨损"的费用大幅降低。

此外，**区块链上的交易还有一个重要的特点，即它是实时结算的。任何一笔交易只要完成上链，那么就意味着结算已经完成，对一些较高性能的联盟链来说，整个过程仅需要几秒。**同时，区块链的链上交易在交易完成前，实际上已经追溯了整个账户的所有过往交易记录。它几乎不会出现因计算而带来的问题，能够确保发起支付的公钥（或地址）中一定有足够的余额。因此，区块链在跨机构间清结算中也具有优势，相当于取代了很大一部分中介的工作。

 ### 5.4 提升协作效率

除了上述优势之外，区块链还能改变协作关系，提升协同效率。什么是协作关系呢？我们都听过"三个和尚"的故事：一个和尚打水吃，两个和尚挑水吃，三个和尚没水吃。究其根本，是因为两个和尚的任务协作非常简单，但是第三个和尚的加入使任务协作出现了问题。当然，正如我们前面所讲的，协作关系问题不仅存在于有三个和尚的小小寺庙中，它广泛存在于所有的分布式系统中。

借助智能合约和分布式账本，区块链可以将规则交由机器来执行，并让表决机制和奖惩机制变得更加具象、公平。三个和尚也可以建立起属于他们的共识机制，例如，打水的和尚可以减免一次打扫任务，或者喝水更多的和尚需要多承担一次打水任务等，没有按约定执行的和尚则会被智能合约"铁面无私"地扣除一定的物资。通过这样的规则，三个和尚的打水协同效率将会大幅提高。

在区块链与实际应用结合的过程中，我们可以看到很多利用区块链提升协同效率的案例。例如，在电子存证中，公证处、法院、银行、第三方机构等可以组成一个联盟链，用户提交的电子证据一次上传，可以同时接受多方验证，大大提升了效率。在使用这些证据时，相关参与方也可以快速调取证据，省掉了大量重复的体力劳动的中间环节。再如，在一条供应链上，供应链的上下游可以成为一条区块链的节点。通过这条区块链，参与者可以降低上下游之间烦琐的沟通成本，协调任务分工，明确追责关系。在产品从原材料、生产、销售再到售后的过程中，各个环节公开透明、清晰明了，甚至还能增加消费者对产品品质的信赖。对于这些案例，我们将在第 3 篇中进行详细的介绍和分析。

上述 4 个方向只是区块链作用的几个方面，其核心是使用区块链技术和思维营造信任机制，与实体经济深度融合，继而创造出更多的价值。因此，区块链与产业的结合大有可为。

第 3 篇
区块链行业应用

第6章 公共事务

6.1 数字身份

1.行业现状

（1）数字身份的含义

身份是每个人必不可少的特征。在传统社会中，我们通过一系列的纸质材料来证明"我是我"。这些材料不仅包括"我是谁"的证明（例如，身份证），还包括一个人一系列的社会关系与行为证明，例如，结婚证、驾照、毕业证等。

进入互联网时代后，纸质材料变为电子信息，因此就出现了数字身份。从狭义上看，数字身份是我们传统社会身份的数字化；从广义上看，数字身份是我们以信息和数字呈现在互联网中的身份，除了以往社会关系中的材料，更多的身份信息来自我们在互联网上的行为数据。在互联网时代，数字身份不仅指代人，在互联网中更多地指代物体，例如，一个机器、一个网站、一个地址等。

每个数字身份从诞生到使用，主要包括以下4个环节：注册、签发、验证和管理，它还涉及3个参与方：身份所有者（用户）、身份提供方（签发机构）和身份依赖方（有身份验证需求）。数字身份环节与参与方如图6-1所示。

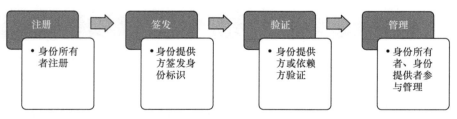

图6-1 数字身份环节与参与方

图片来源：火链科技研究院整理

注册：**注册和签发都是获取身份的过程，需要有人或机构来承认你的身份。**注册即为你向你希望获得身份的承认机构发起请求。这是身份所有者自己发起的行为。

签发：**即上述你申请注册的这家机构能够记录并承认你的身份，给予你一个在它的系统中能够被识别的身份标识。**例如，公民的身份证是政府机构签发的身份标识，网站的数字证书是证书授权中心（Certificate Authonty，CA）签发的身份标识，我们在各类网站门户上的账号是由这些网站门户签发身份标识的。对于大部分的签发机构来说，签发身份需要获得对方的信任，例如，确认有你的存在或者确认你符合它们签发身份的要求。而有些签发则不需要知道你在现实生活中是谁，只需要保证它们承认的那个数字身份存在即可，例如，一个虚拟账号。签发机构是你的身份提供方。

验证：**主要用于身份的使用。**当我们拥有身份后，可以通过在身份的签发机构以及对该签发机构信任的依赖方处使用身份。验证则是使用各类的身份认证技术，让这些签发机构和依赖方相信在互联网那端的你是签发机构签发身份的那个人，而不是别人冒充的。

管理：**数字身份的管理则是对数字身份信息的储存，涉及身份的更新、撤销、授权等一系列事项。**

（2）数字身份行业现状

全球研究机构 Markets and Markets 的最新报告数据显示，2019 年全球数字身份解决方案市场规模达到 137 亿美元，到 2024 年，该市场预计增长至 305 亿美元，预测期内（2019—2024 年）的复合年均增长率（Compound Annual Growth Rate，CAGR）为 17.3%。全球数字身份市场规模与增长率如图 6-2 所示。

预测期内（2019—2024 年），亚太地区将以最高复合年均增长率增长。当下，中国、日本、新加坡等国已经开始在各个垂直领域实施数字身份解决方案，包括银行、金融服务和保险、医疗、政府、国防等。

数字身份产品中典型的案例是中国网络电子身份（eID）。eID 即为公民网络电子身份，中国的 eID 是以国产自主密码技术为基础，以智能安全芯片为载体，采用空中开通或临柜面审的方式，依据对法定身份证件核验的结果，由"公民网络身份识别系统"签发给公民的网络电子身份标识，不仅能够在不泄露身份信息的前提下在线识别自然人主体，还能用于线下身份证明，可在用户忘记带身份证的时候使用。

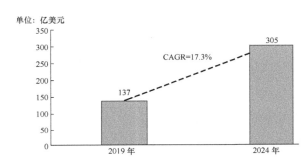

图 6-2 全球数字身份市场规模与增长率

图片来源：Markets and Markets

目前，eID 在全球的使用比较广泛。中国 eID 官网显示，欧盟多个国家已经颁发 eID 来替代传统的身份证件。eID 既具备线下身份识别的功能，又具备网络远程身份识别的功能。目前已经发行 eID 的国家或地区有德国、法国、西班牙、意大利、俄罗斯、比利时、爱沙尼亚、奥地利、丹麦、芬兰、葡萄牙、荷兰、瑞典、冰岛、阿联酋等。其中，eID 在德国、西班牙、意大利、比利时、爱沙尼亚和奥地利已经普及，广泛用于电子政务、电子商务、社交网络等领域。

（3）传统数字身份的痛点

◎ 身份数据分散和重复认证

数字身份涉及的信息包罗万象，既有权威部门签发的身份信息，也有各种互联网应用的账号信息系统。不同行业、不同部门的身份认证系统各不相同，一个公民可能在不同的身份认证系统中保存着不同的身份信息和行为数据。对金融 KYC 来说，同一个公民去不同的银行需要做不同的 KYC。这些身份数据很多相互重叠，一方面造成了资源存储的浪费，另一方面也给用户使用身份带来了诸多不便，往往需要重复注册和认证。不同身份认证系统中的用户身份数据由各系统单独存储，无法共享和流通，也无法综合利用，对于身份提供者来说跨域认证效率低。

单个公民的统一身份认证必然是未来的趋势。目前，eID 的出现能够在一定的程度上解决上述重复认证的问题，其还处于发展阶段，未能形成更广泛的身份信息的绑定和数据的综合利用。另外，目前常见以类似 OAuth 协议为基础的单点登录，Facebook、微信、支付宝等可以允许第三方应用代表用户获得访问的权限，这样用户只需在单个平台上注册即可。但这种方式存在很大的安全隐患以及数据流失、隐私泄露的问题。2016 年 11 月，香港中文大学的研究人员发表文章称："使用 OAuth 2.0 协议可以毫不费力地登录 10 亿移动 LAPP（Light App）账户。"

◎ "中心化"认证效率和容错性低

在传统的公钥基础设施（Public Key Infrastructure，PKI）系统中，数字证书是核心，其是由相对权威的 CA 机构签发的。目前，CA 机构的相互认证以树状结构为主，顶端的根 CA 是系统的核心。一方面，这种结构涉及证书的所有操作，任务繁重，可能成为性能短板，降低效率；另一方面，这种结构可能存在安全隐患。虽然我们不需要质疑根 CA 的信用问题，但这种单中心的结构容易使其成为攻击的目标，一旦中心失效，则左右与之关联的下级 CA 均会受到牵连。并且，在这种串联式的 CA 结构中，只有上级 CA 可以验证下级的身份，每一个下级 CA 都无法验证上级身份。由于 CA 也有民间团体，因此无法完全保证每个 CA 的信用。谷歌官方安全博客显示，2013 年 12 月 7 日，谷歌发现一个与法国信息系统安全局（ANSSI）有关的中级 CA 发行商向多个谷歌域名发行了伪造的 CA 证书，在网络安全行业影响恶劣。

◎ **身份数据隐私与安全**

当前，数字身份的身份信息散落在各个身份认证者手中，可能是身份提供者本身对用户信息的保存，或者是身份依赖者在验证了用户身份后获取了用户的身份信息。有些服务方可能在未获得用户授权的情况下对这些身份信息进行处置，毫无顾忌地收集、存储、传输、买卖用户信息，这实际上严重侵犯了用户的隐私信息。同时，用户身份信息保存在各个应用的"中心化"服务后，还存在着服务器被攻击、用户隐私泄露等问题。大部分企业需要尽全力去保护用户的个人信息，但是成本较高。数据显示，欧盟地区，仅英国每年的身份确认成本已经超过 33 亿英镑，约 290 亿元人民币。

2018 年 5 月，欧盟正式推出通用数据保护条例（General Data Protection Regulation，GDPR），其目的在于遏制个人信息被滥用，保护个人隐私。根据 GDPR 的规定：**企业在收集、存储、使用个人信息时要获得用户的同意，用户对自己的个人数据有绝对的掌控权，而且个人还可以随时撤销该许可。另外，无论数据流向何方，身份信息的使用记录都必须留存。** 欧盟的法案进一步强调了用户隐私保护的重要性，成为未来数字身份的重要趋势。

◎ **传统身份证明无法覆盖所有人**

尽管我们可以通过类似 eID 等项目来促进单一身份认证，但并不是所有人都拥有诸如身份证号这种具有权威统一的身份证明或标识。全球大约有 11 亿人没有官方身份证明，包括大量的难民、儿童和部分妇女，他们可能无法获得应有的权利，例如，教育、医疗、保险、金融等。虽然他们可以拥有一些非官方提供的身份，却缺乏足够的信任支撑他们获得应有的权利。因此，这些人群急需可信身份。

2.区块链赋能数字身份

（1）分布式身份认证

目前，在传统的 PKI 系统中，核心为数字证书和其签发机构 CA。针对 CA 的"中心化"签发所引发的如中心失效、网络安全等问题，可以运用区块链技术实现分布式的数字证书签发，让以往由集中式 CA 认证中心签发的数字证书可以通过区块链的分布式账本实现。**第一种方式是形成 CA 之间的区块链，使 CA 之间不必相互信任，以共识的方式完成数字证书的签发和管理；第二种方式是区块链的记账和维护可以由系统中的所有证书持有者来共同完成。**基于区块链的 PKI 可以实现传统 PKI 系统的证书申请、签发、验证和管理[1]。

◎ **证书申请**：用户自己生成公私钥对，私钥自己保存，并将公钥和用于验证个人身份信息的数据发给验证节点进行证书的申请。

◎ **证书签发**：根据新用户提交的信息验证其身份的真实性；验证通过后生成数字证书并上链。

◎ **证书撤销**：证书用户提出证书撤销请求，其中包括用户的证书以及可以证实用户身份的信息；验证节点根据用户提交的信息验证用户身份，审核证书撤销请求通过后将未纳入区块的合法证书信息以及证书状态上链。

◎ **证书更新**：用户需要产生一份新的数字证书，与原有证书有相同的识别名（Distinguished Name，DN）。证书用户向区块链网络发起证书更新请求，提交待更新的证书、新产生的证书以及证实身份的信息，其后再由验证节点进行验证和上链。

（2）跨机构安全身份授权

目前，数字身份数据分散，难以共享，传统的身份授权方式不够安全。在统一身份标识无法快速实现和成熟的背景下，可以利用区块链的分布式账本让身份共享和授权更加安全，其核心思想是通过联盟链的形式来彼此鉴权和认可对方的登录请求，并授权访问对应的用户数据，形成可信安全的身份信息互通体系。

---

[1] 吕凌浩. 基于区块链技术的数字证书处理构想 [J]. 中国信息化，2019（5）：91—92.

具体流程如下所述。

① 拥有用户数据的服务商将用户信息加密生成私钥和公钥，其中公钥生成该运营商的数字签名，将公钥和数字签名上链，私钥则保存在用户本地，例如，SIM 卡中。

② 用户登录联盟链中的某个应用（依赖方）时，该应用会向有用户身份信息的服务商（身份提供方）发起请求，接收到请求后，服务商向用户发送授权申请，等待用户同意。

③ 应用获得用户授权后，在链上对用户身份进行匹配，匹配成功后即说明认可用户身份，可以登录。跨机构区块链身份授权流程如图 6-3 所示。

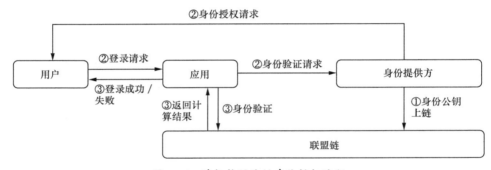

图 6-3　跨机构区块链身份授权流程

图片来源：火链科技研究院整理

在这种方式下，应用主要依托于服务商的信用，不必获得用户信息即可完成身份验证，保护了用户隐私。而应用本身也可以作为服务商，为其他应用提供用户身份授权，以此形成一个分布式的可信身份网络[2]。

本节所描述的跨机构身份验证方案实际上与前面所说的分布式身份认证采用了同样的区块链思维，即将身份信息标识（证书）上链，具有用户信息的身份提供方扮演了和 CA 相同的角色，为用户提供身份认证。

---

[2] 刘千仞，薛淼，任梦璇，等. 基于区块链的数字身份应用与研究 [J]. 邮电设计技术，2019（4）：87—91.

（3）区块链数字身份提供可信基础设施

无论是线上还是线下的信息形式，都存在诸如身份伪造等事件。区块链能够利用其链上信息真实可信、不易篡改等特点，为这些人提供比较可信的身份。

首先，区块链技术可以和生物识别技术相结合，创建真实唯一、难以伪造的数字身份。其主要思想是让用户的生物特征成为其身份标识，例如，指纹、面部、虹膜等，提取其二进制特征向量，经过哈希处理后以数字摘要的形式存储在区块链上，形成不易篡改的数字身份，代替传统所需的 ID 号 [3]。**其次，可以利用区块链形成用户不易篡改的行为记录，与其身份绑定，增强其身份特性和可信行为特性。**

根据世界银行的统计，2017 年全球仍有 17 亿人没有银行账户。这是一个惊人的数字，这意味着 17 亿人无法利用银行进行基本的储蓄、汇款等业务。更重要的是，银行绝大部分现有金融服务又依赖于客户的 KYC 情况、过往金融记录等银行数据，而很难将金融服务延伸给这些真正需要融资的贫困人群等。通过区块链数字身份，人们可以对很多以往无法统计的金融行为进行记录。由于信息的不易篡改性，用户的金融信用会加强，更有助于其获得金融机构的认可和应有的金融权利。

（4）区块链实现自我主权身份与数据管理

自我主权身份相较于基于联盟链的分布式身份认证和授权，更多强调用户身份的自主权和身份数据的控制权。区块链提供分布式的信任环境，是实现自我主权身份的必要技术。

基于区块链的自我主权身份的核心思想是创造一个全局唯一的身份标识——分布式身份标识（Decentralized Identifiers，DID），具有高可用性、可解析性和加密可验证性。目前，比较有影响力的 DID 标准主要包括 W3C 提出的

---

[3] 李强，舒展翔，余祥. 区块链系统的认证机制研究 [J]. 指挥与控制学报，2019.5（1）：1—17.

DID 标准以及去中心化身份基金会（Decentralized Identity Foundation，DIF）的 DID Auth。

以 W3C 的 DID 标准为例，DID 系统主要包括基础层的 DID 标识符、DID 文档以及应用层的可验证声明（Verifiable Claims，VC）。

DID 标识符： 这是全局唯一的身份标识，类似于一个人的身份证、账号等。DID 标识符很长，不容易记忆。根据 Zooko 三角形理论，没有任何标识符能够同时实现易记忆、安全、分布式，W3C 的 DID 拥有了后两者。

DID 文档： 描述如何使用该 DID 的简单文档。每个 DID 文档可能至少包含 3 个部分：证明目的、验证方法和服务端点。证明目的与验证方法相结合，以提供证明事物的机制。DID 文档可以指定特定的验证方法，例如，密码公钥或化名生物特征协议可以用于以验证为目的而创建的方法。服务端点支持与 DID 控制器的可信交互。

VC： DID 文档本身无法和用户的真实身份信息相关联，需要 VC 来实现，是整个系统的价值所在。VC 类似于数字证书，是对用户身份的证明。VC 也有一套类似于 PKI 的系统。

◎ 发行者（Issuer）：拥有用户数据并能开具 VC 的实体，例如，政府、银行、大学等官方机构和组织，即身份提供者。

◎ 验证者（Inspector-Verifier，IV）：需要验证用户身份的应用，即身份依赖者。

◎ 持有者（Holder）：向 Issuer 请求、收到、持有 VC 的实体，一般为用户（身份所有者）或用户的身份代理，开具的 VC 可以放在 VC 本地钱包里方便以后再次使用。

◎ 标识符注册机构（Identifier Registry）：维护 DID 的数据库，例如，某条区块链、分布式账本。

DID 系统运行流程如图 6-4 所示。

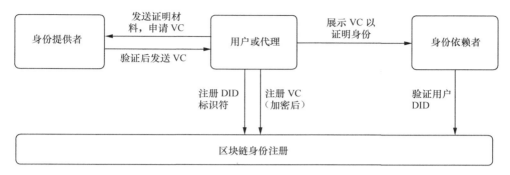

图 6-4　DID 系统运行流程

图片来源：W3C

　　在 DID 系统中，VC 储存在用户本地，即用户控制的存储区中。出于对用户隐私的保护，VC 通常为链下存储，而加密后的信息被摘要到链上，用户拥有 VC 的控制权。VC 出具时，可以根据 IV 对信息的需求做到隐私信息的最大保护，例如，可以只提供可信机构对用户身份的认可 VC 或"是""否"一类的回答，不需要暴露用户的真实信息。IV 一方面在区块链上验证用户的 DID，另一方面通过 VC 来验证身份信息。

　　此外，DID 本身只是一种身份标识，其不需要根植于某个区块链。只要接受这一身份标识格式，DID 就可以移植到各个区块链中，完成跨链单一的身份标记，相较于传统的区块链地址有更强的便利性和可用性。

　　通过区块链和 DID，用户可以掌握所有身份信息且实现身份单一，做到真正的自主主权身份和数据自治，保护自己应有的权利和数据隐私。

3.应用案例

> **eID 数字身份链**
>
> 　　由 eID 技术产业联合实验室、数字身份技术应用联合实验室等多家重点实验室提供相关技术经验，eID 网络身份运营机构与公易联科技联合开发了新一代电子认证服务平台 eID 数字身份链。
>
> 　　eID 数字身份链以区块链为底层技术架构，在 eID 数字身份体系的基础上

采用 eID 数字身份作为 eID 数字身份链，结合 eID 电子签名，链接个体多维度数据，方便数据流通，是一项 eID 应用基础设施服务。

eID 数字身份链的技术框架如下所述。

（1）身份 ID 网络层：这是整个生态的底层网络，以 eID 数字身份为索引，汇聚不同应用的数字身份一起组建底层的数据。身份 ID 网络层一方面保证了 eID 数字身份与其他应用数字身份的关联关系，另一方面隔离了其他应用之间用户数据的关联。

（2）数据网络层：以身份数据为本，管理其他各种数据组建的数据网络。通过 eID 数字身份建立链下原始数据与链上数据的关联，并将这种关联记录上链。

（3）服务网络层：以身份服务为首，关联其他服务一起组建可信服务网络。不同服务产生的数据都会分别存储到链下数据库和链上（加密后），在获得授权时可以提取数据。

（4）应用网络层：以身份应用为先，会与其他应用组建用户应用网络。这可以是来自不同服务的数据，通过加工整合对外提供各种应用功能，也可以是统一服务支持多个应用。

eID 数字身份链的具体使用流程如下所述。

（1）eID 开通：拥有 eID 的用户即可使用 eID 数字身份链服务；用户私钥存储在智能设备芯片中。

（2）身份信息登记：身份数据提供者（例如，其他应用）提交信息确权申请，由身份链审核节点进行审核，通过后将身份数据索引上链。

（3）数据流通授权：用户本人以外的其他主体如果要查看用户身份信息，需要获得用户本人授权；授权时，用户签署电子协议，给予数据提供方相应权限，数据提供方将授权记录上链；数据需求方在链上确认用户已授权，并返回相应数据。

eID 数字身份链支持各类机构、企业、参与方等在 eID 数字身份链上开发数据应用相关服务，并配备了大量成熟的组件，方便其快速开发自己独立的分布式应用，可以保证电商平台、物流应用、医疗应用、交通应用、信贷应用、互联网金融等应用的快速开发，从而共同构建一个立体化的数据生态系统。

ShoCard 区块链身份管理生态系统

ShoCard 是一个基于区块链的身份管理生态系统，用户可以在生态中创建和授权自己的数字身份，其核心思路是记录和保存用户的第一次身份认证，解决重复 KYC 的问题。ShoCard 中的数字身份允许多个实体企业或个人通过独立的信息验证来建立信任，不需要双方长期建立相互信任的关系，也不需要可信任的第三方进行独立的验证，所以 ShoCard 的数字身份是在其自己的生态内被使用的。具体流程如下所述。

（1）用户将自己的 ShoCard ID 上链，并将身份证、指纹等信息上传至 ShoCard 系统，本地保存。

（2）用户开始第一次身份认证，需要使用传统的认证方法。例如，认证身份证时，身份依赖者一方面进行真实的身份证查验，另一方面在区块链中查找该用户的 ShoCard ID。在确认该 ShoCard ID 对应的用户与其上传绑定的身份证件确实是同一人后，即代表对该用户的身份进行了认证。

（3）该身份依赖者可以成为身份提供者，为该 ID 提供类似于数字签名或可验证声明的认证材料，并加密后上链。

（4）用户将获得的证书保存在本地，用于后续相同的验证使用，可以不需要一次次地进行身份认证，保护用户隐私。

ShoCard 还提供了 SDK，它可以集成到企业客户端和移动应用的应用程序和服务器中，应用于企业之间的身份信息共享，包括金融 KYC、旅游、政府机构等。例如，在金融行业中，ShoCard 允许原始验证者（例如，执行初始 KYC 的银行）使用区块链向其他也要进行 KYC 的金融机构收取信息费用，用户自主决定和选择与其他方共享的证书，可以帮助需要验证的金融机构降低其

整体 KYC 成本并加快认证速度。

ID2020：基于生物识别的区块链身份管理

2015 年 9 月，联合国所有成员国通过了 2015—2030 年的可持续发展目标，其中承诺到 2030 年"为所有人提供合法身份，包括出生登记"。目前，全球还有大约 11 亿的难民没有合法的身份证明。

ID2020 联盟在这样的背景下成立，其是由众多企业、非营利机构、政府等组成的联盟，致力于提高数字身份的影响力，开发数字身份解决方案。目前 ID2020 的联盟成员包括创始合伙人：微软、埃森哲、洛克菲勒基金会（Rockefeller Foundation）、加维疫苗联盟（Gavi）、IDEO.org；一般合伙人：援助机构 Mercy Corps、非营利组织 Kiva、iRespond、Hyperledger、联合国国际计算中心、Care International、非营利生物识别技术公司 Simprints、FHI360、CITRIS 政策实验室；无偿支持公司：战略传播咨询公司 Copperfield Advisory 和法律支持公司 Chapman and Cutler LLP。

ID2020 的主要服务人群为没有合法身份的难民等，向他们提供具有唯一性、私人可控、永久存在和便携式的区块链数字身份，其中主要运用生物识别技术创造身份标识。

目前，ID2020 联盟已经有部分区块链数字身份的实践。2018 年，联盟成员 iRespond 与国际救援委员会合作，开始为大约 35000 名接受 IRC 服务的梅拉难民营的难民提供安全的加密数字身份。当难民加入该计划时，将接受虹膜扫描生成图像，然后 iRespond 的专有算法将这个唯一的图像转换为 12 位数字，且没有名称或个人标识符。这种数字身份可以链接难民的其他身份信息，帮助他们认证身份，获得医疗服务，并且准确、安全地记录医疗健康信息。如果难民希望向新的医生分享其医疗信息，可以让医生扫描其虹膜，并通过在区块链上提取号码来访问他们的记录。iRespond 的首席运营官说："访问该信息的唯一方法是让虹膜存在，没有地址、名字、生日、与区块链 ID 号相关的个人身份信息。"该方案为这些难民提供了便携式的"数字钱包"。这些数字钱包不仅可以保存其医疗记录，还可以保存其教育和职业证书、营地工作的历史记录以及其他可以证明其身份的记录。这对于任何希望在营地之外建立身份并开始新生活的人来说都是必不可少的。

2019 年 1 月，ID2020 联盟在"世界经济论坛"上发布了 ID2020 认证标志。由数字 ID 及其底层技术的领先专家组成的 ID2020 技术咨询委员会（TAC）为用户管理、隐私保护和便携式数字 ID 建立了一套基于结果的功能性技术要求，希望获得其认证的公司可以提出符合该技术要求的数字身份解决方案，并向 ID2020 技术咨询委员会提出认证申请。

迪拜机场数字护照

自 2017 年 6 月起，迪拜政府与英国初创区块链技术企业 ObjectTech 合作，共同研发了基于区块链技术的迪拜机场安全系统。

ObjectTech 表示，电子护照有望替代迪拜国际机场的人工核对电子护照程序。该系统结合了生物识别验证系统和区块链技术，使用"预先核准的完全数字化护照"来验证乘客的入境许可。在乘客进入机场到领取行李的整个过程中，该系统将通过短通道里的三维扫描系统进一步验证个人信息。通过区块链技术，该企业表示，数字化护照融合了一种称为"自管理个人身份认证"的功能，有利于保护个人隐私，让乘客知道哪些人有权查看他们的护照信息。ObjectTech 创始人与 CEO 费里斯在博客中表示，他们计划为国际旅客提供快速、安全的出入境服务，让乘客完全掌握自己的电子数据。在这次尝试中，在获得居民自身授权的前提下，基于区块链的电子护照实现了居民身份信息在城市间的共享。

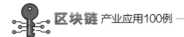

uPort 身份管理应用

（1）uPort 介绍

uPort 是 ConsenSys 建立在以太坊区块链上的身份管理应用，基本符合 W3C 制订的关于 DID 的标准，属于用户代理，即 Holder 角色，会帮助用户申请、储存和授权 VC，以及 DID 在区块链上的注册。

uPort App 类似于一个数字钱包，在 App 上注册会拥有一个 uPort ID，由 DID + 以太坊账户组成。一个 uPort 账户关联了以下内容。

① 一个 uPort ID。

② 个人基本信息：可选填姓名、邮件、国家、电话 4 个字段。

③ Credentials：Credentials 是在 W3C 标准里的 VC，uPort App 会帮用户存储 VC。

④ 其他辅助信息：例如，账号的二维码、账户头像等。

（2）uPort 认证流程

uPort 拥有的全局唯一身份标识符由以太坊代理合约定义，代理合约可用于传递交易，该合约机制能够完成 uPort 与以太坊其他应用的智能合约的互动。当用户需要和其他应用的智能合约互动时，可以使用控制合约发送，通过代理合约传递给应用合约。控制合约中包含了访问控制策略。

用代理合约的方式在用户私钥和应用的合约中引入中间件，也可以使用户在丢失终端后替换原有的私钥。控制合约中还包括还原网络，其成员由用户指定，既可以是用户的好友，也可以是可信的机构等。如果用户终端丢失，则可以在拿到新的终端后向还原网络广播新的公钥；同时，还原网络中的成员还可以通过还原合约确认用户新公钥并发送到控制合约中保存。当成员达到一定数量并确认后，控制合约可以更新用户公钥，让用户

身份恢复 [4]。

由于 uPort 身份是以太坊智能合约，依托于以太坊区块链，未提供传统管理系统中的证书服务，因此需要与各个 Issuer 进行合作来帮助用户获得更多的 VC。

（3）uPort 应用场景——瑞士楚格数字公民项目

瑞士楚格（Zug）利用 uPort 与卢塞恩大学金融服务研究所（IFZ）一起在以太坊区块链上创建了世界上第一个政府自主发行的身份项目。楚格在以太坊公共网络上创建了自己的身份，使它们能够签名和验证数据。城市职员拥有楚格城市身份的访问权限，并具有特定管理员权限的个人 uPort 身份。

瑞士实行直接民主制，公民每年约有 4 次就其所在州有关的无数问题进行投票，例如，在餐馆吸烟问题、为博物馆提供资金、扩大当地公交路线等。尽管这很民主，但它也存在一些麻烦，即高成本和耗时的投票流程。通过区块链数字身份项目，楚格公民通过在用户的 uPort 应用中显示其 Zug ID 来获得多项服务，例如，他们可以对即将到来的节日进行投票，而不需要前往投票站。试点表明，用户控制的身份可以支持电子投票计划的现代化，这为该市节省了巨大的人力成本。

6.2　征信

征信是指专业化的、独立的第三方机构为个人或企业建立信用档案，依法采集、客观记录其信用信息，并依法对外提供信用信息服务的一种活动 [5]。互联网金融自出现以来受到了市场的高度认可，呈爆炸式增长的趋势。然而，互联网行业本身存在一些问题，加之金融机构往往涉及大量资金的流转运营，这为后续出现的互联网金融暴雷事件埋下了隐患。2018 年，多个网贷平台出现逾期兑付现象，互联网金融行业陷入低谷。

要想让互联网金融健康发展，必须配套建立完善可信的征信体系，实现信

[4]　陈宇翔. 基于区块链的身份管理研究 [J]. 信息技术与网络安全，2018（7）：22—26.

[5]　徐展. 我国中小企业财务信用缺失治理研究 [J]. 知识经济，2015（16）：1.

息共享，降低信用风险。此外，近年来金融机构的不良贷款持续增加。市场对于完善征信体系的需求更加迫切。

1.行业现状

征信行业产业链包含数据生产者、数据拥有者、征信机构与征信结果用户 4 个部分。**就征信行业而言，数据是指所有能够影响到信用评价的信息，涉及范围广泛、量级庞大。征信产业包含数据的搜集、提炼、整合、分析，形成对数据生产者的信用分析结果，并为用户提供征信报告。**整个过程中的数据都有很强的隐私性，因此征信机构是受到法律许可的、专业化的、独立的第三方机构，可以确保征信结果真实可信，并承担着对数据保密的义务。征信行业产业链结构如图 6-5 所示。

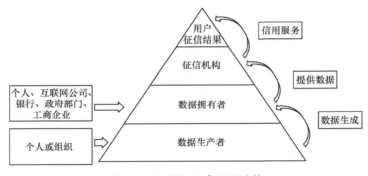

图 6-5　征信行业产业链结构

图片来源：电子商务与电子支付国家工程实验室

美国个人征信行业起源于 20 世纪 20 年代，经济大萧条导致违约率持续上升，征信受到全社会的重视。近百年来，经过充分竞争，美国的征信行业形成了全联、益佰利和艾可菲 3 家垄断的局面。2017 年，美国个人征信行业估算市场规模为 1015 亿美元，且近 4 年的平均增长率保持在 5% 以上。

我国征信行业尚处于发展初期，自 1999 年上海资信进行个人征信试点以来，征信事业的发展不过 20 年左右。长久以来，我国征信体系都以中国人民银行单一主导，涉及的数据主要是以银行信贷为核心的企业及个人数据。征信与每个公民的利益相关，是一项公共事业，为规范征信行业健康、有序地开展，我国陆续出台了多项相关法律法规，征信体系相关法律法规见表 6-1。

表 6-1　征信体系相关法律法规

时间	主要内容
2003 年 8 月	·国务院颁布《关于促进房地产市场持续健康发展的通知》，首次提出加快建立个人征信系统
2004 年 4 月	·中国人民银行成立银行信贷征信服务中心
2006 年 2 月	·国务院《国家中长期科学和技术发展规划纲要（2006—2020 年）》提出加快建设企业和个人征信体系，促进各类征信机构发展，为商业银行改善对科技型中小企业的金融服务提供支持
2006 年 3 月	·中国人民银行设立中国人民银行征信中心，实现信用信息基础数据库全国联网查询
2011 年 3 月	·全国人民代表大会《中华人民共和国国民经济和社会发展第十二个五年规划纲要》提出加快社会信用体系建设
2013 年 1 月	·国务院下发《征信业管理条例》，规范征信活动中的信用采集、使用程序，同时正式实施
2013 年 7 月	·《最高人民法院关于公布失信被执行人名单信息的若干规定》正式建立失信被执行人名单制度
2013 年 12 月	·中国人民银行发布《征信业管理办法》，进一步细化《征信业管理条例》条款，规范征信机构的设立、变更和终止程序
2014 年 7 月	·国务院《关于促进市场公平竞争和维护市场正常秩序的若干意见》建立健全守信激励和失信惩戒机制，建立失信企业"黑名单"制度
2014 年 11 月	·中国人民银行发布《征信机构信息安全规范》，从安全管理、安全技术和业务运作 3 个方面明确不同安全保护等级征信系统的安全要求
2015 年 1 月	·中国人民银行下发《关于做好个人征信业务准备工作的通知》，要求芝麻信用等 8 家机构做好准备工作
2015 年 12 月	·中国人民银行发布《征信机构监管指引》，规定了对征信机构的许可和备案、保证金提取、非现场监管、现场检查办法等方面的内容
2016 年 11 月	·中国人民银行下发《关于加强征信合规管理工作的通知》，要求各相关机构开展征信合规的自查自纠工作，加强个人信息保护

表格来源：火链科技研究院整理

一方面，我国不断完善征信行业的相关法律法规，帮助征信行业规范健康发展，同时征信需求也逐步扩大。在此背景下，大数据征信应运而生。大数据征信旨在结合社交网络、电子商务、搜索行为等作为个人征信的参考数据，对数据产生者进行更全面的数据搜集，通过大数据、人工智能等高新技术刻画更完整的信用画像。2013年以来，大数据征信逐步发展，市场规模大幅上涨。

然而，大数据征信也出现了以下不可避免的问题。

数据无法共享，利用率低。 在互联网征信体系中，各征信机构能够方便地采集可得数据，信息渠道广泛，数据量庞大。然而大多数征信机构取得数据的来源狭窄，无法形成全面、真实的信用评估，由此造成了个人与企业各个维度的数据均被征信机构掌握，却分散分布、无法集中处理的局面，形成所谓的"数据孤岛"，数据利用率大打折扣，分析结果的准确性也难以保证。

数据采集、利用过程不透明。 目前网络发达，用户可以在互联网上开展各项事务，每次操作均会留下痕迹，这些数据经常被用于征信分析。几乎每一个涉及实名制认证的网络平台都可以用自己的可得数据进行用户的信用分析，大型征信机构通过购买数据或者寻求合作的方式进行信用数据采集，然而这个过程难以监管。数据采集不规范、不透明，数据滥用，数据违规交易，个人信息泄露等一系列问题难以根除。

大数据征信结果认可度低。 由于各征信机构的数据维度狭窄，数据质量不高，征信机构繁杂，众多小型机构并未与中国人民银行征信系统对接，对这些小型机构的监管不全面。因此，基于有限数据出具的信用报告并不能被社会广泛接受。

2.区块链赋能大数据征信

大数据征信行业无法实现数据共享，缺乏专业的数据采集商与规范的数据交易平台，数据采集过程浪费了大量的人力与物力，却难以得到有效的利用。区块链具有数据共享、分布式储存、不易篡改等特征，利用区块链建设公开数据、交易数据将成为促进数据共享、解决大数据征信发展瓶颈的有效方案。区块链征信平台将构建公开有效的征信市场，为征信机构提供系统化、丰富全面、有质量保障的征信数据。

区块链征信体系有两种运行模式，分别为区块链数据交易形式与区块链数据采集形式。**在区块链数据交易体系中，数据拥有者与征信机构通过区块链进行数据交易，建立标准规范的数据交易平台，作为征信产业体系的纽带。在区块链技术进一步覆盖社会生活之后，区块链网络中将会存有包括医疗、购房、消费、信贷等在内的各个方面的记录。这些数据本身就形成了高质量的征信原始数据，对这些数据进行加密设置，拥有权限的征信机构能够获得所需数据进行信用评估，这便是区块链数据采集形式征信体系。**

区块链征信体系产业链如图6-6所示。

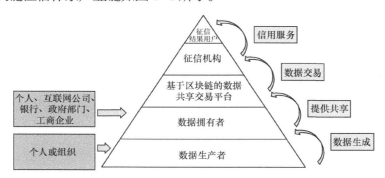

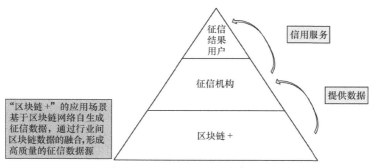

图6-6　区块链征信体系产业链

图片来源：电子商务与电子支付国家工程实验室

（1）促进数据共享

在数据交易产业链中，数据拥有者将拥有的数据摘要发布在区块链上，征信机构公布其所需的信息，双方通过智能合约进行数据交易。除数据交易外，平台也支持数据相互交换等其他流动方式，这些过程都以点对点的方式进行，双方自主协调数据共享形式。因此，征信机构能够获得多维度信息，打破原有的"数据孤岛"。在区块链数据采集产业链中，区块链网络涉及的领域越广泛，征信机构的可得数据就越全面。

就小型征信机构而言，获得除自身可得数据外的信息是其能够继续生存的必要条件，区块链能进一步促进征信市场多元化发展。涉及个人身份安全的敏感信息在上链之前一律通过设置标签或哈希计算的方式进行脱敏处理和加密保存，保护隐私信息和企业的商业机密，防止可能会出现的数据"二次贩卖"的现象。区块链技术在征信体系中的应用既能保护数据隐私，又能促进数据共享，以最低的数据采集成本进行更大程度的数据价值开发。

（2）保障数据交易安全

交易平台达成的智能合约以数字化形式写入区块链中，交易过程公开透明。数据发布方对数据的真实性负永久性责任，一旦发现错误信息，可以追溯至初始数据拥有者，故意使用虚假信息进行交易的代价极大，这样可以有效提高平台的信任度。对于第二种产业链，区块链的分布式记账与不易篡改特性将保障数据源形成之后不会被修改，可以确保数据有效。这些维护了征信数据的安全性，是建立良好征信秩序的基础，有助于提高征信结果的认可度。

（3）规范征信行业，便于监管

在区块链征信数据交易体系中，所有交易均可追溯，交易记录都会在区块链网络中公布，监管机构可以有效控制交易，及时处理违规交易。在数据采集模式下，监管方通过权限设置能够控制接入区块链网络的征信机构，并通过加密设置控制机构数据使用的权限。即使是传统体系中难以有效监管的中小型征信机构，通过其交易行为或接入网络的权限，也能得到规范管理。

3.应用案例

中国民生银行构建区块链信用证流转平台

杭州云象科技有限公司（以下简称"云象科技"）成立于 2014 年，是一家区块链信息服务提供商，致力于为企业级客户提供技术服务，涉及的领域包括金融、征信、不动产登记等。云象科技提供区块链技术支持，与中国民生银行合作，把金融科技数据安全与隐私保护作为布局重心，构建"基于区块链的国内信用证传输系统"。

企业在办理银行业务时，需要先提供营业执照、法人证件、税务登记证、公司章程等一系列材料，再由银行进行资产安全评估与信用授权，这个过程会耗费大量的人力、物力并造成业务办理滞后的问题。同时，由于所有材料均由人工审核，存在一定的误差，也有可能造成企业隐私泄露。

在中国民生银行国内信用证项目中，银行会评估企业的信用水平，开具信用证，并把所有信用证的生命过程存储在区块链上。全部过程都在线上进行，形成线上业务闭环，提高业务的处理效率，降低人工导致差错的可能性。企业的操作均通过信用证进行，线上与线下分离，可以有效保护企业隐私。由于区块链数据可溯源，在企业开展后续业务时，各方可以查证该信用证过去的所有信息，帮助银行正确评估其信用情况。这一系统可以保障信用证的真实性，提升业务的透明度，便于进行事中监管，实现风险管控。

该项目目前在中国民生银行落地实施，而联盟链显然不是只为一家银行服务，它还可以实现信用证在多家银行跨机构流转。其未来的发展方向是让更多的银行加入区块链，实现信用证的通用，促使银行业务更方便、更透明。

中国农业银行运用区块链解决征信系统单点故障问题

传统征信系统以"中心化"的方式运作，存在严重的单点故障问题，系统中一旦发生某个部分数据丢失、损失、服务异常等事件，整个征信系统都会受到影响。这样的数据储存方式增加了整个系统的风险，数据修复成本也很高。解决单点故障问题常用的方法是冗余，即增加多个相同机能的部件。只要确保这些相同的部件不会同时发生故障，系统就可以正常运作，提高了可靠度，而这也会导致成本提升。

为此，中国农业银行研发出一项基于区块链技术的征信系统，通过区块链储存数据，避免出现"中心化"系统中的单点故障问题，可以有效降低银行的风险成本。这个系统有7个部分，分别是数据接入、信用报告生成、征信查询、权限管理、异议处理、数据归档管理和异常监测。中国农业银行区块链征信系统流程如图6-7所示。

数据接入部分在上传征信数据的同时可以进行有效监测，对数据进行预处理，将数据储存到联盟链上；通过区块链智能合约，对链上数据进行分析并形成共识信用报告；征信查询部分利用区块链的数据可追溯保证信息真实、安全；权限问题用区块链的加密技术解决，防止发生数据泄露；异议处理部分及时进行数据纠错；数据归档即对过期征信信息进行归档处理，可以实现对过期数据长久保存；系统进行智能监测，将异常用户的行为通知给监管方。此外，多方业务数据均上传至联盟链，使征信系统更完善，数据更具有可信度。

中国银行组建区块链解决网络交易欺诈问题

当前，网络科技快速发展，在为人们的生活带来便利的同时也给用户的财产安全带来了巨大的威胁，用户对互联网的信任度降低，限制了互联网的进一步发展。银行和其他支付机构由于自身业务的特殊性，均成立了独立的反欺诈系统。这种反欺诈系统非常分散，涉及跨系统支付交易欺诈问题，很难有效识别，风险预警机制失效，事后处理追究程序也比较烦琐。这个漏洞打击了用户对小型诈骗事件追究的积极性。

中国银行区块链征信系统如图6-8所示。

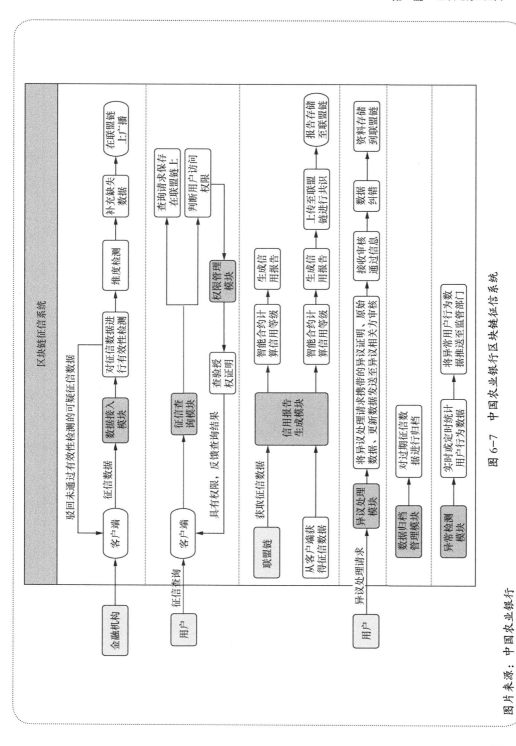

图 6-7 中国农业银行区块链征信系统

图片来源：中国农业银行

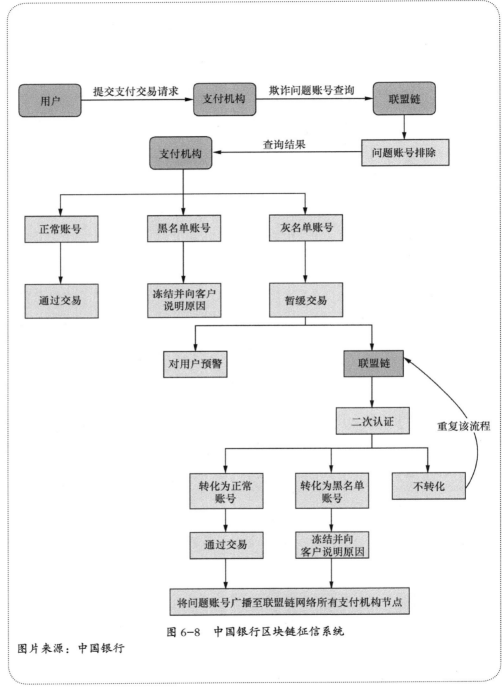

图6-8 中国银行区块链征信系统

图片来源：中国银行

在这种现状面前，中国银行组建联盟链，通过链上信息对问题账号进行全面排查。联盟链包括所有用户与支付机构，实现监管的统一性和完整性，具体步骤分为以下几个部分。

（1）由监管部门、公安机关和支付端合作，制订问题账号的判定规则，通过链上数据筛选问题账号。建立"黑名单"与"灰名单"制度："黑名单"是曾经实施过诈骗行为的账号；"灰名单"为陌生账号及通过检测的具有高危异常行为的账号。

（2）将"黑名单"与"灰名单"打包成块，广播到联盟链上的所有节点。

（3）用户在发出跨机构支付交易时，支付方利用联盟链排查交易双方的账号。正常账号可以直接通过交易请求；"黑名单"账号会被暂时冻结并且支付方会向用户反馈原因；如果是"灰名单"账号，那么支付方通过短信或其他方式向用户发出预警，并对用户进行二次身份确认。

（4）二次认证后，联盟链将对"灰名单"账号进行二次判断，将其转化为正常账号或"黑名单"账号，以此决定是否通过交易请求。如果二次判定仍为"灰名单"账号，则重复判定过程，通过更多的信息进行确认。

（5）建立账号转化制度，所有的行为都会影响系统判断，并且判断结果的改变会同步至所有节点。

账号转化制度可以实时监控所有的行为，提高识别效率；二次确认的过程可以提高用户的风险防范意识；联盟链的分布式储存解决了不同支付机构之间的"数据孤岛"问题，促进了信息共享。这种通过联盟链排查账号的制度，提高了银行反欺诈识别能力，完善了网络支付体系中的预警机制，推动了"轻违法"处理，实现了对互联网诈骗的"零容忍"。

苏宁金融构建黑名单共享平台

苏宁金融致力于推进普惠金融，为大众提供适当、高效的金融服务。围绕上下游客户的金融需求，苏宁小贷累计已为近万家合作伙伴提供了逾570亿元的贷款。由于获批了银行牌照，苏宁金融已经是一家资质齐全的民营金融集团。

在区块链技术快速发展时，苏宁金融将区块链应用在征信方面，上线了一套全新的"黑名单"共享平台[6]。该平台包括添加、查询、删除"黑名单"和投诉4个重要功能。具体来说，各个金融机构通过独立的节点接入联盟链，将产生的"黑名单"信息发布在区块链上，并在发布时获得积分奖励；来自不同机构的"黑名单"将加密分布储存在链上；机构通过节点查询联盟链上自己与其他机构发布的"黑名单"信息，而这个过程需要消耗一定的积分；设置投诉功能，各方可以对查询的"黑名单"信息进行核实，一旦发现数据造假，则可以按照系统规定追诉信息发布方。其中，平台设置的积分只是激励机构主动上传有效"黑名单"信息的工具。

传统"黑名单"机制容易遇到的另一个问题是信息泄露，区块链的加密技术会全力确保"黑名单"的安全。身份证号码、用户姓名、联系方式、贷款金额等敏感信息在上链之前一律要经过脱敏处理，并且这部分信息需要被加密保存。此外，平台的信息发布与查询过程均通过节点进行。这些节点不与企业直接联系，而是采用匿名操作机制从而有效保护机构的商业机密。

在管理方面，该平台设立联盟管理委员会。该委员会持续吸纳更多的金融机构加盟，制订业务规则，该规则由所有平台的参与者负责监督，保障规则有效。苏宁方面表示，未来将会在"黑名单"共享平台上加入"灰名单"、"白名单"、用户标签等信用数据，形成全面、真实的链上用户画像，建立一个跨机构、跨行业的信用数据共享平台。

区块链将助力征信平台颠覆性发展，在充分保护信息安全和机构商业机密的前提下提高金融行业的风控水平，降低经营成本与监管成本。

---

[6] 张磊. 区块链在电子政务方面的应用研究 [J]. 现代商业，2018（24）：23—24.

6.3　公益

1.行业现状

（1）中国公益事业发展情况

公益事业包括慈善捐助、志愿服务、公益扶贫等。根据中国慈善联合会《2018 年度中国慈善捐助报告》的统计，2018 年中国内地接收国内外款物捐赠共计 1624.15 亿元，较 2017 年小幅下降 4.05%，捐赠额占 GDP 总量的 0.16%，年度人均捐赠 103.14 元。捐赠减少主要是受全球经济增速减缓等影响。

捐赠构成主要有现金及现金等价物和非现金两种形式。其中，2018 年全国社会捐赠总量的 70.03% 是货币及有价证券等现金形式，数额高达 1007.83 亿元。现金捐赠因其便捷、直接、高效的特征受到越来越多捐赠主体和捐赠对象的青睐。非现金捐赠形式大多为物资捐赠，主要用于满足社会在医疗健康、教育、特定人群服务等方面的长期物资需求，以及减灾赈灾、扶贫与发展、公共事业等方面的短期需求[7]。例如，新冠肺炎疫情就在很大程度上拉高了对物资捐赠的需求。

在资金流向方面，2018 年我国社会捐赠的 70% 以上流向了教育、扶贫与发展、医疗健康 3 个领域。其中，扶贫首次成为社会捐赠的第二大领域，主要受益于扶贫攻坚的政策要求。

2019 年的诺贝尔经济学奖颁发给了阿比吉特·巴纳吉（Abhijit Banerjee）、埃斯特·迪弗洛（Esther Duflo）及迈克尔·克雷默（Michael Kremer）3 位学者，以表彰他们在扶贫理论领域所做出的巨大贡献，他们的研究理论是推动扶贫工作高效进行的重要基石。公众以及学术界对于扶贫与公益事业的重视程度由此可见一斑。毫不夸张地说，它已是摆在世界各国面前的重要课题。预计在未来的几年里，扶贫捐赠都会是公益慈善的重点领域。

---

[7]　2018 年度中国慈善捐助报告 [OL].2019-09-23。

同时，网络捐赠逐渐兴起，吸引了众多个人捐赠者，网络募捐总量在2018年继续攀升，民政部指定的20家互联网募捐信息平台募集善款总额超过31.7亿元，较2017年增长了26.8%。

在慈善管理方面，目前国家已经出台了一系列政策。2016年，国家颁布了《中华人民共和国慈善法》。2018年，国家发展和改革委员会、中国人民银行、民政部等40个部门和单位联合签署了《关于对慈善捐赠领域相关主体实施守信联合激励和失信联合惩戒的合作备忘录》，提出加强慈善捐赠信息的互联互通，推动各参与部门及相关互联网平台为捐赠方提供多种优惠便利措施，并联合惩戒诈捐、骗捐等失信行为，保障公众的合法权益。2018年8月，民政部发布了《慈善组织信息公开办法》，为慈善信息公开提供了根本遵循规范。"全国慈善信息公开平台"即"慈善中国"是慈善组织提供的信息公开的官方渠道，实现了慈善组织基本信息及年报、慈善项目、公开募捐方案备案、慈善信托等信息的一键快速查询，进一步提升了慈善行业的透明度。

（2）公益行业的痛点

近些年，受到一些负面案例的影响，公众对公益行业的信任度有所下降。目前，社会舆论监督对公益行业的质疑主要集中在资金流向、资金利用程度与效率、管理者与社会监督等问题上。

◎ 资金和物资流向不透明

资金流向是进行公益捐助、救灾和扶贫时捐助者最重视的问题。不少现行的公益慈善机构采用的机制不够先进和透明，它们往往会搭建多个资金池，众多捐助者向资金池中投入善款，同时管理单位再从资金池中向需要扶贫支持和公益支持的个人和团体提供资助。

◎ 资金和物资的利用和管理效率低

资金和物资的利用程度和管理效率也是社会公众非常关注的问题。相关拨款单位、捐助者不但希望能够得知资金是否流向了对的地方，而且希望资金能够发挥最大的利用效率，精准地帮助需要救助和扶贫的个人和单位。同时，这也是他们委托第三方慈善机构的重要原因，因为这些机构往往是更专业的。

◎ 现有的社会监督与公开机制不健全

目前，各大慈善机构、企业等主要通过"慈善中国"、自有平台等方式进行资金的公示。"慈善中国"具有对有备案的公开募捐项目和慈善机构进行查询功能，避免捐助者被非法慈善基金欺骗。随着目前个人捐助金额的上升，社会公众成为捐赠的重要力量，公开机制不健全对他们的慈善积极性有很大的打击。

2.区块链赋能公益

区块链具有公开透明、难以篡改、全程可追溯的特点，因此区块链可以在公益扶贫领域发挥它的作用，优化慈善流程，建设可信体系，增进舆论监督对第三方慈善机构的信任和信心。区块链可以为扶贫公益行业带来以下改进。

（1）提高资金和物资的流向透明度

慈善机构、捐助者、受捐者、慈善捐赠环节、第三方监督等相关机构和个人可以成为区块链的节点，对相关款项进行链上实时核验和跟踪。一方上链后，其他多方共同监督。当捐助者、第三方监督机构或者受捐者发现资金数量不对时，可以对中间环节进行质询和复核，这样会大幅提高问题的发现和解决效率。同时，利用区块链公开透明的特点，也可以让所有捐赠明细上链，接受公众监督。

（2）促进信息共享，提高资金的管理和利用程度

区块链系统可以共享各慈善机构需要救助和捐款的信息，更全面地了解需求信息，对资金和物资进行综合利用，确保将其分配给最紧急、效用最高的需求者。同时，管理机构也可以接入区块链，进行实时监督、指挥、调配，做好全局工作，进一步提高资金和物资的利用程度和管理效率。

（3）身份核验以实现精准扶贫和救助

通过区块链系统，个人数字身份 ID 可以被构建，因为区块链的公开透明

和不易篡改特性，它可以增加接受扶贫以及捐赠的人身份的准确性，让更多真正需要帮助的人得到应有的帮助。2019年，中国贵州省清镇市已有50万居民获得了链上身份，这有助于推进贵州省的精准扶贫进程。

3.应用案例

腾讯公益寻人链

世界各国每年都会发生很多儿童或老人走失的事件，这让很多家庭备受煎熬。寻找走失人员最重要的就是"黄金72小时"。互联网信息通信发达，不少互联网平台都加入了寻人队列。为了获得更多的帮助，求助家庭通过各个平台发布寻人启事，扩大搜索范围，有了更多的希望。然而，不同的公益平台独立运营，信息只在平台内部流通，求助家庭需要在各个平台分别注册、认证、发布信息、等待审核，这些过程较为烦琐。紧紧抓住"黄金72小时"，救援能否更快一些？走失人员的有关线索以及最新动态很难及时流通，救援能否打破平台信息壁垒？

2012年，腾讯的部分员工志愿者运用"404网页"发布寻人信息；2014年，腾讯社交广告加入寻人团队，构建"广告通寻人"；之后，腾讯旗下逐步搭建"电脑管家寻人""微信小程序寻人""手机管家——小管寻人"及"优图寻人"公益平台。2017年，寻人公益团队致力于破除平台信息壁垒，应用区块链方案连接各个平台，形成"公益寻人链"。腾讯公益寻人平台架构如图6-9所示。

区块链技术采用分布式记账，6个平台都有自己的账本，区块链实现了"共享账本"，不同平台上的注册信息、发布信息、更新记录都能完成共识同步。用户只需要在任何一个平台一次性注册并发布寻人启事，信息就可以迅速流通，极大地保障了寻人的高效性。此外，寻人线索的相关更新都会同步并带有操作签名，被记录在区块链中，链上数据不易篡改、可追溯，还可以完善线索，提高信息的可信度。

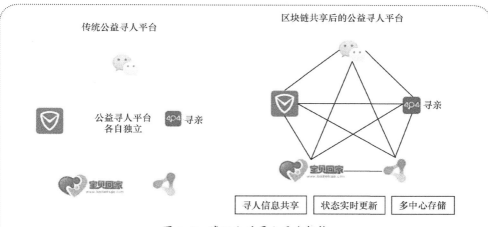

图 6-9　腾讯公益寻人平台架构

图片来源：腾讯金融科技

区块链为"数据孤岛"搭建了共享桥梁，让"黄金 72 小时"寻人的效率更高，为更多家庭带去了希望。

支付宝区块链爱心捐赠追踪平台

网络支付快速发展，网络公益逐步代替了线下捐赠。相比之下，网络公益具有方便快捷、一键捐赠的优势，众多线上公益平台层出不穷，越来越多的人加入了网络捐赠的行列之中。传统的捐款平台由运营方发布募捐信息，捐助者将款项交予运营方，再由运营方将款项拨送给募捐方。而运营方并未公布款项的使用情况，难以获取公益参与者的信任。当更多人参与公益时，如何确保善款能够精准地送到被捐助者手里就成为公众关注的焦点，捐赠款项去向的透明化成为公益事业的重中之重。

蚂蚁金服不断发展区块链技术，其可追溯性与不易篡改性为解决善款"最后一公里"提供了支持。蚂蚁金服与中华社会救助基金会合作，在支付宝爱心捐赠平台上线了"听障儿童重获新声"公益项目。这个项目是区块链在公益场景运用的一次尝试，所募集的善款将作为 10 名听障儿童的康复费用，筹集目标为 198400 元。相较于传统公益，此项目最大的优点在于可以追踪善款的流向。

支付宝拥有极高的用户渗透率,善款的来源非常分散;支付宝的小型筹款项目每次接受的捐赠数额较小。因此,这样一个项目接受了超过万次的捐赠。基于区块链的分布式记账功能,每一次捐赠的捐赠金额、捐赠时间、捐赠人等信息都会被记录在区块链上;每一笔善款的流向也以同样的方式记录。区块链具有不易篡改性和可追溯性,任何用户都可以随时查询公益项目的筹款进度与款项用途。公益事业公开透明,便能够赢得公众的信任。

蚂蚁金服CTO程立把此项目形象地比喻为一个邮寄善款的线上邮局,任何一笔善款都是一个包裹,邮局负责把包裹送到收货人手里,邮寄的每个进程都会被盖上邮戳,包裹上的邮戳信息可以公开查询。而现在这个"邮局"就是区块链平台,"听障儿童重获新声"公益项目在实现透明化公益的同时也减少了公益平台原来的人工管理成本,避免了人工审核可能出现的错误,消除了公众对于运营管理平台的质疑。

蚂蚁金服方面表示,将会继续加快区块链技术的发展,推动区块链公益平台升级完善,吸引更多的公益组织加入,让区块链成为建立信任的桥梁。截至2018年1月18日,共有2100万支付宝用户向831个公益项目捐赠,捐赠金额达到3.67亿元,捐赠人次达2.2亿[8]。

贵阳清镇市区块链精准扶贫项目

进入"十三五"新阶段后,贵阳扶贫工作的重心转向了全面提高城乡低收入困难群体的收入和生活保障水平。但贵阳扶贫工作仍存在一些难点:个别地区对于低收入对象的识别准确度不高;扶持政策难以普及全部的帮扶对象,监管措施也无法全面落实;扶贫对象的动态信息不完善,未能完全实现有效退出[9]。

---

[8] 扶贫区块链应用利用智能合约实现扶贫项目与资金的智能匹配 [OL]. 2018-05-25.

[9] 刘永新. 区块链经济发展中的市场失灵和政府调节——以贵阳市区块链应用实践为例 [J]. 上海立信会计金融学院学报,2017(3):45—53.

贵阳清镇市与分布科技合作，以区块链数字身份为基础，利用区块链智能合约设定影响贫困标准的因素、权重和匹配规则，对扶贫工作中的过程数据进行实时自动监控、数据互通并交叉验证，通过设定临界线标准综合评定扶贫对象和工作人员，进行精准扶贫和相应的工作管理。

分布科技区块链扶贫数字身份基础设施如图6-10所示。

利用大数据、区块链等技术，结合指纹识别、ID体系有助于加强对精准扶贫对象的全生命周期管理。

（1）扶贫对象精准识别。区块链具有不易篡改性，可以结合指纹识别体系在识别帮扶对象的过程中同时确认扶贫对象和扶贫干部的指纹，并记录在区块链上，保证扶贫对象的精准识别。

（2）扶贫资金精准管理。运用智能合约技术，合理高效地匹配帮扶项目和帮扶资金，全程追踪扶贫资金的流动状态。

（3）扶贫对象精准退出。利用区块链的可追溯性，精准记录帮扶行动和帮扶效果，确保符合脱贫标准的帮扶对象精准退出。

（4）社会扶贫资金全流程管理。利用区块链共识机制，对社会扶贫资金的募集、申请、使用、效果评估进行全流程管理，提高资源的利用率 [10]。

目前，贵阳清镇市30万市民的身份均已上链，区块链在已有的精准扶贫的基础上不断深化应用，实现扶贫资金的全程追踪，让资源真正帮助需要扶助的对象。在下一阶段，贵阳清镇市区块链精准扶贫项目将探索打通医疗体系、保险体系、司法体系等，最大限度地实现面向市民的便民应用。

Conflux 树图易签助力抗疫

如何高效、透明地收集、运输和配送物资成为一个亟须解决的问题。一般来说，捐助者很难直接对接被捐助者，也无法核实捐赠物品是否为真正的需求

[10]　陈正源. 金融精准扶贫的"贵州模式"[J]. 中国财政，2018（19）：59—60.

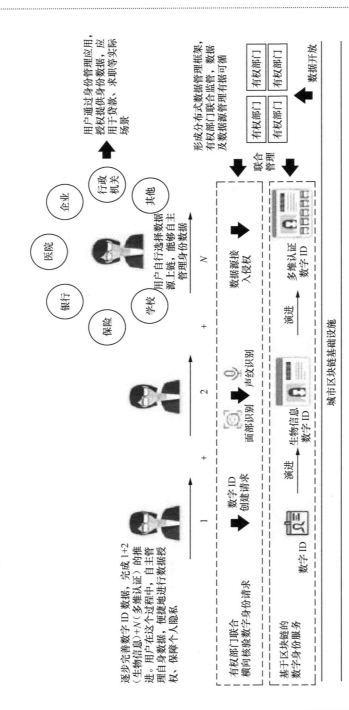

图6-10 分布科技区块扶贫数字身份基础设施

图片来源："2019上海区块链技术与应用白皮书"

者所接受。长期以来，医院主要依靠被捐助者的签名、盖章、摄影、录像等传统方式来对捐赠物资的流向进行核实。而"树图易签"这款利用区块链技术和公钥密码技术的小型程序可以有效验证捐赠物资的流向，从而解决捐赠过程中透明度的问题。

（1）受赠人A首先提出捐赠需求，生成一对公钥和私钥，通过微博、微信公众号等第三方社交媒体展示捐赠需求和公钥。

（2）当捐赠组织方B看到受赠人A的需求时，组织个人或机构进行捐赠。每一位捐赠者的捐赠信息都会在链上登记，并且每位参与者都会获得证书或凭证。目前，树形图上的捐款种类是没有限制的，资金、物资或其他类型的捐赠品均可以支持。捐赠明细在区块链上进行公示，变得更加透明，也提高了捐赠组织方B的公信力，捐赠组织方B为捐赠品提供唯一的ID后再将其交予物流运输。

（3）受赠人A接收到材料时，可以使用私钥来确认唯一的ID和接收到的材料明细。

（4）若捐赠组织方B想要查验物资的流向，他可以通过公钥验证收件人是否已经收到捐赠物资，而公钥是在社交媒体上公开获得的，从而最大限度地避免出现物资被冒领、挪用等一系列问题。

"树图易签"作为一种结合区块链和公钥密码学的产品，虽然开发起来并不困难，但它存在着诸多问题。例如，如何向不懂区块链的人介绍公钥和私钥；此外，除了查验参与者的身份，许多资质考察、捐赠信息审核的工作也难以避免。

严格来说，"树图易签"只是一个雏形。对于进入门槛高的问题，团队计划接入密钥保管工具并自动生成公钥和私钥来为更多不太了解区块链的用户提供便利。这个小型程序未来还将进一步完善，最终扩展为一个综合管理溯源平台，可以在慈善捐赠、医疗、农产品贸易等场景中发挥作用。

京东公益"守梦天使寻找之旅"项目

我国存在地区发展不平衡的问题，贫困地区的孩子物资相对紧缺。而城市中的孩子部分物资闲置。促进公益物资流动也是公益事业的重要内容。在云南省大理白族自治州宾川县鸡足山镇，一群寄宿儿童长期在学校生活，来自家庭的关怀相对较少，生活物资也比较紧缺。美丽中国支教项目（以下简称"美丽中国"）的一位支教老师发现了这个问题。2017年，美丽中国联合京东公益"物爱相连"发起"守梦天使寻找之旅"公益活动，号召爱心人士捐赠物资。

就项目的具体流程而言，美丽中国通过支教老师了解学生的物资需求，再对接京东公益平台。京东公益发起募捐，并把募集的物资通过京东物流送往美丽中国项目目的地，由支教老师分发到学生手里。传统的物资公益由募捐方统一调配物资，具体捐赠物资的流向难以明确，不免引发公众的质疑。此项目使用区块链记录物资流向，每一条捐赠物资的动态都会被记录在区块链上，从捐助者信息到运送流程，再到受捐助者信息，甚至包括受捐助者对捐赠物资的使用反馈等，真正实现了全流程可追溯。

项目完成后，每一位爱心人士都会收到来自京东的公益流程追溯链接，这条链接包含了一个区块链追溯证书，据此可以查询到包裹的所有相关信息。这种透明化公益改善了捐助者的用户体验，有助于搭建健康、稳定的公益体系，鼓励更多人参与公益，形成良性循环。

"守梦天使寻找之旅"项目上线之后，在5小时内便完成了募集目标，开启了"区块链 + 物资公益"的新模式。

第7章　政务

 7.1　电子政务

电子政务是指国家机关在政务活动中，全面应用现代信息技术、网络技术、办公自动化技术等进行办公、管理和为社会提供公共服务的一种全新的管理模式[1]。近年来，随着互联网技术的深入发展，电子政务取得了巨大的进步。另外，近年来新出现的一些技术，例如，区块链、人工智能、大数据、数据科学等推动了社会生产力的发展，重塑了生产关系，深刻地改变了政府、市场、社会的关系。如今，世界各国均在探索如何融合这些新兴技术，提升电子政务水平，实现政府职能转变，提高政府管理、公共服务和应急能力。

1.行业现状

联合国发布的《2018 联合国电子政务调查报告》显示，与 2014 年相比，电子政务发展指数（EGDI）从 0.47 上升至 0.55，全球 193 个联合国会员国都提供了某种形式的在线服务，各国都在稳步推动电子政务的发展。

2016 年和 2018 年按 EGDI 分组的国家数量如图 7-1 所示。从数据上看，2018 年 EGDI 非常高的国家有 40 个，相比 2016 年增加了 11 个，低 EGDI 的国家减少了 16 个，这表明各国在电子政务上均投入了一定的资源。同时，EGDI 高和非常高的国家数量达到 111 个，占联合国会员国总数的近 60%。

从电子政务发展排名前 10 位的国家来看，欧洲国家有 5 个；大洋洲国家有 2 个；亚洲国家有 3 个，分别是韩国、新加坡和日本；无美洲国家。《2018 联合国电子政务调查报告》显示，中国的电子政务发展指数为 0.6811，排名

---

[1]　黄芳芳. 区块链＋政务落地难在哪儿 [J]. 经济，2018（18）：94—95.

65位，属于高EGDI国家，但较非常高EGDI国家仍有一定的差距。

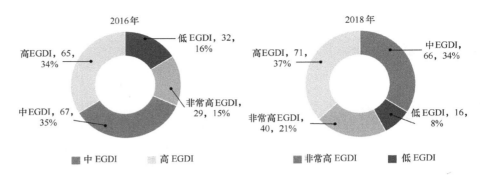

图 7-1　2016 年和 2018 年按 EGDI 分组的国家数量

图片来源：2018 联合国电子政务调查报告

我国电子政务概念的雏形产生于 20 世纪 80 年代，自 1999 年起受到重视，电子政务平台逐步建设，推进政府工作的自动化、信息化。随着互联网技术的发展，政务也在与时俱进，近年来"互联网 + 政务"也在如火如荼地进行着。2018 年 10 月，西藏自治区政务服务网开始试运行，标志着我国省级网上政务服务平台体系已基本建成。截至 2018 年 12 月，我国共有政府网站 2817962 个，主要包括政府门户网站和部门网站[2]。

自 2006 年开始，电子政务已经出现在多部重要的政策法规中，说明国家已经在政策层面推动促进电子政务发展与建设。电子政务相关法律法规见表 7-1。

表 7-1　电子政务相关法律法规

政策法规	时间	主要内容
中共中央办公厅、国务院办公厅《2006—2020 年国家信息化发展战略》	2006 年	·增强政府的公共服务能力，使电子政务应用和服务体系日臻完善，社会管理与公共服务密切结合，网络化公共服务能力显著增强

---

[2]　2019 数字政府发展报告 [R]. 中央党校电子政务研究中心，2019-07.

（续表）

政策法规	时间	主要内容
工业和信息化部《国家电子政务"十二五"规划》	2011 年	· 电子政务全面支撑政府部门履行职责，满足公共服务、社会管理、市场监管和宏观调控各项政务目标的需要，促进行政体制改革和服务型政府建设的作用更加显著
国家发展和改革委员会《国民经济和社会发展第十二个五年规划纲要》	2011 年	· 提出大力推进国家电子政务建设，推动重要政务信息系统互联互通、信息共享和业务协同，建设和完善网络行政审批、信息公开、网上信访、电子监察和审计体系
国家发展和改革委员会《十二五国家政务信息化工程建设规划》	2012 年	· 到"十二五期末"，形成统一完整的国家电子政务网络，基本建成覆盖经济社会发展主要领域的重要政务信息系统
国家发展和改革委员会《关于加强和完善国家电子政务工程建设管理的意见》	2013 年	· 统筹推进电子政务共建项目的建设；充分重视电子政务项目的需求分析；大力推进跨部门信息共享；加强电子政务项目的质量管理；推动电子政务项目建设改革创新
工业和信息化部《信息化发展规划》	2013 年	· 全面深化电子政务应用、加强网络与信息安全保障体系建设等 12 项主要任务和发展重点
国务院《关于加强政务网站信息内容建设的意见》	2014 年	· 加强政务网站信息内容建设管理，提升政府网站发布信息、政策解读政策、回应关切、引导舆论的能力和水平，将政府网站打造成更加即时、准确、有效的政府信息发布、互动交流和公共服务平台，转变政府职能、提高管理和服务效能
国务院《关于加快推进"互联网 + 政务服务"工作的指导意见》	2016 年	· 2017 年年底前，各省（区、市）人民政府、国务院有关部门建成一体化网上政务服务平台，全面公开政务服务事项，政务服务标准化、网络水平显著提升
国务院《"互联网 + 政务服务"技术体系建设指南》	2017 年	· 提出优化政务服务攻击的信息化解决路径和操作方法
国务院《政务信息系统整合共享实施方案》	2017 年	· 要求各地区、各部门整合分散的政务服务系统和资源

（续表）

政策法规	时间	主要内容
国务院《全国深化简政放权放管结合优化服务改革电视电话会议重点任务分工方案》	2017 年	·加快推行"互联网＋政务服务"，推动政府部门在协同联动、流程再造、系统整合等方面进行改革，提升线上线下一体化政务服务能力
国家发展和改革委员会《"十三五"国家政务信息化工程建设规划》	2017 年	·坚持把推进国家治理体系和治理能力现代化作为政务信息化工作的总目标，大力加强统筹整合和共享共用，统筹构建一体整合大平台、共享共用大数据、协同联动大系统，推进解决互联互通难、信息共享难、业务协同难的问题
国务院《进一步深化"互联网＋政务服务"推进政务服务"一网、一门、一次"改革实施方案》	2018 年	·要求到 2018 年年底，"一网、一门、一次"改革初见成效，先进地区成功经验在全国范围内得到有效推广；到 2019 年年底，重点领域和高频事项基本实现"一网、一门、一次"
国务院《关于加快推进全国一体化在线政务服务平台建设的指导意见》	2018 年	·加快建设全国一体化在线政务服务平台，推进各地区各部门政务服务平台规范化、标准化、集约化建设和互联互通，形成全国政务服务"一张网"

表格来源：火链科技研究院整理

　　截至 2017 年年底，我国在线政务服务用户规模达到 4.85 亿，占总体网民的 62.9%。其中，支付宝和微信城市服务平台是网民使用最多的在线政务服务方式，占比达 44%；其次为政府微信公众号，使用率为 23.1%。总体来看，我国电子政务移动化趋势显著。在国家政策和地方政策的大力支持和推动下，我国电子政务市场从 2008 年起飞速增长，年增长率保持在 10% 以上。2018 年，我国电子政务市场超过 3000 亿元，预计未来 5 年内，电子政务将保持 13% 的年增长率。近 10 年我国电子政务市场规模及预测如图 7-2 所示。

　　虽说我国在电子政务的发展上已属于高 EGDI 国家，但在数据交互、协同、共享上仍面临诸多困难。

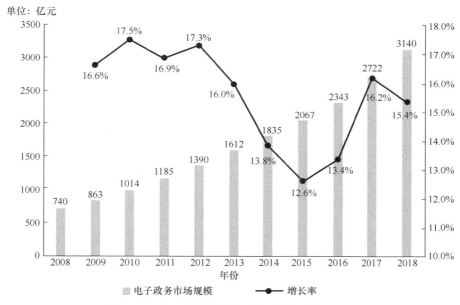

图 7-2　近 10 年我国电子政务市场规模及预测

图片来源：前瞻产业研究院

（1）政务"数据孤岛"未打通

"互联网 + 政务"的发展使电子政务的服务实现了巨大的飞跃，让政务处理变得简单、便捷，企业、人民群众可以通过网上服务入口办理多项业务。与此同时，由于电子政务早期发展时的标准规范未统一，"数据孤岛"现象普遍存在，制约了"互联网 + 政务"的进一步发展。从现有的情况来看，企业和人民群众想要在网上办事需要登录不同部门的网站，各部门还没有形成高效的政务服务协同机制，信息重复采集的情况比较普遍。因为早期的电子政务系统均是根据不同部门的自身业务需求单独搭建的，各部门独自构建了一套自己互联网政务体系，所以各部门之间的网络基础设施、业务系统、数据资源均处于割裂、碎片化的状态，缺乏标准统一的数据结构和数据接口，同地区的政务系统、跨部门数据的共享和业务协同力度不足。我国政府已经深刻认识到"数据孤岛"对提高电子政务发展水平的阻碍，发布了《2006—2020 年国家信息化发展战略》等诸多文件，旨在解决"数据孤岛"的问题。

（2）电子政务发展不同步

从现有的电子政务改革落地的情况来看，各地的电子政务服务水平、服务能力存在不同步的现象。首先是同级别的不同行政区划的电子政务的推进程度不同。例如，西藏自治区政务服务网在2018年年底才投入试运行，其他行政区的政务服务网则早已投入使用；再例如，2014年广东省率先成立省级大数据管理局，而其他省级行政区政府设立大数据管理机构的时间点则集中于2018年前后。其次是同地区不同部门间电子政务的推进程度不同，导致数据共享与协同无法实现。另外，现有的电子政务应用的广度与深度不足，无法对政府治理能力创新提供有效的支撑。这些参差不齐的电子政务改造进程也为接下来需要进行的政务数据授权共享、业务协同的应用增添了困难。

（3）缺乏政务协同互信基础

政务服务涉及面广，其中的基本数据就包括医疗、教育、婚姻等，这类数据均涉及公民的个人隐私。从目前的情况来看，这些政务数据分别由不同的政府部门、机构进行管理和维护。而各部门的数据共享、业务协同将导致数据脱离主管部门的掌控。一旦这些涉及公民隐私的数据泄露，就会对政府的公信力带来巨大的打击。

2.区块链赋能电子政务

区块链技术作为近年来最具潜力的技术之一，世界各国政府多数制定了相应的政策促进区块链技术发展与产业建设，我国也早在2016年就将区块链技术作为战略性前沿技术写入《"十三五"国家信息化规划》。

2019年10月24日，中共中央政治局就区块链技术的发展现状和趋势进行了第十八次集体学习，其中针对区块链政务，会议提出希望能够"探索利用区块链数据共享模式，实现政务数据跨部门、跨区域共同维护和利用，促进业务协同办理，深化'最多跑一次'改革，为人民群众带来更好的政务服务体验"。

（1）区块链助力电子政务打通"数据孤岛"

区块链技术凭借点对点的分布式记账技术、共识机制、非对称加密算法、智能合约等技术，为参与各方建立强大的信任基础，链接链上各方，为链上各方的可信数据交互奠定技术基础，实现政务数据的授权共享、业务协同。在实践上，区块链将各政务部门整合纳入生态，通过在各政务部门设立区块链节点的形式实现在政务数据共享过程中的数据确权、控制信息计算、个性化安全加密等一系列政务数据的生产和再造，打通政务的"数据孤岛"，为机构的数据授权共享与业务协同奠定技术基础，并且结合多方安全计算技术，使各政务部门在不需要对外提供原始数据的前提下实现对与其数据有关的函数计算，解决了一组互不信任的参与方之间保护隐私的协同计算问题。

（2）明确政务数据归属权，明晰数据权责界定

区块链技术与电子政务深度融合，可以建立各部门间的信任和共识，实现在确保数据安全的同时促进各部门数据的授权共享与业务协同。此外，区块链技术能够有效解决现有技术中政务数据的归属权、管理权和使用权无法界定的难题，对其进行行之有效的权责归属。结合公私钥体系，政务数据自产生之日起就确定了归属权与管理权，为后续的授权使用明确了权责归属；另外，结合智能合约技术能够实现数据共享与业务协同过程中的使用权的权限分配。在政务数据授权共享、业务协同的同时，政务数据能够将所有的数据流转使用记录留存于链上，凭借区块链所具有的不易篡改、可追溯的特性，为后续数据泄露等事故提供有迹可循的、清晰的溯源依据，为建立可监管、可追溯的政务数据共享授权机制扫清障碍。

（3）赋能城市数据监督，提升管控与约束力

区块链凭借点对点的分布式账本技术、哈希指针与时间戳技术，确保了数据一旦上链就不易篡改和可追溯。在城市治理中，城市数据的应用具有重要的作用。区块链能够结合物联网技术，实现城市政务数据的全流程存证，扫清原

本因技术局限无法覆盖的监督盲区，补足监管的缺位，增强城市数据监督管控与约束力，为后期的核验、举证等提供便利，提升政府的公信力。

在政府的重大投资项目上，实现建设主体的全流程数据上链，利用区块链的存证和不易篡改特性对其产生较大的约束力。此外，通过将相关监管机构、企业纳入区块链生态和数据上链，促使监管机构能够实现更全面的监管，营造良好的监管环境，并为未来利用数据进行科学决策、打造智慧政府提供坚实的支撑体系。

在财税上，将税务机关、开票企业、纳税人和报销企业纳入生态中，能够大幅减少报销流程，解决了发票报销中的一票多报等问题，还能够有效防止偷税漏税、降低税局稽查成本、提升监管机构的监管效力。

（4）区块链助力建设涉密分类共享体系

政务数据种类多样、涉及面广，是政府进行国家治理、制定决策的重要数据来源。政务数据包括气象数据、公民隐私数据、国家机密等不同级别的涉密数据，不同涉密数据的公开性不同。区块链技术囊括强大的公私钥保密体系和智能合约技术，能够为政务数据建设涉密分类共享体系赋能，通过完善政务服务信息资源目录体系和涉密分类共享体系，实现不同涉密级别数据的不同权限的分类共享，提高自主保障能力，切实保障政务信息系统安全、可靠运行。

3.应用案例

区块链服务网络（BSN）——政务专网

区块链服务网络（BSN）是由国家信息中心领导，中国移动通信集团公司、中国银联股份有限公司、北京红枣科技有限公司主导的首个国家级联盟链，致力于打造跨公网、跨地域、跨机构的区块链服务基础设施，推出了针对政务的区块链专网产品——BSN政务专网。BSN以联盟链为基础架构，通过公共城市节点建立连接，形成区块链全球性基础设施网络。BSN公网类似于互联网，

BSN 专网则类似于局域网，专网依托于公网的技术架构，可以实现与公网的互联互通。

在技术架构的设计上，BSN 政务专网的基础设施层支持专有网络、公有云、私有云等部署形态，也支持了跨网混合部署；区块链平台层则支持 Hyperledger Fabirc、Fisco BCOS 等区块链引擎；节点网关层则提供了封装的、通用的、稳定的、可靠的服务和接口。

在实际应用上，BSN 政务专网将为各系统、各部门、各用户分配统一的身份 ID，实现数据与应用的统一管理，运营平台也将针对区块链应用的接入采用统一的审核制度，确保应用安全准入；区块链政务专网内提供多种通用的内置应用，能够实现各系统数据的融合共享、公文档案的安全存储、电子合同签章等功能；各委办局在接入系统后，可以将自己的业务需求共享到平台上，并且由委办局定义数据结构并进行脱敏操作，数据上链后，使用单位将在原数据归属者的授权下获取数据，提升数据共享效率、实现数据协同。

在安全架构设计上，BSN 政务专网全方位考虑了身份鉴别、访问控制、安全审计、通信保密、资源控制、主机安全等 10 个方面。

BSN 政务专网架构如图 7-3 所示。

BSN 政务专网已经在杭州城市大脑平台成功部署，并且在一周时间内就完成了"城管道路信息及贡献管理""酒店消毒管理""内部最多跑一次"等多个应用的上链，取得了良好的效果。

新冠肺炎疫情期间，依托区块链技术，杭州市下城区创造性地搭建了"1Call 链"项目，使疫情大数据在安全加密的前提下实现了全网同步，极大地提高了数据的获得率，保障了数据的安全性。

员工在复工前需要在线填写并提交承诺书，系统会自动为每份承诺书匹配"承诺书特征码"并同步至区块链网络。区块链的不易篡改性可以确保电子承诺书的相关信息不会被人为修改，员工本人可以自行点击查询承诺书信息，后台通过特征码对所有员工的承诺书进行分门别类地储存，不仅保证了信息的安

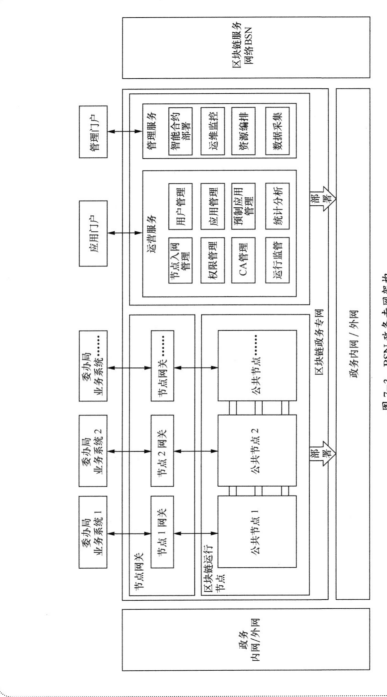

图 7-3　BSN 政务专网架构

图片来源：BSN 区块链专网（政务专网）项目实施方案

全透明，也使办事效率更加高效。

此外，分类储存的承诺书也为线下工作的开展提供了极大的便利。结合杭州城市大脑平台"工地复工精密智控管理系统"，可以很容易地统计出未来 3 ~ 7 天内即将返杭复工人员的来源地、所属项目等信息，从而合理地安排包车。截至 2020 年 4 月，"1Call 链"已经成功协助杭州市下城区开展 1674 名人员复工复产的统筹安排 [3]。

广东省佛山市禅城区区块链政务应用"智慧城市"

2017 年 6 月，广东省佛山市禅城区政府发布全国首个政务应用"智慧城市"，构建真实的信用体系。"智慧城市"底层采用区块链技术，打通不同部门间的"数据孤岛"，形成跨平台、跨部门、跨地区的城市数据，实现城市数据的协同互联。目前，禅城区区块链政务应用项目包括区块链 + IMI 身份认证、区块链 + 公证、区块链 + 食品安全、区块链 + 社区矫正等。

IMI 身份认证平台以实名认证为基础，借用区块链技术，将身份控制权从中心服务器移交给个人，并利用区块链的安全、可溯源、不易篡改的特性，实现虚拟身份与现实身份的确认联系，使个人拥有对信用身份的控制权。

区块链公证利用区块链技术，将出生医学证明、学历、学位、无犯罪记录等 20 项公证业务上链，并通过 IMI 身份认证平台轻松办理公证业务。通过区块链 + 公证平台，各职能部门通过将数据上链，实现了各部门数据的协同共享，极大地提高了政务服务的效率。

针对食品安全，企业采用区块链技术对每个食品配备链上 DNA，实现生产、运输、消费环节的信息上链，使市民能够对食品信息进行全流程追踪和溯源。

在社区矫正方面，企业通过将数据上链实现对社区矫正信息人员、有关部

---

[3]　区块链新技术为企业复工复产"保驾护航"杭州下城"1Call 链"上线 [OL]. 2020-03-05.

门、部门工作人员等多环节的监管全覆盖，通过平台建立社区矫正信息沟通机制，树立社区矫正工作的权威性。

佛山禅城以打造真实信用体系为切入口，采用区块链技术打通了各部门的"数据孤岛"，将身份控制权下放至个人，有效解决了人民群众的真实身份问题，进一步实现了个人数据的授权使用，为数据授权使用的法制健全奠定了良好的实践基础。

区块链助力雄安新区实现阳光透明征地拆迁

《河北雄安新区规划纲要》指出，雄安新区将坚持数字城市与现实城市同步规划、同步建设。区块链技术在建设数字城市的过程中发挥了重要的作用，同时有效推动了雄安城市建设，为雄安新区征迁的和谐、阳光、透明化提供了有力的技术保证。

传统的工程建设管理在资金流转与使用方面存在不少问题。例如，资金去向不明确可能造成权责落实不清晰、违约承包转包。资金管理不善，容易出现资金挪用，进一步导致工期拖延、工程质量没有保证、拖欠工人工资等。2019年5月7日，雄安新区征迁安置工作正式启动，为解决这些可能存在的问题，雄安新区征拆迁资金管理区块链平台同时上线运行。

这个区块链平台涵盖了征拆迁工程中的所有项目的参与方，能够记录各个项目的动态，并且会保留记录的调取痕迹，参与方也有权知悉自己的相关信息被查看的状态，这在促进工程透明的同时也保证了参与方的信息不被随意泄露。以最常出现造假的资金问题为例，区块链系统设立的资金账本为分布式记账体系，不由任何单——方掌管，其各项信息都可以由任何参与方调取，确保征拆迁资金使用阳光透明。

在员工工资发放方面，该平台采用"建设者工资保障金"制度来完善治理体系，最大限度地保护员工应有的权益。该制度规定，具体施工企业与雄安集团分别缴纳资金，共同设置工资保障金。其中，雄安集团一次性拨款1000万元至工资保障金专户，施工企业缴纳工程合同款金额的 0.5%。在合同约定的最后支付工资期限到期时，若施工企业未能如期支付工资，则平台将向各关联企业发出预警，区块链智能合约会自动触发代付机制，将保障金直接拨付到员工账户。截至 2019 年 10 月，区块链资金管理平台已经累计为超过 11 万人次的建设者按时发放工资。

此外，该平台能够实现工程进度的透明化管理、合同的保障落实、资金的无感式支付等功能，避免发生工程项目层层转包、资金违规挪用等情况。

截至 2019 年 10 月，区块链资金管理平台已经成功为 9 号地块一区造林、10 万亩苗景兼用林、唐河污水库、容西污水厂、截洪渠一期、大树刘泵站、截洪渠景观林、秋季造林等 50 余个项目提供项目管理运营维护和资金流监管服务，上链企业累计近 1700 家，管理资金约 30 亿元。

福建泉州区块链电子证照

泉州行政服务中心通过结合区块链技术，实现了区块链电子证照和实体证照同时颁发。"泉州政务服务"App 采用了"区块链＋电子证照"技术，整合证照链、证件包实现证照的链上授权，并且每次授权使用都会在链上留下完整的存证记录，依托区块链技术不易篡改的特性保证了证照使用信息的可溯源，消除了人民群众在使用电子证照时对信息泄露的担忧。

区块链电子证照实现了电子证照授权使用的记录存证，极大地简化了政务服务的办事流程，提高了政务服务的效率，并且通过将政务服务集成在手机 App 中，在一定程度上实现了政务服务的移动化，推进了"一站式"政务便捷服务落地。

这个应用赋予了电子证照一定的法律效力，为我国的电子证照、电子资料等法制健全积累了实践经验，并且在一定程度上实现了移动化目标。目前，泉州电子证照的法律效力仍有地域上的限制，针对跨行政区划的使用情况，其法律效力会遇到一定的阻碍。

江苏南京区块链电子证照共享平台

2017 年，南京市信息中心牵头启动了区块链电子证照共享平台的建设，将房产交易、人才落户、政务服务一张网等多项民生事项纳入区块链政务数据共享平台中，实现了政务数据跨部门、跨区域的共同维护和利用。南京市现在的政务数据和电子证照绝大多数通过区块链政务数据共享平台共享到各个业务系统，包括工商、税务、房产、婚姻、户籍等。

南京市区块链政务共享平台示意如图 7-4 所示。

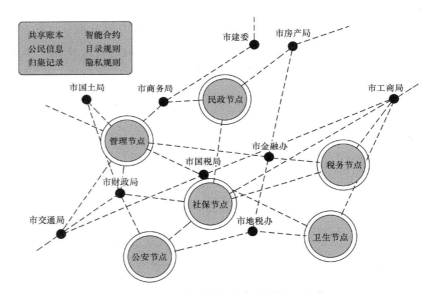

图 7-4 南京市区块链政务共享平台示意

图片来源：《江苏省区块链产业发展报告》

截至 2019 年 8 月，南京市区块链电子证照共享平台已经对接公安、民政、国土、房产、人社等 49 个政府部门，完成了 1600 多个办件事项的链接与 600 多项电子证照的归集，涵盖全市 25 万家企业、830 万自然人的信息[4]。

---

[4] 黄佳. 基于区块链技术的跨区域电子证照共享平台 [J]. 科技与创新，2019（11）：61—63.

7.2　电子发票

1.电子发票行业现状

发票是指一切单位和个人在购销商品、提供或者接受服务以及从事其他经营活动中开具、收取的收付款凭证，是记录经营活动内容的载体，是最基本的会计原始凭证之一，是加强财务管理的重要手段，同时也是税务机关控制税源、征收税款的重要依据，对保护国家财产安全、维护国家经济秩序有着重要意义[5]。

虽然中国拥有世界上较为先进的税务发票系统，但现有的电子发票仍面临"假发票"难管控、难杜绝的问题。在我国，"假发票"主要包括假发票、虚开发票（真票假开）和套用发票。假发票即私印、伪造发票；虚开发票即真票假开，指没有如实开具发票的一种舞弊行为；套用发票指套用发票自填自报的行为。另外，发票的开具、报销等流程烦琐，对税务局来说，报销涉及很多的人工整理、人工审核工作，效率低下；对报销企业来说，每次需要整理纸质发票、核算金额，并且还要担心"一票多报""假发票"等问题，防止出现财务管理风险及税务违法风险。以上痛点均是由税务管理部门无法明确获知企业资金流水数据所导致的，而企业又不愿意将自身的财务数据公之于众，税务管理部门和企业均存在一定的"数据孤岛"问题。

2.区块链赋能电子发票

针对目前电子发票面临的痛点，区块链技术能够利用自身的特性很好地解决相应的问题。

（1）保障发票真实性

企业通过区块链的分布式记账和多方共识，确保每张发票对应着真实的消

---

[5]　胡耀忠. 买卖合同纠纷中发票相关问题探析 [J]. 各界，2018（24）：58.

费，保证了发票的真实性、唯一性，结合区块链不易篡改的特性从源头上杜绝"假发票"。

（2）解决"一票多销"的问题

在报销环节中，区块链让各个环节的部门成为节点，对接多个系统，互相打通，使电子发票链上的流转发票可被快速查证，降低了审核过程的时间成本，打通了"支付－开具－报销－入账"的全流程，精简了开票、报销的流程，解决了"一票多销"的问题。让开票更便捷，让消费者更舒心，也降低了纸质票本来的印刷成本与其中各环节的人工成本。

（3）电子发票可溯源，便于税务部门进行监管

区块链网络将税务管理部门和纳税企业纳入区块链税务生态。区块链电子发票可以追溯其全生命周期，对开具、流转、报销、存档等发票流向环节进行全方位管理，帮助税务部门等监管方实现实时性更好的全流程监管。

3.应用案例

> #### 腾讯区块链电子发票
>
> 2018年8月，由国家税务总局指导、由国家税务总局深圳市税务局主导、由腾讯区块链提供底层技术支撑的区块链电子发票实现落地。首张区块链电子发票在深圳市国贸旋转餐厅开出。此次，腾讯携手深圳市税务局落地的区块链电子发票将"资金流"与"发票流"合二为一，实现线上支付并实时开具发票，彻底打通了发票的申领、开票、报销与报税全流程。其具体操作可以分为4个步骤。
>
> （1）税务机关将开票限制条件等开票规则部署上链，并在链上实时核准及管控开票流程。
>
> （2）开票企业进行发票申领，并同时将订单信息和链上身份标识上链。
>
> （3）纳税人认领自己已开具的发票，并在链上更新纳税人的身份标识。
>
> （4）收票企业收到发票后进行核验，锁定链上发票状态，审核后入账，实

时更新链上发票状态，最后支付报销款。

腾讯区块链电子发票利用区块链的分布式记账、多方共识、非对称加密等机制，使发票流转信息上链，打通了"数据孤岛"，并且通过链上身份标识确保发票的唯一性和信息记录的不易篡改，同时在链上纳入税务局等监管机构，帮助政府更好地实现全流程监管。与此同时，腾讯区块链电子发票将税务机关、开票企业、纳税人、收票企业整合到区块链上，实现发票开具与线上支付相结合，打通了发票申领、开票、报销和报税的整体流程。

腾讯区块链电子发票业务流程示意如图 7-5 所示。

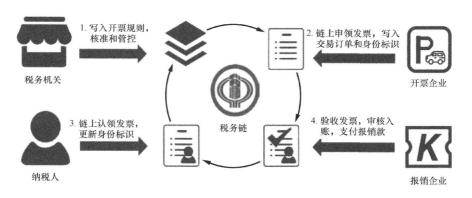

图 7-5　腾讯区块链电子发票业务流程示意

图片来源：腾讯

对商家来说，区块链电子发票不仅可以提高店铺的运营效率，还可以大幅降低管理成本。企业开具和使用发票不仅更加便捷规范，还可以与企业财务软件对接，即时入账和报销，在未来还可以扩展到税务申报方面。

对税务部门来说，通过集成"资本流和发票流"，结合发票开具与在线支付，可以实现"交易数据是发票"，有效解决错填、不开、少开发票等问题，以确保及时完整的税款入库。此外，该管理平台可以对开票、流通、报销的全过程进行实时监控和全面管理。

对消费者来说，他们可以在结账后通过手机微信自助申请开具发票，快速报销，而且发票信息会实时同步到企业和税务局，报销款即刻到账，省去报销的烦琐流程，减少奔波劳累，从而带来"交易即开票，开票即报销"的良好体验。

目前，深圳市的区块链电子发票已经广泛应用于金融保险、零售超市、酒店餐饮、互联网服务等数百个行业，惠及1.5万多家企业，共开具发票1600多万张。到2020年，深圳市将全面推行区块链电子发票，基本实现税收无纸化。

腾讯已经向电机电子工程师学会（Institute of Electrical and Electronics Engineers，IEEE）、国际标准组织（International Organization for Standardization，ISO）、国际电子联盟电信标准化局（International Telecommunication Union，ITU）等全球各大标准化组织提交区块链电子发票的标准建议，等到标准正式确立，区块链电子发票将迎来更广泛的应用。

京东联合中国太平洋保险启动区块链增值税专用发票项目——e采

2018年8月17日，京东集团和中国太平洋保险集团共同宣布我国第一个增值税专用发票电子区块链技术项目——e采启动。

本次京东在区块链电子发票的试水不同于传统的电子发票，是从财务和报销环节向上游延伸，首次彻底打通了采购、财务、报销三大系统，填补了传统电子化采购在对账环节的空白，通过智能合约使财务审核、报销的环节均可以通过系统自动化运行，真正实现了金融采购的电子化闭环运作 [6]。

传统的采购流程需要线下进行预算汇总申请，并获取额度控制、动支审批等多个方面的审核批准。而e采则完全不同，它能够自动导入预算，在采购时显示实时预算的剩余额度与预算花费类别，实现需求规划与预算科目的严格匹配；在采购申请和合同审核阶段，e采内嵌标准化电子订单合同模板，通过智能合约自动生成采购合同，使采购部门不需要再单独签订合同，由系统自动完成校验预算、财务审核；在接收入账、报销付款阶段，e采能够实现一人接收、自动入账、自动扣除释放预算、自动生成结算单，彻底取消传统的三单（订单、

---

[6] 京东技术助推首个区块链专票电子化落地 [OL]. 2018-08-17.

发票、接收单）匹配环节。

这种自动化运行方式可以提高企业的采购效率，显著降低其运行成本。基于 e 采的自动审核功能，仅需要 7 个人就能覆盖以往 30 个人的采购工作量，节省 75% 的人力，实现成本和效率的全面优化。

蚂蚁金服联合医院试水医疗电子票据服务

2018 年 8 月，蚂蚁金融区块链与航天信息公司合作测试区块链医疗电子票据服务。两周内，近 60 万张医疗电子账单被患者获取。

在患者使用支付宝支付挂号费、门诊费和住院费后，相关电子账单将自动发送至支付宝 "发票管家"。患者在使用现金、医院 App 或医保卡支付后，扫描清单上的二维码即可获取电子账单。这些电子账单可用于报销和请假，平均为病人节约了 90 分钟。

这种区块链与账单的创新结合不仅给患者提供了便利，普通纸质发票和电子发票的重复报销问题也可以得到解决。这是因为区块链电子票据在产生、传输、存储和使用的各个环节中都会加盖 "时间戳"，这些时间戳可追溯且不易篡改。已经报销过的电子账单会被立即识别，不可能被二次报销。

杭州市、台州市、金华市的医院被纳入首批区块链医疗电子账单服务。对于医院而言，很多人工成本可以被节省下来；对于地方财政局和社会保障局而言，实时监控发票的过程变得更加方便。该医疗电子账单服务是基于联盟链的，链上节点包括医院、地方财政局、地方社会保障局、航天信息网、支付宝等。

第8章　司法

 **8.1　电子存证**

1.行业现状

（1）电子存证行业发展

电子存证是指以电子数据形式存储的证据信息。随着数字化浪潮和大数据的发展，数据存证量爆发。IDC报告显示，2020年，全球数据总量将超过40ZB（相当于4万亿GB），是2011年的22倍，近几年来，全球的数据量以每年58%的速度增长。第44次《中国互联网络发展状况统计报告》显示，截至2019年6月，中国网民规模达到8.54亿，较2018年年底增长了2598万，我国即时通信用户规模达到8.25亿，网络新闻用户规模达到6.86亿，网络视频用户规模达到7.59亿，网络购物用户规模达到6.38亿，网络支付用户规模达到6.33亿，网约车用户规模达到3.37亿。

一直以来，大量的互联网案件需要进行网络内容的证据保全，互联网内容数量庞大、传播速度快、影响广泛且极易灭失，传统公证处的证据保全公证效率低、程序复杂且费用高，因此成本较低、操作简便、程序简单的电子存证技术及服务得到迅速发展，成为证据体系的重要组成部分。我国不断推动司法改革与现代科技的深度融合，在2012年就将电子证据作为新的证据种类纳入立法，使电子证据获得独立的证据地位。移动公证数据中心公布的"2018年中国电子证据应用白皮书"的数据显示，2018年，电子证据被认定为法律事实的案件越来越多，涉案保全金额稳步提升，超过73%的全国民事案件涉及电子证据。移动公证数据中心先后与全国300多所法院、2000多家律所合作，覆盖全国200多座城市，移动公证电子证据触及全国 95% 的人民法院，为各大司法机关提供了强有力的保障。

（2）电子存证的流程

普通的电子文件通常无法直接用于司法判决，需要经过电子存证成为电子证据，符合国家相关的法律规定和标准后才可以使用。

目前，传统的电子存证方式包括：**第一，前端存证应用 + 公证 / 鉴定机构等权威机构背书；第二，前端存证应用 + 存证机构自行验证的方式**。提供电子存证服务的存证机构分为专门的存证服务平台（例如，存证云、e 签宝）以及具有存证功能的综合服务类平台（例如，可信时间戳）。专门的存证服务平台分为商业性存证平台（例如，百度取证）与司法机构存证平台（例如，互联网法院电子证据平台、公证机关的电子存证平台）。

通常，由需要证据保全的个人或机构在存证机构注册，接入存证接口，输入需要存证的内容，由存证机构取证，向申请人反馈存证信息。例如，存证云即为前端存证应用 + 公证 / 鉴定机构等权威机构背书的模式，通过引入公证机构，由用户委托存证机构向公证机构发送证据，支付费用后获得公证报告，以保证电子证据的真实性。

电子存证过程（以存证云为例）如图 8-1 所示。

图 8-1　电子存证过程（以存证云为例）

图片来源：存证云官网

电子存证技术的关键在于如何准确抓取、传输电子数据信息作为证据储存，保证该数据信息被存储在安全可靠的数据库内不被丢失且不被篡改，并最终准确地传输给司法机构。其中，涉及取证、收集、存储和传输4个环节。法院在对电子证据进行考察时主要也考虑这4个环节。

最高人民法院于2018年9月7日印发《关于互联网法院审批案件若干问题的规定》（以下简称《规定》），其中，第十一条指出："当事人对电子数据真实性提出异议的，互联网法院应当结合质证情况，审查判断电子数据生成、收集、存储、传输过程的真实性，并着重审查以下内容。（一）电子数据生成、收集、存储、传输所依赖的计算机系统等硬件、软件环境是否安全、可靠。（二）电子数据的生成主体和时间是否明确，表现内容是否清晰、客观、准确。（三）电子数据的存储、保管介质是否明确，保管方式和手段是否妥当。（四）电子数据提取和固定的主体、工具和方式是否可靠，提取过程是否可以重现。（五）电子数据的内容是否存在增加、删改、修改、不完整等情形。（六）电子数据是否可以通过特定形式得到验证。当事人提交的电子数据通过电子签名、可信时间戳、哈希值校验、区块链等证据收集、固定和防篡改的技术手段或者通过电子取证存证平台认证。对于能够证明其完整性和真实性的，互联网法院应当确认。当事人可以申请具有专门知识的人就电子数据技术问题提出意见。互联网法院可以根据当事人的申请或者依据职权，委托鉴定电子数据的真实性或者调取其他相关证据进行核对。"《规定》对区块链技术在电子存证领域的使用给予了认可。

（3）当前电子存证的问题

近年来，虽然电子证据在相关立法的加持下快速发展，但是传统的电子数据存证在司法实践中仍然存在一定的局限性。

问题一：传统举证中的原件易被修改。 打印输出件、原始设备展示以及公证书是目前民事诉讼中举证方在提交电子证据时比较常用的方式。但电子证据大多数是网页、手机信息。通常，数据所有者，例如，当事人或网页、软件服务商可以进行数据的删除、修改、添加等操作。同时，很多证据信息是网页截图，但是网页上没有详细的时间，无法证明打印时的网页是原件，这使法院无法认定证据。原始设备相较于打印输出件而言，能够较好地展示电子证据，却难以判断展示证据的设备是否为原始设备，以及是否可能存在被入侵、被攻击以及主动在设备中修改内容的可能性。最后，哪怕公证机构进行公证保全，也存在法院对电子证据不承认的可能，因为传统公证方式实际上没有办法真正保证电子数据的真实性，例如，公证人员只能在公证时登录该网页进行数据比对，但可能在公证前就已经存在数据篡改的现象。

问题二：单方存储存在安全风险。 由于传统电子存证是由单方存储的，无论是公证存证还是第三方存证，都存在数据丢失的风险，并且单方存证存在的最大痛点是容易被篡改，而容易被篡改就造成了电子存证的司法"三性"——客观性、关联性及合法性无法得到很好的保障。

问题三：传统公证模式成本高。 电子证据的公证保全还是目前的主流模式，基于公证机构的信用背书，证据更容易获得法院的认可。然而目前公证的流程较长，通常需要签订协议，邮寄报告费用较高，对于大量的、低诉求的电子数据存证的场景来说，无法满足当事人的需求。而互联网案件又以金额小、频率高为特征，因此传统公证模式并不完全适用。

2.区块链赋能电子存证

区块链技术凭借其自身的技术特点，例如，分布式存储、防篡改、可追溯、加密存储等特点，能够为电子存证的大规模落地提供强有力的支持。

（1）实现电子证据生成即存证

面对电子证据多变、易篡改的特性，通过区块链技术可以解决这些问题。由于区块链具有可信时间戳，对于图片、网页、影音等电子数据，存证需求多的公司可以通过接口连入区块链，在电子数据生成时通过可信时间戳固定下来，保证信息的真实性；同时，结合区块链的可溯源特性实现电子证据的"自

我鉴真"，适用于版权、网络合同等电子证据的取证。

（2）实现电子存证的防篡改和完整性

最高人民法院已经对区块链技术防篡改的功能给予了法律认可。**区块链数据的存储采用链式结构，一段时间内的数据将通过哈希算法以区块的形式存储，并按照时间顺序形成链状结构，即后一个区块的信息包含一个哈希指针指向前一个区块的信息。如果要篡改某个时间点的数据，就需要修改这个时间点后产生的全部区块，这使数据篡改成了一件几乎不可能完成的事情。**因此，将电子数据上链或将电子数据的哈希值上链，并将真实数据分布式存储，可以有效保证电子数据的完整性和真实性。

（3）连通司法机构各方提高监管效率

为应对存证机构、公证机构、法院等机构之间数据连通的安全性问题以及传统公证模式的高成本、低效率问题，可以使用区块链技术打通公证、司法、仲裁等政府机关，实现电子证据的多方存储和一致性，为电子证据赋予强有力的法律支持。在示证时，法院作为节点之一可以直接获得相关的原始证据，防止传输过程中的证据丢失、篡改或通过打印等方式造成的高成本、数据篡改等问题，也为当事人提交证据、法院执行等行为提供了可追溯、可监管的透明平台。

目前，区块链电子存证已经被广泛应用，北京、杭州、广州、吉林、山东、郑州、成都等省市均实现了结合区块链技术的电子证据平台。

3.应用案例

> **北京互联网法院区块链存证平台"天平链"**
>
> "天平链"是北京互联网法院联合北京市高级人民法院、司法鉴定中心、公证处等司法机构，以及行业组织、大型央企、大型金融机构、大型互联网平台等20家单位共同组建的区块链存证平台，天平链已于2018年9月9日上线运行。

天平链存证应用框架与流程如图 8-2 所示。

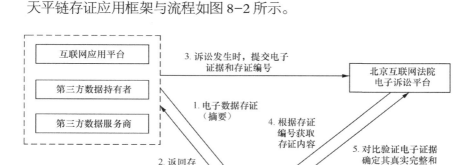

图 8-2　天平链存证应用框架与流程

图片来源：北京市最高人民法院

希望使用区块链存证的第三方机构可以接入天平链，或者将自有区块链与天平链跨链对接，将电子数据摘要上链，实现数据的实时存证，同时天平链会返回相应的存证编号。在实际诉讼审判的过程中，当事人可以同时提交电子证据和存证编号，互联网法院则通过存证编号将举证的电子数据与链上数据进行对比，确定一致后即能够认可电子数据。互联网法院后台系统通过天平链可自动验证电子证据的完整性和存证时间，从而大幅提升电子数据的证据效力和诉讼效率。

为了保证第三方接入平台上线数据的安全性和合规性，2018 年 12 月 22 日，北京互联网法院在发布天平链的同时也发布了《北京互联网法院电子证据平台接入与管理规范》。该规范对天平链第三方接入平台的机构资质、专业能力、安全保障以及电子数据的生成、收集、存储、传输过程的安全性、合规性等提出了明确的要求 [1]。

天平链的电子存证应用的典型判例之一为 2019 年 4 月 9 日侵害作品信息网络传播权纠纷案。案中，原告蓝牛仔公司之前曾向版权家平台申请自有作

---

[1]　最高人民法院："天平链"本链竟有这么多学问 [OL]．2019-04-01.

品的版权数据存证，并获得版权家电子数据取证证书。版权家是安妮股份旗下的第三方区块链存证平台，于 2019 年 3 月跨链接入北京互联网法院天平链系统，任何用户在版权家平台进行存证，都会将其存证的哈希值跨链同步存储到北京互联网法院的天平链系统中。因此，在本案中，蓝牛仔公司的电子证据经版权家可信存证系统进行保管，通过版权大数据监测确认某微信公众号的侵权，电子证据的数据自授时起已经存在，且数据完整、未被篡改。蓝牛仔公司于 2019 年 3 月 11 日通过北京互联网法院电子诉讼平台提交该证据。在其提交证据时，电子诉讼平台同步生成该证据的哈希值。天平链将该哈希值与版权家存证时生成的哈希值进行对比，得出区块链存证验证成功的结果。北京互联网法院对证据的真实性、合法性和关联性均予以认定，并采纳该证据进行依法判决[2]。

截至 2020 年 3 月 16 日，天平链已经有 12 个一级节点（参与共识）、8 个二级节点（数据校验与记录，不参与共识）。此外，接入天平链的还有 20 家应用平台，包括国家电网、北汽集团、民生银行、京东、人民版权等。已有区块链电子存证超过 1494 万条，验证数达到 5179 次。

广州互联网法院区块链存证与监管平台"网通法链"

"网通法链"是广州互联网法院联合广州市中级人民法院、广州市人民检察院、广州市司法局等 8 家单位联合组建的司法区块链，也是一套智慧信用生态系统，已于 2019 年 3 月由广州互联网法院上线运行。

"网通法链"可以解决多个传统电子存证的痛点。

（1）提高监管效率和公正性。通过现有司法区块链，联合"法院＋检察院＋仲裁＋公证"多主体作为节点共同背书，鼓励各家企业接入，实现司法流程的可追溯、多方监管、共同治理，使官方机构可以严格管理区块链的运行情况，

---

[2] "天平链"首例案件宣判安妮股份版权区块链证据获认可 [OL]. 2019-04-11.

确保电子数据多方可查、安全可控。

（2）实现纯技术的电子数据的真实性认证。通过区块链技术的可信时间戳，固化电子数据摘要值，突破传统电子数据的调取方式，实现原始数据的"一键调证"，构建公正、高效的互联网审判证据规则。

（3）实现司法信用共治平台。通过区块链实现司法信用数据共享，并有助于构建多源分析、多维评估、多重预警的智能信用评价体系，减少因信息不对称、机制不透明引发的违法行为，从源头上减少审判执行增量。

2019年1月，在"网通法链"正式上线以前，广州互联网法院就已经试点了区块链技术，区块链技术能够记录整个诉讼服务过程的全部状态，其可溯源性有利于实现诉讼的过程可溯、记录可查。

截至2019年11月1日，广州互联网法院区块链存证数量已达3582万条，其中，网络著作权类1538万条，电商订单类982万条，电子合同类1062万条。

保全网区块链电子存证平台"保全链"

"保全链"是第三方存证机构保全网推出的区块链存证平台，联合互联网法院、杭州互联网公证处、浙江千麦司法鉴定中心、仲裁委、版权局等司法机构搭建的完整的区块链司法联盟体系。保全链通过区块链的分布式账本和可信时间戳，可以对电子数据进行上链存证，提供真实、完整、不易篡改的电子数据。保全链金融电子存证过程如图8-3所示。

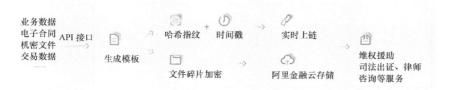

图8-3　保全链金融电子存证过程

图片来源：保全网官网

保全链是全国首例区块链电子证据判例的存证支持方。2018年6月28日，杭州互联网法院对一起侵害作品信息网络传播权纠纷案进行了公开宣判，首次对采用区块链技术存证的电子数据的法律效力予以认可。判决书显示："保全网通过可信度较高的谷歌开源程序进行固定侵权作品等电子数据，且该技术手段对目标网页进行抓取而形成的网页截图、源码信息、调用日志能相互印证，可清晰反映数据的来源、生成及传递路径，应当认定由此生成的电子数据具有可靠性。保全网采用符合相关标准的区块链技术对上述电子数据进行了存证固定，确保了电子数据的完整性。故上述电子数据可以作为本案认定侵权的依据。"[3]

保全网上线至今，已经为超过102万用户提供知识产权存证服务，存证数据量超过7213万条。

中经天平司法电子证据云"真证"

"真证"由北京中经天平科技有限公司（以下简称"中经天平"）开发。中经天平成立于2017年，是国家发展和改革委员会国家信息中心（中经网）下属企业，同时是中国司法大数据研究院的事业部。

司法电子证据云是被司法机关认可的电子数据保全平台，应用云存储、可信时间、电子数据加密、区块链以及先进电子数据取证保全技术，结合法律法规、司法大数据信息，面向知识产权、互联网金融、大宗商品、电商交易、物流等行业企业开拓了电子证据取证、保全、可信时间认证、司法鉴定等全链路互联网电子证据服务。并且，中经天平还打通了审判调解和司法执行环节，上线"版权线上调解平台"和失信人曝光平台"易执行"，为知识产权维权提供了多元化调解机制，破局司法执行难题。

---

[3] 了解全国首例区块链存证案的独家技术支持方[OL]. 2018-11-26.

司法电子证据云通过联盟链形式连接相应各方，权威政务级司法区块链节点由司法鉴定中心、国家信息中心、中国科学院国家授时中心、中国司法大数据研究院等 9 家权威机构组成并进行电子数据审计监督，为版权保护提供强劲的公信力和执行力。

在使用上，司法电子证据云实现了用户版权登记、版权监测、版权取证和司法维权"一站式"服务，降低了存证、举证、维权成本，高效地解决了知识产权行业问题。

8.2　司法执行

1.行业现状

传统的普通司法诉讼程序主要包括以下 5 个步骤。

（1）起诉：向法院提交诉状。

（2）受理立案：经过法院审查，被认为符合法定条件的，当事人提交诉讼后立案。

（3）审理前准备：被告收到传票，被告提交答辩状，双方交换证据，法院允许自行调解。

（4）开庭：开庭准备、法庭调查、举证质证、法庭辩论、法庭调解。

（5）宣判：同意结果则执行义务，不同意结果则向上级人民法院提出上诉。

互联网法院一经推出后，便开始探索全流程在线审批机制，推动案例起诉、立案、调解、举证、质证、庭审、宣判、执行等诉讼环节全部在线完成，极大地提高了诉讼效率。从 2018 年 9 月 9 日成立到 2020 年 2 月 20 日，北京互联网法院共立案 51794 件，审结案件 43995 件。其中，当事人立案申请 100% 网上提交，在线缴费率达 90.7%，在线庭审率达 99.6%，裁判文书电子送达率达

95%，上诉案件电子卷宗线上转移率达 100%，电子卷宗随案生成率达 100%[4]。

通过互联网法院的在线诉讼，整体司法程序的效率已经明显提升，但是依然需要人工操作，这可能存在人工干预或其他外部因素的干扰，效率仍然有进一步提升的空间。

此外，司法流程中的执行部分是长期以来的重点与难点工作。执行难是指审判机关的生效判决文书难以执行，不仅侵害了当事人的权益，也有损司法公证的形象。2019 年 6 月 11 日，最高人民法院发布了《最高人民法院关于深化执行改革健全解决执行难长效机制的意见》（以下简称"《意见》"），提出推进执行难源头治理、健全现代化执行工作机制、深化以现代信息技术为支撑的执行模式变革等。同时，《意见》提及要确保以现代信息技术为支撑的执行工作模式常态化、加大执行业务中以区块链技术为代表的新技术的应用、转化等。

2.区块链赋能司法执行

对于区块链在司法执行中的应用，《意见》提出执行要"全程在线、全程留痕"，要"及时回传和存储现场执行数据、图片、视频等"，要"大力推行文档电子化和卷宗即时生成""推动法律文书自动生成、关键节点自动回填"，就执行动作的存证、执行文件的存证、文档卷宗的生成过程等引入区块链技术做出了具体的阐述。

针对司法执行的相关要求，区块链可以结合智能合约，自动执行司法的全流程，从起诉到调解、立案、示证、审判、执行等都可以利用智能合约自动完成。通过将合同条款写入智能合约，在交易各方签署后自动运行，交易可以按照内置的智能合约系统自动完成，全程透明、不易篡改。例如，在调解的过程中，如果一方同意赔偿一定的金额，则将该条款写入智能合约；如果当事人收到赔偿，则自动调解完毕；如果当事人逾期不交，则会自动立案，进入后续审判环节。再如，目前最难的司法执行问题主要是通过升级惩罚手段等方式来推

---

[4] 北京互联网法院出台《北京互联网法院电子诉讼庭审规范》[OL]．2020-02-21．

动判罚的执行，运用区块链技术可以做到信息一体化和数据共享，如果被执行人不履行法院要求，则可以通过智能合约将其自动转入失信人名单系统，自动连通银行冻结其银行卡、降低其消费上限等。

区块链智能合约的应用一方面减少了人为干扰或语音漏洞，提供了精准透明的司法执行；另一方面则为法院和当事人诉讼提高了效率，智能化抓取必要的信息，自动完成和履行司法要求等，便民减负，改善司法"执行难"的局面。

3.应用案例

杭州互联网法院司法区块链2.0：区块链智能合约应用

2019 年 10 月 24 日，杭州互联网法院正式上线区块链智能合约司法应用。其基本理念是打造网络行为"自愿签约—自动执行—履行则不能智能立案—智能审判—智能执行"的全流程闭环，高效地处理违约行为，构建信息化的履约形态，减少不可控和人为因素影响，实现网络数据和网络行为的全流程记录、全链路可信、全节点见证、全方位协作[5]。

智能合约纠纷化解流程如图 8-4 所示。

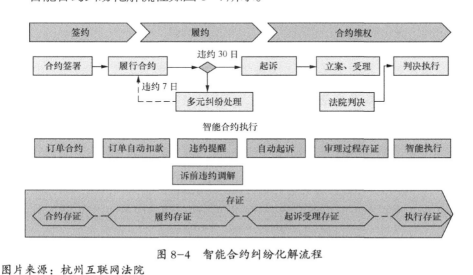

图 8-4　智能合约纠纷化解流程

图片来源：杭州互联网法院

---

[5]　司法区块链 2.0：智能合约开启司法生态系统级新模式 [OL]. 2020-3-18.

在传统合同的履行中，如果一方违约，另一方则需要花费大量的时间和精力去搜集证据并维权，维权周期长、成本高。**而智能合约是把合同的条款编制成一套计算机代码，在交易各方签署后自动运行。**

杭州互联网法院的区块链智能合约主要是针对使用智能合约签署的电子合同，目前已经在网络购物和互联网金融这两个领域应用。该智能合约将电子合同内容、签署流程、合约代码及执行过程上链，通过"明文＋代码"的嵌套部署形式保证当事人可以审核签约内容，不仅不需要了解合约代码层，而且司法区块链还可以对电子合同的代码进行核验。

针对签订上链后的智能合约电子合同，杭州互联网法院推出"三智模式"，即智能立案、智能审判、智能执行。智能立案系统将对电子合同、代码内容、合约执行进度等进行核验，如果符合立案条件，则进入司法程序；智能审判系统将自动提取案件的风控点，辅助生成包含判决主文的裁判文书；智能执行系统将协同相关机构在线对被执行人的银行、房屋、车辆、证券等财产进行查控，失信的被执行人将被自动纳入司法链信用惩戒"黑名单"。

2019 年 12 月，杭州互联网法院宣判了首例应用司法区块链智能合约技术的案件。被告通过经营电子产品租赁的电商平台向原告租用 1 部手机，双方签订《用户租赁及服务协议》，因被告拖欠租金，原告要求根据协议租转售，被告支付买卖价款及逾期付款违约金。在该案中，平台使用的自动信息系统接入了杭州互联网法院司法区块链，实现了交易链路全流程自动存证和执行。一旦一方的违约程度达到程序预设的标准，智能合约系统就会自动转入解决纠纷的司法流程。各方当事人在线下单、签订合同、交付标的、逾期支付租金、发送通知等行为均自动在司法区块链上进行存证。原告将上述相关证据及司法区块链存证哈希值作为证据。法院在确认哈希值验算一致且与其他证据能够相互印证的前提下，认定该电子数据可以作为本案事实认定的依据[6]。

---

[6] "电子存证＋区块链"中国首个应用区块链智能合约技术案件宣判 [OL]. 2018-06-29.

北京互联网法院天平链2.0：智能合约"一键立案"

2019 年 10 月，北京互联网法院基于司法区块链"天平链"智能合约执行纠纷的"一键立案"，是全国首例采用区块链智能合约立案的案例。

本案为一起网络侵权纠纷案，原告与被告经法院主持调解达成调解协议。调解协议内容为：被告需于 2019 年 10 月 16 日之前支付原告赔偿金 33000 元。如果被告在履行期内未履行义务，则通过区块链智能合约技术实行自动执行。但 2019 年 10 月 17 日，由于被告仍有 20000 元赔偿金未履行，所以原告只需要通过一键确认，该案件就会直接进入北京互联网法院立案庭自动立案。

该案件在北京互联网法院系统中标注了"智能合约"字样，以示案件使用区块链智能合约技术。当事人登录系统后可以选择"我的案件"，如果被告未完成赔偿执行，则可以直接点击"未履行完毕"实现一键立案，而传统执行立案步骤包括确认是否按期履行，核对申请执行期限，申请执行，填写和上传当事人信息、执行申请书、执行依据等材料。

"一键立案"的具体原理是通过嵌入的区块链智能合约技术自动抓取上述立案信息的材料，其从构建到执行的流程如下所述。

（1）签订智能合约：双方当事人共同参与制订基于智能合约的合同（本案中即为调解书），合约中包含双方的权利和义务、触发的条件以及触发后的执行动作，合约代码公示给各方。

（2）部署智能合约：根据合约内容，指定在 N 个或全部节点部署智能合约，上传合约代码到指定节点。

（3）触发合约执行：如果达到触发条件，例如，截止时间、外部输入数据（例如当事人点击"未履行完毕"），那么触发后，智能合约自动运行，部署合约的节点共同将运行状态保存到区块链上。在本案中，如果双方确认"履行完毕"，即触发生成履行情况报告，那么履行结果上天平链存证；如果双方确认

"未履行完毕",则触发生成未履行报告、自动生成执行申请书、自动抓取当事人信息、自动抓取执行依据、自动执行立案、自动生成执行通知书、报告财产令。

北京互联网法院院长张雯表示,2020年主要做"天平链"2.0版本的工作,将创新互联网的执行模式,探索区块链更多的应用场景,打造"业务链、管理链、生态链"三链合一的新模式[7]。

---

[7] 智慧法院实现"一键立案"区块链"司法红利"显现 [OL]. 2019-12-24.

第9章　金融

金融行业各业务场景的需求主要有安全性、稳定性、隐私性、可监管性。而区块链依靠其不易篡改、公开透明、可追溯等特性提供了信任机制，与金融行业的需求高度契合，因此具备改变金融基础架构的潜力。首先，区块链凭借其"去中心化"、可追溯的特点，在支付和清结算领域显著降低了成本，使金融交易更加高效。其次，各类金融资产，例如股权、债券、基金份额等也都可以被整合到区块链账本中，成为链上的数字资产，在区块链上存储并高效地转移、交易。另外，由于区块链具有不易篡改性，应用在保险领域可以提高理赔审核的效率，降低保险公司的审核成本，缩短用户的理赔时间。

 ## 9.1　支付及清结算

1.支付行业现状及痛点

麦肯锡在《2019 年全球支付行业》报告中指出，2018 年，全球支付行业总收入达到 1.9 万亿美元，较 2017 年增长 6%，比世界银行发布的 2018 全球名义 GDP 增长（3%）还快。其中，亚太地区的支付收入占全球的 47.4%，增长速度也是全球最快的，较 2017 年增长 8%。中国在 2018 年的支付总收入为 6050 亿美元，为全球单个国家中最高。

支付流程包括两个重要的环节——支付方式和清结算。常见的支付方式包括现金支付、银行汇款、刷卡支付以及基于互联网的移动支付，例如，支付宝、微信支付、PayPal、Apple Pay 等。支付方式主要是由支付方和接收方协商确定的，支付方式的优化在很大程度上依赖于科技手段。随着移动互联网、近距离无线通信（Near Field Communication，NFC）技术等成熟，支付方式也逐渐变得便捷。而区块链更多地在另一个重要的环节体现价值，即支付的清结算。不管前端选用什么样的支付方式，后端都需要清结算，这样才算完成整个交易。清结算需要整个支付系统内的所有参与者达成共识。也就是说，清结算是需要多方协作的。

◎现有的支付及清结算模式

常见的支付及清结算模式见表9-1。

表9-1　常见的支付及清结算模式

支付方式及代表机构	支付场景	清结算模式
银行账户 中国银行 BANK OF CHINA　WELLS FARGO SOCIETE GENERALE　HSBC	企业间付款（B2B）、企业发放工资（B2C）、个人用户间的手机银行转账（C2C）、置业支付（C2B）等	基于银行间的支付及清结算系统来进行，前提是要求支付方和接收方的银行都在该系统之内，否则还需要引入系统内的其他银行作为代理银行进行支付处理
卡组织 UnionPay银联　VISA MasterCard	线下刷卡支付、线上信用卡支付等	卡组织为成员银行之间的支付提供清结算服务，涉及跨境支付时还需要提供外汇兑换服务，而成员银行必须遵守卡组织的操作规则
独立汇款公司 WESTERN UNION MoneyGram	跨境、小额、高时效性汇款	拥有独立于银行系统的线下网点支付网络，在汇款过程由可由收款端网点先行"垫付"这笔款项，事后再与汇出网点另行结算，而结算这一步仍须依赖银行的结算系统
第三方支付 支付宝 ALIPAY　微信支付 PayPal	互联网或移动支付	利用自身的支付系统进行用户账户间的第一层清算，保证用户端支付的时效性，然后基于其他清结算系统进行自身系统内部的第二层清算

表格来源：火链科技研究院整理

（1）基于银行账户的支付及清结算模式

虽然这种模式是最基本的支付和清结算模式，但也存在不少问题。首先，无论是境内还是跨境支付，银行都会出于安全性考虑，在支付端设置一些限制。例如，中国的一些银行设置的手机银行和网银转账的最高限额为单笔 100 万元人民币，日累计 500 万元人民币，因此置业付款等大额转账无法进行。而银行柜台转账虽然上限较高，单笔可达 1000 万元人民币，但需要支付手续费，且需要线下排队，效率低下。除此之外，各国境内的清结算机构都有固定的清结算时间段。例如，中国境内大额转账清结算是由中国人民银行清结算系统在每个工作日的 17：15—20：30 进行的，在清结算时间段内进行的转账支付将无法实时到账。

基于银行账户的支付还有另一个重要的使用场景——跨境支付。目前，银行间的跨境支付主要依赖环球银行金融电信协会（Society for Worldwide Interbank Financial Telecommunications，SWIFT）系统进行信息交互，依赖全球代理银行网络进行清结算。因为目前不存在一个涵盖全球所有银行的通用的清结算系统，并且 SWIFT 系统的通信网络也没有包括全球所有的银行，所以只要收付双方不在同一个清结算系统内或者没有同时被纳入 SWIFT 系统，都需要引入同一系统内的第三方做代理。这种依赖中介的模式决定了它高昂的手续费成本，其中包括汇出行手续费、使用 SWIFT 系统的通信费、中间各家代理行的手续费。如果涉及非直接换汇，则存在一定的汇率损失。

除此之外，中间经过多层代理银行和多个清结算系统也将耗费大量的时间，导致汇款的时效性低，一般需要 3 个工作日才能到账。另外，在整个汇款的过程中，收付双方都无法追踪，不知道钱款汇转至哪一步，甚至在汇出时都无法得知准确的手续费用，因为中间经过几层代理银行、各家手续费是什么标准，只有在完成清结算之后才会知道。

（2）基于卡组织的支付和清结算模式

在境内支付的场景下，卡组织的作用与境内清结算中心类似，主要解决"跨行"的问题；而对于跨境场景，它比代理银行系统便捷得多，不需要经过一层一层的消息处理，便可以在组织内部完成换汇和清结算。这种模式也有局限性，

例如，它仅适用于银行卡支付的情形，即主要服务于客户端持卡用户，并不适用于企业支付；另外，由于卡组织的风险控制需要，刷卡支付一般会有限额，因此这种方式并不适用于大额支付。另外，收款端需要向卡组织支付手续费。

（3）基于独立汇款公司的支付和清结算模式

独立汇款公司的汇款时效性强，可实现15分钟内到账。在跨境支付场景下，其优势相比传统银行汇款更为明显。但问题在于手续费极高，部分国家高达10%且有币种和金额限制，例如，西联国际汇款公司在中国的汇出上限为15000美元，仅接受美元汇出；如果要用英镑汇款，则需要经过两次换汇流程，存在汇率的损失。此外，网点间的清结算仍然依赖银行间的清结算系统。

（4）基于第三方移动支付系统的支付和清结算模式

第三方移动支付系统本身依赖银行系统而生，极大地提升了支付的效率。但第三方移动支付系统的第二层清结算同样依赖银行间的清结算系统，在存在手续费的场景下，例如，跨境支付的成本仍然会转嫁到用户身上。另外，第三方移动支付与前面所有的支付方式一样，主要服务于银行客户。但银行服务在很多国家（例如菲律宾）并不普及。菲律宾中央银行2017年发布的调查数据显示，菲律宾86%的家庭没有银行账户，主要原因是民众没有足够的钱存入银行以及民众对银行缺乏信任。而菲律宾2015年的汇款总额达到GDP的10%。在这类地区，现有的支付服务模式并没有办法满足无银行账户人群的支付需求。

总结下来，现有支付方式存在的问题如下所述。

◎ 手续费高、时效性低。

◎ 支付限制较多，例如，金额上限、时间限制、币种限制。

◎ 汇款过程不透明，无法追溯。

◎ 主要服务于银行客户，无银行账户人群的支付服务仍然比较匮乏。

2.基于区块链的支付及清结算模式

基于区块链的支付及清结算模式见表9-2。

表 9-2　基于区块链的支付及清结算模式

基于区块链的支付模式	原理
分布式账本	以联盟链的形式建立银行间的分布式账本，共享数据并设置隐私权限
加密"货币"	基于分布式网络的加密"货币"及加密"货币"钱包，进行点对点的支付和清结算，例如，Libra
法定数字货币	基于区块链的有国家背书的货币，支付过程仍然基于加密"货币"数字钱包完成

表格来源：火链科技研究院整理

（1）基于分布式账本的清结算模式

这种模式主要利用区块链的不易篡改性，建立了多主体之间的可信账本，因而只需要通过区块链上的智能合约进行自动清结算，不需要进行层层代理银行的人工审核以及各种单一系统的清结算。这样，各银行间可以进行点对点的支付和结算，显著提高了清结算的效率。由于这个模式是对银行系统（即现有大部分支付方式的底层清结算系统）的改善，因此它可以直接适用于现有的大部分支付工具。

（2）基于加密"货币"的支付和清结算模式

国外出现了基于加密"货币"的支付和清结算模式，这是一种独立于银行系统的新型模式。大多数加密"货币"是基于数字钱包而存在的价值载体，最大的特点是不要求使用者拥有银行账户，只需要拥有联网设备就可进行支付和转账。而在中国境内是明令禁止这种支付和清结算模式的。

（3）基于法定数字货币的支付和清结算模式

法定数字货币与前面提到的加密"货币"具有同样的优势，例如，基于数字钱包支付，不需要用户拥有银行账户；支付时效性高、中间成本低；支付过程可追溯，同时又不会暴露用户的隐私等。除此之外，法定数字货币有国家背书，公信力更高，因此适用场景也更多。

3.应用案例

中国招商银行区块链跨境直联清算系统

中国招商银行对区块链的布局可以追溯到 2016 年年初。它以成立内部区块链研究小组的形式对区块链在银行业的应用进行了探索，此外还参与了多个国内外区块链创新应用的合作联盟。

2016 年 6 月，中国招商银行完成了全球现金管理（Global Cash Management）领域的跨境直联清算业务概念验证（Proof of Concept，POC）实验。在模拟环境稳定运行半年后，2017 年 2 月 24 日，中国招商银行宣布正式在总行、香港分行和永隆银行实现该方案的商用，其应用场景主要为跨境直联清算、全球账户统一视图以及跨境资金归集[1]。

中国招商银行的官网与该区块链应用相关的新闻报道称："招商银行的跨境直联清算系统在改造前存在一些问题，例如只支持总行与海外分行之间的交换，海外分行之间没有办法直接进行交换；人工审批环节多，系统操作复杂；新的海外机构加入困难，实施周期很长等。""通过应用区块链对原有系统进行改造，招商银行将 6 个海外机构以及总行都连入区块链，网络中的相关机构都可以发起清算的请求或进行清算。基于区块链的新跨境直联清算系统显著提高了清算效率，报文传递时间由 6 分钟减少至秒级。同时，处于私有链封闭网络环境中的报文也难篡改、难伪造，提高了安全性。另外，由于分布式的架构没有一个核心节点，其中任何一个节点出故障并不会影响整个系统的运作，增强了系统的可用性。"

Visa B2B Connect 区块链支付清结算平台

Visa B2B Connect 是基于区块链分布式账本技术的区块链支付清结算平台。该解决方案由知名卡组织 Visa 提供，由 Linux 基金会托管，由 IBM 开发，集

---

[1] 邓良. 区块链在银行领域的应用研究 [J]. 投资与创业，2018（12）：39—40.

成在 Hyperledger Fabric 框架上，建立了一个可以用于企业财务部门的可扩展许可链。

该平台有以下几个特点。

（1）可实现私密的数据交换：该平台拥有独特的数字身份识别功能，能够将企业的敏感商务信息（例如银行信息和账号）数字化，生成唯一的加密标识符，并用在此网络中完成交易。

（2）时效性高：Visa 希望借助区块链网络的可信数据交换，减少中间银行的工作，直接连接付款银行和收款银行，实现点对点的清结算，缩短交易完成时间，建立接近实时的交易系统。

（3）安全性强：利用签名和加密链接确保交易记录不可篡改。

（4）可信的参与方：网络中的所有机构都要经过许可后才能加入，是已有参与方接受的可信机构。

该平台已于 2019 年 6 月正式投入商用，截至 2019 年 11 月已经覆盖全球的 66 个贸易渠道，2020 年将扩大至 100 个市场。

银行间跨境支付网络 RippleNet

瑞波 Ripple 是世界上第一个开放的支付网络，致力于解决银行间的跨境支付。瑞波币（XRP）由金融科技公司 Ripple 在 2012 年开发并上市，通过 RippleNet 可转账包括美元、欧元、日元等在内的货币，简便、易行、快捷，几秒即可完成交易确认，交易费用几乎为零。此外，Ripple 是开放源代码的点对点支付网络，保证了资金低成本安全地传递，为国际贸易的跨境转账提供了低成本、高效率的支付方式。

Ripple 运用跨账本协议 ILP、分布式账本技术 DLT、特殊节点列表 UNL、共识机制 RPCA 等区块链技术打造了 x-Current、x-Via、x-Rapid 三大产品。RippleNet 基于 XRP 账本建立了支付和交易网络，主要为银行和金融机构提供上述 3 个支付解决方案。Ripple 支付网络的服务架构如图 9-1 所示。

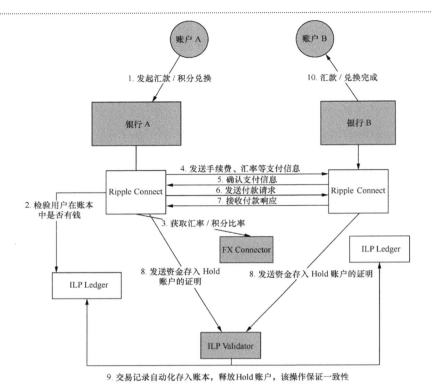

图9-1　Ripple 支付网络的服务架构

图片来源：CSDN Blog

（1）x-Current：这是由 Ripple 提供的银行间支付清算服务的企业级软件解决方案，保证了银行间端到端的即时结算跨境支付。RippleNet 在银行间设立分布式账本，只要发生转账，就进行分布式清算，各个节点确认后更新账本。若银行 A 向银行 B 转账，可以通过中间银行 C 进行清算，此时银行 D、银行 E、银行 F 可实时同步其账本更新信息。

（2）x-Via：进行不同货币间的兑换应用。引入网关（类似于银行的中介机构）概念，支付方在将货币转给网关后，由网关统一转换货币并向收款方支付。

（3）x-Rapid：数字资产 XRP 的应用产品，支付方将支付金额转换成数字资产 XRP 并发送给收款方银行，银行将收到的 XRP 转换成对应货币后向收款方支付。

Ripple 的支付流程如图 9-2 所示。

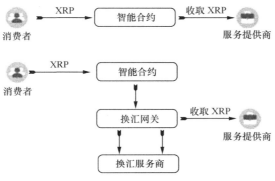

图 9-2　Ripple 的支付流程

图片来源：CSDN Blog

加拿大中央银行和新加坡金融管理局之间的跨境支付试验

2019 年 5 月，加拿大中央银行和新加坡金融管理局联合完成了首次区块链跨境支付的试验。

加拿大中央银行和新加坡金融管理局分别有各自境内的银行间联盟链 Jasper 和 Ubin。加拿大中央银行所推进的 Jasper 项目建立在 R3 的 Corda 底层上，在 2016 年就已经完成了立项，这是加拿大中央银行为了探索区块链技术对于目前所运行的支付系统能否带来改进所进行的试验。目前该试验已经进行了 3 期，主题分别为加拿大中央银行和银行间的清结算、灵活性和可扩展性，以及证券结算。

Project Ubin 是由新加坡金融管理局和新加坡银行协会在 2016 年发起的，联合了汇丰银行、摩根大通、星展银行、德勤、埃森哲、R3 等机构，建立在 JP Morgan 的 Quorum 底层上。与 Jasper 类似，该项目也是一个试验项目。第一阶段测试了新加坡金融管理局发行的与新加坡元等价的电子货币及其用于跨行支付的可行性。第二阶段的主要目的是研究分布式账本技术对实时大额结算

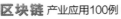

系统功能的潜在影响，特别是对流动性节约机制的影响。

本次的跨境支付试验只是加拿大中央银行和新加坡金融管理局试验的一部分。这两个联盟链网络使用了哈希时间锁定技术进行跨链信息互通，并允许直接付款间结算，而不需要中介。这项试验不仅证明了区块链在提高跨境支付效率方面的巨大潜力，还验证了跨链支付在真实商业环境中的可能性。

稳定加密"货币"Libra

2019年6月18日，全球拥有27亿用户的知名社交网络公司Facebook发布了"Libra白皮书"和测试网，致力于使全球用户能以更低的成本、更快的速度进行货币的支付和流通。

Libra由分布式治理组织Libra协会进行管理。该协会总部位于瑞士日内瓦，成员包括不同地理区域的各种企业、非营利组织、多边组织和学术机构，目前该协会拥有20位成员，Facebook子公司Calibra也是其中的一员，将为Libra提供数字钱包工具，其他成员包括Farfetch、Spotify等。

基于Libra的支付有以下优势。

（1）与加密"货币"一样，不要求用户拥有银行账户，只需要在Libra区块链上创建Calibra数字钱包即可，可以为银行系统之外的用户提供服务，实现真正的普惠金融。

（2）到账快、成本低：基于区块链全球化、点对点、可清算等特点，Libra可以在全球搭建新的价值传输网络，在跨境支付领域发挥强大的优势，完成转账资金的实时清结算，实现支付可追溯。与现有的金融体系相比，Libra可以提供高效便利、低成本的金融服务。

（3）价值稳定：Libra的价值将与法币锚定，支撑其价值的法币储备金将存在专门的银行账户中，确保不会出现储备金亏空。自身价值的稳定决定了Libra的支付不需要依赖其他的支付服务机构来对加密"货币"进行对冲，因此其自运营的程度更高。降低了对服务机构的依赖，也将使Libra的支付服务成本更低，能够让更多的人负担得起。

（4）生态应用场景多：由于负责运营 Libra 的协会成员自带大量的应用场景，例如，Facebook 内的服务支付、Farfetch 电商平台的购物支付等。这样，获取 Libra 加密"货币"就有了更多的可能，可以通过 Facebook 平台提供推广服务赚取，可以在 Farfetch 电商平台出售商品获得。

欧洲央行数字货币匿名性概念验证

2019 年 12 月，欧洲央行（ECB）宣布完成了基于区块链的欧洲央行数字货币匿名性的概念验证项目"欧元链"（EURO Chain）。该区块链基于 Corda 底层开发，在埃森哲和 R3 联盟的共同支持下，由欧洲央行完成。EURO Chain 架构如图 9-3 所示。

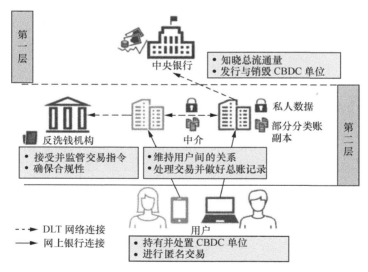

图 9-3　EURO Chain 架构

图片来源：ECB

根据欧洲央行发布的《探索中央银行数字货币的匿名法》（*Exploring Anonymity in Central Bank Digital Currency*），EURO Chain 使用了双层管理体系：第一层是中央银行管理体系，包括央行数字货币的发行和销毁，以及整个流通情况的宏观监管；第二层是中央银行授权的机构，负责用户端的央行数字货币的日常运营。

整个网络由3类主体组成，它们都是 EURO Chain 上的节点，包括欧洲央行、中间机构和反洗钱（Anti-Money Laundering，AML）机构。其中，中间机构的职能类似于"数字货币代理人"，它们可以访问中央银行账户，利用中央银行持有的准备金余额向客户提供央行数字货币，或者帮助用户将央行数字货币换成传统法币；另外还可以代表客户公司处理它们的交易。而反洗钱机构主要负责对交易进行检查，防范央行数字货币在交易的过程中出现洗钱等金融犯罪。

EURO Chain 还专门设置了 AML、反恐怖主义融资（CFT）等合规解决方案，并成功地在其中加入了匿名交易方案。欧洲央行将给予每个用户一定的匿名交易额度（Anonymity Voucher），使用户在使用央行数字货币的支付过程中可以自行选择匿名交易或非匿名交易，直至匿名额度用完。欧洲央行数字货币的匿名交易流程如图9-4所示。

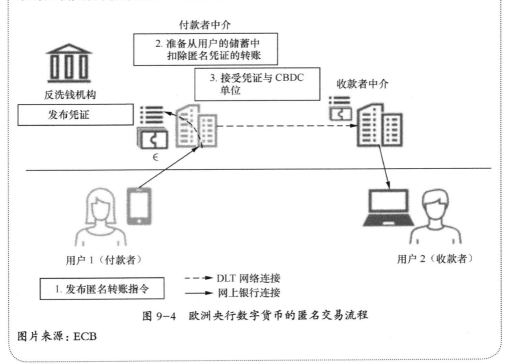

图9-4 欧洲央行数字货币的匿名交易流程

图片来源：ECB

　　在支付过程中，首先由付款者向中间机构发送央行数字货币转移指令，其中包括支付金额、收款人信息（钱包地址和对应的中间机构 ID）以及是否进行匿名支付。如果是匿名支付，则不需要进行 AML 检查，只需要由中间机构直接扣除支付方的匿名支付额度并将额度扣除的信息附加到央行数字货币的转账中，以向收款方的中间机构证明这笔交易可以在不需要 AML 检查的情况下完成。欧洲央行数字货币的非匿名交易流程如图 9-5 所示。

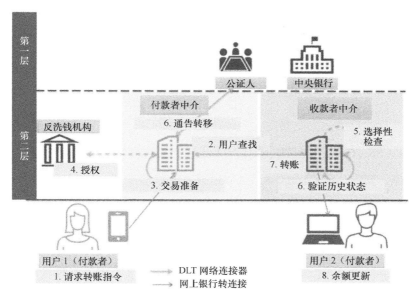

图 9-5　欧洲央行数字货币的非匿名交易流程

图片来源：ECB

　　如果付款者选择不使用匿名支付或没有足够的匿名支付额度，则其中间机构在启动链上转账前还将发起 AML 检查，并在央行数字货币转账时附上其他相关信息以便检查。根据提供的信息，反洗钱机构将批准或拒绝该支付。只有在批准支付的情况下，收款者的中间机构才能接收付款。

　　这个概念验证的主要结果是证明了匿名支付的可行性，可以在防范大额非法支付的同时尽可能地保护用户的支付隐私。同时，在这种模式下，用户也不需要拥有银行账户，只需要通过授权的中介机构进行身份登记并创建一个用于数字货币支付的钱包地址便可进行支付。另外，由于所有交易都在链上自动清结算，也解决了跨行、跨系统清结算的成本高和效率低的问题。

然而，除了以上优势外，目前 EURO Chain 概念验证项目也存在一些缺点。例如，ECRO Chain 目前还需要依赖中间机构发起支付交易，需要中间机构在线。针对这一点，欧洲央行接下来将尝试把数字钱包权限交还给用户，让用户可以自行通过私钥签名支付。此外，为了防止中间机构通过匿名支付行为的规律对应到用户个人，欧洲央行还将尝试通过动态公钥、零知识证明等方式进一步保护用户交易的隐私。

 9.2 证券

证券行业可细分为交易前、交易中、交易后 3 个环节：交易前环节包括证券的发行、KYC 等；交易中环节包括证券的买卖和转让；交易后环节包括登记、清算、交收、分红派息等。区块链技术的价值主要体现在交易前环节和交易后环节。

1.区块链在证券交易前环节的应用

证券发行是整个证券行业的入口。传统的证券发行需要提交招股书，并且需要聘请第三方审计公司对历史财务报表进行审计。对于发行方来说，中介成本非常高；对于投资人来说，证券的发行需要基于对发行方和中介机构的信任。如果发行方的财务信息存在造假现象，而审计公司要么"有心"，要么无意地忽略了这个事实，不管它们是否会被处罚，投资人都将蒙受无法挽回的损失。

证券发行基于区块链，可以从公司创立阶段就进行链上的股权登记，并且把每年的财务信息、报税信息、股权变更等信息都保存在区块链上：一方面能够增加一级市场股权交易的流动性；另一方面也为未来可能发生的证券公开发行奠定了信任基础。 在进入二级市场之前，可以设置参与者的权限，实现部分参与者可见。在公开发行证券时，由于一切历史消息都记录在区块链上，则不需要依

赖中介机构背书，这可以节省大量的中介费，而监管机构也可以在区块链上对该
企业的历史进行追溯，降低了审核成本。基于区块链的股权登记与交易流程如图
9-6 所示。

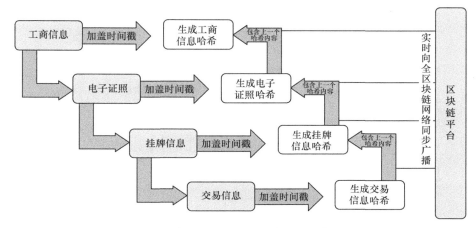

图 9-6　基于区块链的股权登记与交易流程

图片来源：兴业证券《区块链在证券行业的应用方向与挑战》

　　除了证券市场的资产端，在资金端的投资人 KYC 环节，区块链也能起到
极大的作用。由于证券行业是监管极其敏感的行业，各国的监管机构对投资人
的资格也有不同的限制，例如，国籍、身份、净资产、是否为合格投资人等，
并且这种监管要求不局限于新的证券发行认购阶段，后续的证券交易阶段还有
持续的合规要求。因此，投资人的 KYC 就显得尤为重要。

　　基于区块链的投资人数字身份以及 KYC 可以支持全生命周期的高效交易。
投资人的 KYC 信息记录在区块链上，而智能合约通过代码执行后续交易的权
限管理。例如，在证券完成禁售期开始流通交易时，基于投资人 KYC 信息以
及事先通过智能合约设定好的规则，该证券可以自动开始流通交易，不需要人
为进行权限审核。

2.区块链在证券交易后环节的应用

　　一个完整的证券交易流程可能会涉及买入 / 卖出、份额登记、存管、清

算、交收等环节。交易后流程冗长烦琐，涉及主体繁多，存在重复性的数据核对，消耗的人力成本和时间成本较高。也正是因为这些环节，证券市场难以实现 T+0 的交易。证券交易后流程如图 9-7 所示。

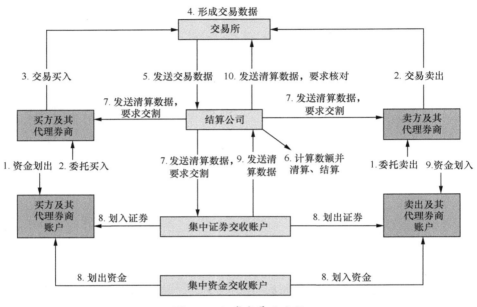

图 9-7　证券交易后流程

图片来源：上海证券交易所

　　区块链在这里能起到的作用就很明显了。**第一，基于区块链发行的证券可以实现点对点的交易，因为整个区块链网络中的节点都持有同步的账本。**在此基础上可以引入智能合约，让整个网络基于事先设定的规则进行自动清算与交割。**第二，区块链网络也可以给各个参与方设置不同的权限，**例如，某些参与方只具有"投资人"权限，只能发送和接收现有资产；某些参与方具有"发行"权限，可以在该区块链网络上发行新资产；而另一些参与方具有"记账和结算"权限，可以验证交易、记录交易历史并进行清结算，甚至可以给系统内的监管机构设置"监管"权限，检查特定的记录并且这些记录是否是真实无篡改的数据。

　　另外，区块链证券具有可编程性，结合投资人在 KYC 之后建立的不同权限的链上身份，可以通过程序对投资人的交易做出限制，例如，可交易的证券类别、各个证券所对应的有交易权限的投资人群体等。这样就可以实现在可信环境中执行部分监管的要求，例如，禁售、停牌等。

3.应用案例

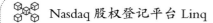 **Nasdaq 股权登记平台 Linq**

美国知名交易所纳斯达克（Nasdaq）早在 2015 年就推出了基于区块链的股权登记平台 Linq。出售私有股权的初创公司可以在系统上查看股份证书向投资者的发放情况、证书的有效性以及其他信息，例如，资产编号、每股价格等。还能以互动模式搜索证书、查看最近的证书、查看哪些投资者在企业内持有最多的股份，并且将股权从登记到执行的数据信息连续记录在区块上形成唯一的数字凭证，保证信息的完整性和可追溯性。

在传统的私募股权交易领域还存在一些难点：私募股权融资和交易需要大量的人工工作，例如，纸质工商文件的变更、工商登记系统中信息的录入、股权所有人登记、未来期权发放等都可能存在很多的人为错误，并且这类信息往往在录入系统之后就变为官方信息，需要采用信息的人由于信任官方信息而难以发现错误。

通过 Nasdaq Linq 进行私募的股权所有人享有数字化所有权，交易后的数字化所有权变更将由智能合约来自动完成，不需要担心人工变更所产生的错误。另外，智能合约的存在减少了大量的中间流程，因此现有股权交易市场标准结算时间为 3 天，而 Linq 系统却能将时间缩短为 10 分钟，从而有效地降低了资金成本和系统性风险。交易双方可在线完成发行和材料申购，也能有效地简化多余的文字工作，发行者因繁重的审批流程所面临的行政风险和负担也将大幅减少。

2018 年 6 月，区块链创业公司 Chain 成功使用了 Linq 平台而发行了公司股份，成为 Linq 平台上的首支私募股票。

基于智能合约的投资人 KYC 平台 tZero

区块链资产交易平台 tZero 是美国十大网上零售商之一 Overstock 旗下的区块链子公司。tZero 成立于 2014 年 12 月，是资本市场的分布式账本平台，tZero 的前身是 Medici，于 2016 年 10 月改名为 tZero。

2018 年 8 月，tZero 基于区块链技术发行了自己的股权通证 TZROP（TZERO PREFERRED），并且完成了 1.34 亿美元的融资。而根据合规要求，该融资只能针对特定的投资人进行；融资完成后，投资人获取的股权在接下来的 12 个月内禁止向公众出售。在发行过程中，tZero 依照全球各国的合规要求进行投资人 KYC 并为投资人生成链上交易账户。在整个证券的发行、登记、分发、禁售以及流通后的分红、回购等环节中，tZero 依赖于投资人的链上账户和智能合约进行合规条款的执行。

证券发行后的禁售期要求主要通过 Storage 和 Compliance 两个独立的合约实现。其中，Storage 用于管理投资人的信息和权限，储存了投资人类别、以太坊地址、KYC/AML 所需的资料及其他数据，以及不同类别账户的管理权限等，从而实现了复杂的权限管理。而 Compliance 合约提供了冻结地址和设置转账规则两个功能，每次接收到转账申请前都会执行权限验证；如果不通过，则禁止转账。这样，在资金募集和股权发放环节就能根据智能合约进行判定。如果不符合合规要求，则该投资人将无法投资。同样，在 12 个月的禁售期中的交易也将基于智能合约来判定，如果交易双方不都是合格的投资人，则该交易无法进行。

百度金融"真资产"ABS 平台

这些年，资产支持证券市场的发展非常迅猛，自 2014 年"井喷"以来，我国的 ABS 市场可以用蓬勃发展来形容，2017 年市场规模达到 1.47 万亿元，2018 年市场规模达到 2 万亿元，近两年也在不断增长中。

与此同时，ABS 行业的发展也存在一些痛点：首先是信用体系不健全；其

次是风控管理体系定价和管理机制不完善；最后是消费者金融资产不够透明化
和标准化，当事人交易标的资产存在质量与真实性方面的问题。不过，区块链
在保证透明度方面的技术优势会成为 ABS 市场的创新趋势。

2017 年 8 月，"百度—长安新生—天风 2017 年第一期资产支持专项计划"
作为中国的第一个区块链 ABS 经上海证券交易所批准通过。另外，百度也与
佰仟租赁、华能信托等一起做过基于区块链技术的场外 ABS 项目。

具体来看，百度金融引用区块链技术搭建了区块链服务端 BaaS，项目各参与机
构包括百度金融、资产生成方、信托、券商、评级、律所等作为联盟链上的节点，其
资产不会被调包，能确保其资产公开透明、不易篡改，成功实现了底层资产从 Pre-
ABS 模式放款到存续期还款、逾期、交易等数据全程上链，提高了对现金流的实时
监控、精准预测等全生命周期管理能力[2]。另外，百度 ABC 业务区块链应用可以提高
中介机构尽调环节的置信程度，让投资者交易的估值和定价更加有据可依，还能满
足监管机构穿透式审核和监管的要求。百度 ABS 业务区块链应用模式如图 9-8 所示。

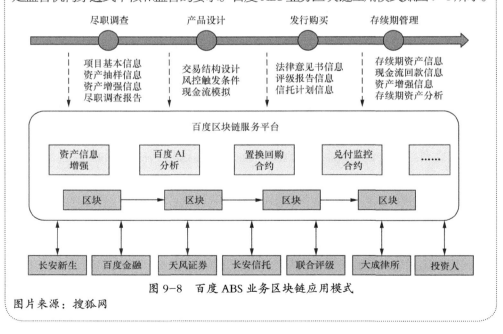

图 9-8　百度 ABS 业务区块链应用模式

图片来源：搜狐网

[2]　翟晨曦. 区块链在我国证券市场的应用与监管研究 [J]. 金融监管研究，2018（7）：33—54.

百度利用区块链技术对 ABS 的改造主要体现为以下 6 点：**一是利用不易篡改性确保了 ABS 平台上的资产是真资产；二是信息透明**，例如，基础资产的变更、替换及各参与方的信息；三是投资者的信任会降低企业的融资成本；四是支持百万 TPS 的交易规模，降低交易成本；五是百度千亿级流量清洗系统可以抵御大规模的网络攻击；六是百度实验室研发的协议攻击算法可以确保协议和通信安全。

从技术上看，区块链为 ABS 行业带来了重大的改变，也让 ABS 市场向万亿级市场挺进。

澳大利亚证券交易所区块链证券清结算系统

2018 年 1 月，澳大利亚证券交易所（ASX）（以下简称"澳交所"）宣布用区块链技术取代现有的清结算系统。这种用区块链技术取代原有中央存管系统的证券交易所的情况为全球首例。

澳大利亚现行证券登记结算制度属于典型的集中存管制度。在 2001 年《公司法》的框架下，《ASX 结算和转让私人有限公司结算规则》（ASTC）由澳交所制订，用于规定澳交所的结算流程。作为中央对手方（Central CounterParty，CCP），澳交所负责处理所有澳交所证券交易的清算，成为每个卖方的买方和买方的卖方。

澳交所结算公司之前通过 CHESS（Clearing House Electronic Subregister System）进行证券结算，授权经纪人、托管人、机构投资者、结算代理人等通过 CHESS 结算证券交易，通常在买卖双方达成交易后的 3 个工作日内实现货银对付。

2017 年，澳交所完成了替代 CHESS 的分布式账本系统，直接参与节点的所有用户都需要接受由澳交所管理控制的业务流程。新系统的用户将通过运行节点而非发送消息的方式连接至数据库，以避免发生错误。而不想运行节点的客户仍然能够以类似于之前的方式接收消息。与用户相关的结构化数据（例如客户端和参与者的位置数据）被允许实时查看并存储在分布式分类账本技术

（DLT）的副本上。用户可以根据需要复制和查询这些数据来确认其他系统可依赖数据的真实性，优化不同来源的外部数据的协调过程[3]。

在新技术下，资产交易的参与者可以在不必咨询证券交易所的情况下实时访问正确的数据，使交易过程更简捷。另外，基于 DLT 的系统将降低风险和成本。澳交所估计，上市公司和投资者约 5% 的成本可以因为本系统的使用而被节约下来，该数额约合 230 亿美元。

Fatburger 基于以太坊发行证券并完成融资

2020 年 3 月，法特集团旗下的加州快餐连锁店 Fatburger 基于区块链发行了 3000 万美元的债券。比较特殊的是，Fatburger 是在以太坊发行区块链债券的，而投资评级巨头晨星（Morningstar）首次对这类区块链证券进行了评级判定。晨星将 Fatburger 发行的 2000 万美元的 A 类区块链票据评为 BB，将另外 1970 万美元的 B 类区块链票据评为 B。晨星表示，在评级过程中使用以太坊区块链，可以更加便捷地获得有关证券的数据，提高了透明度，降低了证券评级过程中的尽职调查难度。

区块链的智能合约也在这个项目的实际投资和分销过程中起着至关重要的作用。受托人在以太坊区块链上向投资者钱包发出"瀑布式"付款，每季度支付一次。这种付款方式也被纳入区块链证券的设计中。该"瀑布式"付款总共由两种有价证券和一种与美元挂钩的稳定货币组成。价值近 4000 万美元的稳定币 CDGS 被转移到银行受托人的钱包里，而发行人 FAT Brands 的钱包里有两组价值 2000 万美元的证券。当交易完成后，大约有 8000 万代币通过智能合约转移到事先写入代码的地址列表中，直到所有的债权和美元都被转移到正确的地址。这个过程总共有 26 个步骤，使用智能合约大大节约了人力成本，提高了工作效率。此外，基于区块链的这些步骤也具有极强的透明度，可以通过

---

[3]　从金融市场基础设施（FMIs）建设展望数字金融前景 [OL].2010-01-09.

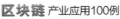

以太坊区块链浏览器进行追溯，保证中间环节没有徇私舞弊现象。

法特集团的高管认为，这次区块链债券的发行是法特集团品牌的一次转型事件，许多规模较小的经营者未来有望利用区块链证券市场更加便捷地获取资本。

加拿大中央银行进行区块链证券清算和结算试验

加拿大中央银行于 2018 年完成了一项成功证明区块链技术可用于证券清结算的试验，是加拿大中央银行的区块链试点项目 Project Jasper 的一部分，证券交易运营商 TMX 集团和国家支付系统已将分布式账本技术部署在证券清算集成平台上。该技术有可能降低证券参与方的清结算成本并获得更多的创新机遇。

加拿大中央银行希望构建一个能与现有的证券市场基础设施适配良好的清结算系统，并且将数字托管凭证中涉及的证券和资金信息存储在区块链上。在本次试验中，清算和结算业务的参与方基于分布式账本上的央行现金进行了结算，这是对证券清算和结算交易的模拟。

加拿大中央银行、埃森哲和 R3 在一份 36 页的报告中公布了试验结果，区块链清算系统能有效保护市场参与方的隐私，并通过分布式账本将买方资金直接汇入卖方账户。Jasper 项目试验的结果为证券交易所如何适应全球金融生态系统提供了良好的思路。

 9.3 保险

1.保险行业现状及痛点

目前，保险公司的运营成本主要发生在核保和处理用户理赔两个环节。

在核保环节，保险公司需要对用户及被保物进行详尽的尽职调查，以保证用户投保信息的真实性。尽职调查的过程往往耗时耗力，并且无法保证调查信息全部准确。例如，无意间给"骗保"用户出单对于保险公司而言是巨额的损失。再如，医疗领域的重疾险要求投保人在投保前未患过重大疾病并提供体检证明。

在处理用户理赔的环节，保险公司同样需要分配人员与客户交涉，核实情况。例如，在车险理赔中，当用户发出索赔申请后，保险公司需要判定事故痕迹是否符合赔付要求。理想的情况是保险公司派查勘员到事故现场依照现场情况判定。但交通事故发生后，现场证据往往难以保留，用户只能通过拍照的方式记录现场情况。这样一来，审核过程中就又多了一个需要判断照片真假的环节，进一步增加了时间和人力成本。此外，涉及财产的保险往往还需要借助第三方机构进行标的损失评估，认证过程中会存在人为篡改的可能性。

另外，保险行业也是数据密集型行业，各类保险的定价、风控等都需要基于大数据进行分析。例如，健康险涉及医疗机构，财产险涉及城建和房屋主管部门，车险涉及交通管理等部门。而目前相关的数据割裂地存在于不同的机构，保险公司获取数据的成本较高。然而，保险公司手中也掌握着大量的用户数据，可能对医疗、交通管理等方面做出了一定的贡献。但本着对客户保密的商业原则，保险公司也不能将信息资源透露给相关部门与行政机构。因此数据的流通效率就会极其低下，从而限制了数据资源的开发空间。

2.区块链如何赋能保险行业

由于保险行业基于"信任"而生，而区块链恰好能解决信任问题，因此区块链与保险行业高度契合，并且已经广泛应用于保险行业。根据普华永道2019 年年初发布报告的不完全统计，全球正在进行的区块链应用场景探索中，有 20% 以上涉及保险。

利用区块链的不易篡改性，核保环节的效率可以大幅提升。如果用户的健康数据上链保存并持续记录，重疾险的核保将变得非常容易，保险公司只需要在区块链上申请查看用户的体检报告，就能获得最真实的数据，并且所有数据更新的过程也都记录在区块链上。同时，如果引入智能合约，核保环节也可以在区块链上自动完成，从而减少了人力成本。在理赔环节，同样可以利用区块链的智能合约和不易篡改性提高理赔效率。在车险理赔的场景中，用户可以在事故发生的当下将现场照片上传至保险公司所使用的区块链平台并加盖时间戳，保证证据的真实性。同时，也可以将纸质合同转变为可编程代码，让理赔环节由智能合约自动完成。

另外，区块链也让保险公司和相关机构之间的数据共享成为可能，提高了承保理赔的效率，使理赔更加智能化。用户的数据可以在区块链上加密保存，保险公司以及医疗、交通、财产登记等部门需要进行数据共享时可以在区块链上发出申请，经过用户授权后便可共享数据。保险公司通过这种方式在承保时可以获得真实的风险信息，从而降低了承保成本、提高了承保效率。在发生车祸时，交警可以将实际发生的事故记录在区块链上，而保险公司可以通过智能合约直接将赔款支付给被保险人。

区块链技术也与当下热门的点对点互助保险的特性非常契合，即通过智能合约将特定条件编入区块链，在特定条件发生时触发一系列的后续操作。例如，在互助保险中，一个人破产，另一个人自动赔付。同时，区块链共享、透明的特性降低了信息的不对称性，能够帮助投保人评判该互助保险的风险性。区块链的可追溯性也有助于减少道德风险。道德风险的降低将大幅降低保险公司的管理成本和互助保险的壁垒。在最理想的情况下，由于信息完全透明，保险公司的角色将逐渐转向专业咨询和"互惠池"机制管理，而不是直接承担风险。

3.应用案例

劳合社开展区块链驱动的交易室和市场联盟链改造

2015年以来，劳合社这个老牌保险机构开始利用区块链对传统保险业的经营流程进行现代化改造。劳合社将区块链视为分散保险市场权力的重要工具，使其远离纸面。劳合社目前的试验包括由区块链驱动的交易室以及由链上的节点连接起来的保险市场联盟链。

区块链对交易室的赋能在于，在再保险的过程中可以轻松地基于区块链共享文件和数据，并且文件是否有修改也将记录在区块链上，这样一来显著降低了再保险和再保险交易的成本，哪怕是不在同一个城市的再保险公司也可以很容易地基于共享的信息评判业务风险。此外，区块链还可以用于被保险货物的跟踪、产权保险、个性化保险合同、智能合同的自动执行。

蓝石科技建立非标准人群区块链保险平台

北京蓝石科技有限公司（以下简称"蓝石科技"）与科技保险平台合作，利用大数据＋区块链的底层技术，为非标准人群搭建风险精算与风险管理平台。大约在同一时间，蓝石科技与各地卫健委、三甲医院、专业的医疗机构合作，接入越来越多的医疗机构，建立了国内规模最大的基于保险服务场景的联盟链，获得了大量的医疗成本准确数据，并基于对这些数据的精确分析在国内首次推出了癌症患者带癌投保的抗癌险，为 65 岁老人、慢病治疗人群提供了多种差异化的保险产品。

在实际业务中，蓝石科技利用区块链技术将保险产品信息及投保过程、营销过程、流通过程、理赔过程信息整合到区块链上，实现整个过程的可追溯性、交易方之间的数据透明以及保险公司、保险机构、监管机构、消费者之间的信息共享，最终形成了一个完整、顺畅的信息流，带来了良好的社会效益和经济效益。

截至 2017 年 12 月，该非标准人群区块链保险平台的付费用户超过 80 万人，月保费超过 1000 万元。蓝石科技也与多个地区的多个机构建立了业务伙伴关系，仅在辽宁省就与 40 多家医院、200 多家教育机构、近 1000 家养老机构建立了合作关系。

阳光保险基于区块链的女性特定疾病险

2018 年 8 月，阳光保险集团（以下简称"阳光保险"）推出了基于区块链技术的女性疾病保险产品。该在线产品是一项为期一年的健康保险，保险项目包括女性特定疾病、女性原位癌以及女性特定手术。

与传统健康保险的不同之处在于，参与该保险产品的用户可以向保险公司提供健康介绍信，授权保险公司到相关医院或体检机构查看个人体检报告数据。这些健康数据也将基于区块链加密共享。而这封健康介绍信实质上就是用户持有健康数据的凭证，用户可以使用自己的私钥对健康数据的使用进行签名，只有在签名授权的情况下，健康数据才可以被保险公司成功查看[4]。

目前该保险产品支持的医院和机构包括阳光融合医院和慈铭体检中心。经过注册的客户把个人健康数据上传至区块链并对健康数据进行确权。确权后，健康数据的使用权将永久归客户本人所有。在个人的授权下，健康数据的使用权可以在不同的情况下根据不同的需要自由方便地使用，以达到健康数据流通的目的。

中国人保基于区块链实现牛"全生命周期"管理

中国人民保险集团股份有限公司（以下简称"中国人保"）曾开展基于区块链的养牛保险。这个产品首先通过生物识别技术提取每头牛独特的体征信息，并将其加密上传至区块链。该区块链网络接入了农户、保险公司、贷款银行、检疫部门等，各方都可以通过区块链实时掌握牛的基本情况，各方采集到的牛的有关信息也可以自由地在网络中流通。这样就构建了基于区块链的繁殖养殖业的溯源和金融服务体系。

此类保险在传统模式中面临的最大痛点就是如何辨别牛的"唯一性"。保险公司作为金融服务机构而非养殖机构，没有办法掌握投保的牛的个体信息，无法辨别哪头牛已经投保。这就给了农户可乘之机，会出现一份保险多家共用的现象[5]。也就是说，一家给牛买了保险，整个村子只要有牛死亡，每家每户都会向保险公司索赔，投保户甚至会从中抽成，这会给保险公司带来极大的损

---

[4]　国内首款区块链健康险在阳光保险上线 [OL].2018-08-18.
[5]　追问区块链 [OL].2018-05-18.

失。然而通过区块链技术，中国人保可以真实地记录每头牛的体征信息，实现有效溯源以及全生命周期的"验明正身"和连续记录。

泰康保险区块链积分管理平台及"反飞蛾"联盟

泰康保险集团股份有限公司（以下简称"泰康保险"）最早使用区块链技术是其旗下的泰康在线于 2017 年 3 月 14 日正式推出的积分管理平台。该平台基于超级账本 Fabric 技术架构，可为其 50 万积分用户提供积分在线交易服务，积分商城可以为泰康会员提供积分换礼品、积分抽奖、积分查询等服务，泰康会员可以在线直接购买诸多生活用品及电子数码产品，还可以与京东商城实现积分兑换。网上用户注册、添加保单、网上续期缴费、获取电子保单、理赔报案等一系列活动都可以让用户增加积分。用户积分可以提高用户的活跃度，增强用户黏性，同时可以防止传统积分模式下的积分盗窃、盗刷等安全风险，从而增强用户体验。

此外，泰康在线还在 2017 年 8 月尝试构建基于 Fabric 区块链技术的"反飞蛾"联盟平台，以合作互惠的形式输出行业技术；在区块链上共享各保险公司的数据，形成强大的数据资源池，各公司通过数据应用降低风险。在数据共享的基础上，根据智能合约界定用户是否具有保险购买资格及可购买的保单金额，从源头上防止了一系列欺诈事件发生的可能性。

此前，如果想用相同的数据开放出不同的内容，则需要设立额外的一条或多条链来实现，"反飞蛾"联盟平台可以实现在同一条链中支持节点区别存入的共享数据，即对不同的联盟企业共享不同的数据，既提高了成员共享信息的安全性、灵活性和便利性，又保护了用户的隐私。

Gem Health 使患者掌控自己的医疗数据，提升理赔效率

Gem Health 是一个医疗保险应用网络，在以太坊区块链上开发医疗保健应用及基础设施，允许患者掌控自己的医疗数据。该公司的目标是使病人、医

疗服务提供者和保险公司能够实时查看病人的健康计划并提高索赔的效率。Gem Health 现在已经与飞利浦合作建立了一个私有的区块链，用来管理企业的医疗保健服务。

如今，由医疗供应方、保险公司及患者构成的医疗服务体系存在混乱低效的问题，健康保险的进一步发展由此受到严重的阻碍。患者一生中通常会拜访多位医生和专家，涉及卫生保健的人员和组织众多，很难共享敏感的医疗数据。同一个患者的病历分散于不同的医疗机构和保险公司，不同机构间的病历重复及部分病历存在的问题导致管理成本高、保险审赔流程冗余。

2017 年，在美国医院体系内的保险索赔遭拒赔的金额高达 2620 亿美元。拒赔可能仅因为某流程未获得授权或数据录入错误。虽然 63% 的最初遭保险公司拒赔的患者最终索赔成功，但赔付成为需要耗费巨额管理费的高成本流程。加密保护的区块链通过链上的数据加密共享，可实现数据在各相关机构间的流通，从而使上述问题迎刃而解。它既能保护患者的隐私，又可以建立全行业同步的信息数据库，极大地节省了索赔成本。

安联保险法国分公司联合 Everledger 对抗钻石保险欺诈

由于保险行业具有专业性和复杂性，信息不对称的情况普遍存在于保险公司与消费者之间。当前的索赔过程涉及投保人、保险公司和再保险公司之间频繁而耗时的书面交接，这为欺诈者提供了就同一损失向多家保险公司索赔的可乘之机，而保险经纪人则有机会通过私下出售保单收取保费。安联保险法国分公司通过 Everledger 提供的可追踪服务降低了欺诈风险。Everledger 是一家提供钻石所有权分布式账本的服务提供商。它将钻石数字化，用激光蚀刻法在钻石上刻印数字指纹印，数字指纹印包含每颗钻石的独特识别信息，例如，序列号、净度和切割度，然后将这些信息上链，存储在区块链的分布式账本中 [6]。

---

[6] 成为保险业的"标配"，区块链将在这四个方向发力 [OL]. 2018-04-09.

假设一个珠宝商谎称钻石被盗并向保险公司索赔，其伪造"被盗"钻石的证书并将"被盗"钻石作为新的钻石出售。由于每颗钻石的特征都被记录在 Everledger 的区块链系统中，一旦该钻石被重新包装再次出售，保险公司就可以及时找回它，杜绝珠宝商的骗保行为。

区块链技术通过提高保险公司的合作水平以打击保险欺诈行为。在分布式账本中，保险公司可以永久地记录交易并通过控制访问权限达到保护交易的目的。将索赔信息存储在分布式共享账本中有助于加强与保险公司的合作，从而识别出整个保险体系中可疑的欺诈行为。目前，保险公司通过购买或订阅公共数据防止欺诈。减少保险欺诈事件可以使保险公司实现更高的利润率，这也会使消费者享受到更低的保险费。

9.4　供应链金融

1.供应链金融行业现状概览

供应链金融是指在融资的过程中引入核心企业、物流公司等供应链参与主体作为新的风险控制变量，为供应链上申请融资的企业提供信贷支持及其他综合服务的融资模式。

供应链金融主要的服务对象是产业链上的中小企业。在信息化及企业资源计划（Enterprise Resource Planning，ERP）普及的时代，供应链金融围绕核心企业展开，依靠核心企业的高资信，通过 ERP 及其他系统精准地掌握供应链上商品流通以及资金流通的信息，并结合物流企业提供的抵押物信息为供应链上的企业提供融资服务。

根据中国人民银行的数据，我国不同规模的企业在融资贷款的结构上有着明显的差异。中小企业自身的信用水平不及大型企业，银行为中小企业提供信用贷款存在难度，中小企业需要提供足够的抵押物进行担保，但中小企业恰恰缺少房、地、车、设备等可以进行抵押的固定资产，导致仅有"信用"在身的中小企业难以从银行获得融资贷款。2018 年中国不同类别企业贷款规模结构如图 9-9 所示。

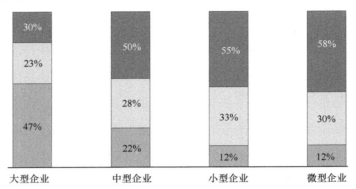

图 9-9 2018 年中国不同类别企业贷款规模结构

图片来源：艾瑞咨询，火链科技研究院

与传统的融资方式最大的不同在于，供应链金融不是单独对个体企业进行资信考核，而是对供应链上的核心企业及整体供应链的运营情况进行考核。传统融资模式示意如图 9-10 所示，供应链金融模式示意如图 9-11 所示。

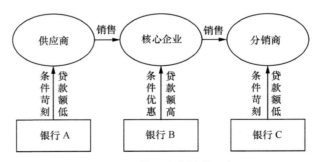

图 9-10 传统融资模式示意

图片来源：火链科技研究院

国家统计局的数据显示，我国工业企业应收账款净额从 2009 年的 5.1 万亿元增长至 2018 年的 14.3 万亿元，其中，中小工业企业占总应收账款净额的比例约为 60%。而智研咨询预测，2018 年我国商业保理融资业务量仅为 1.4 万亿元，国内大量的中小企业融资需求未被满足，投融资行业发展空间巨大。

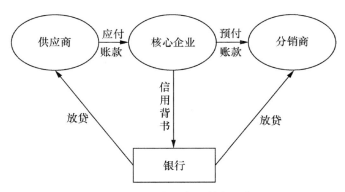

图 9-11　供应链金融模式示意

图片来源：火链科技研究院

当前，我国的供应链金融发展仍处于初步阶段。中商产业研究院预测，受益于应收账款数额、存货量及融资租赁市场的不断发展，我国供应链金融市场的规模将呈稳健发展态势，从 2017 年的 13 万亿元增长至 2020 年的 15 万亿元。2017—2020 年中国供应链金融市场规模及增速如图 9-12 所示。

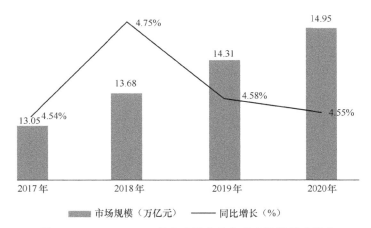

图 9-12　2017—2020 年中国供应链金融市场规模及增速

图片来源：中商产业研究院

供应链金融行业虽然目前发展势头良好、发展前景巨大，但也有一系列的困难和问题制约着该行业进一步健康发展，主要痛点如下所述。

（1）供应链中"数据孤岛"现象严重

同一个产业供应链中的企业合作紧密、贸易关系复杂。供应链金融业务以供应链自始至终的真实贸易情况作为基础，以通过贸易关系产生的未来可预见的现金流作为还款来源。为了让供应链金融业务更加顺畅，资金流、信息流、物流、商流"四流"合一是供应链企业融资的关键要素。但在现实的供应链贸易中，因为信任关系、数据格式不统一等问题，各家企业的 ERP 系统并未相互打通，缺乏一个可靠的信息系统帮助供应链上的企业进行数据的分享互换，搭建出的信息系统也会出现数据不安全、数据缺乏准确性等方面的问题。这会导致供应链上下游的"四流"无法进行有效协调与迅速传递，包含在"四流"中的各种信息割裂，"数据孤岛"现象严重。

（2）核心企业信用跨级传递难

核心企业的信用在传统的供应链金融模式中仅能在有限的范围内（例如核心企业的一级供应商等）传递。由于缺少有效的信息数据传递方式，核心企业的信用难以辐射到供应链末端的中小企业，无法为整个供应链体系增加信用，这种现象在多级供应商模式中尤为突出。中小企业缺乏完善的管理机制，财务报表不规范，又缺少抵押融资资产，而核心企业的信用难以覆盖到这样的中小企业，传统供应链金融模式对中小企业融资难问题的解决力度有限。例如，一级供应商在核心企业的应收账款有着极强的兑付承诺，一级供应商可以通过该笔应收账款向金融机构融资，但由于核心企业信用向供应链上游传递的路径受阻，二三级供应商无法使用核心企业的资质，因此通过供应链金融业务融资仍存在困难。

（3）传统票据的使用场景有限，流转困难

商业汇票、银行汇票等票据是企业贸易支付的常用工具，然而在实际的贸易支付过程中，商业汇票的兑付与企业的信用息息相关，银行汇票贴现的到账时间往往也难以控制。另外，若核心企业无法签回，银行则不愿意为收款方提供授信票据转让。

《中华人民共和国票据法》明确规定，商票必须完整背书转让，但是在实际的场景中，核心企业生产的产品往往有多个上游供应商。《中华人民共和国票据法》规定，商票无法拆分、流传存在困难。这导致了核心企业的信用无法在供应链上传递下去。

虽然中国人民银行建立了电子商业汇票系统（ECDS），实现了业务全流程办理，但在实际的系统操作过程中，各商业银行的业务操作系统与 ECDS 对接操作复杂且难度较大，ECDS 并未实现业务全流程的电子化运行，票据的签发、承兑、背书、转让等流程依旧是以纸质票据和人工操作的方式处理的，容易出错且效率低下。

（4）贸易容易造假

供应链上除了核心企业和一级供应商外，大部分的企业信息化程度低，企业间的贸易、商务信息仍旧以纸质票据的形式传递，这样的传递过程低效且易出错，甚至可能出现数据被篡改的可能，存在人工操作风险。例如，融资相关方与物流企业相互勾结，开出虚假仓单，以存货抵押的形式向银行骗贷，甚至出现同一批货物多次抵押的现象，即多渠道套取资金、放大融资风险。

供应链金融平台在供应链金融生态中发挥着举足轻重的作用。现实中，各类平台资质参差不齐，录入到供应链金融平台上的数据由于人为操作的原因，会存在录入错误甚至人为恶意篡改的可能。

金融机构需要对供应链中贸易的真实性进行审核，非连续、不可靠的数据将增加金融机构的审核难度，降低供应链金融的运行效率。

（5）合约约束力度有限，履约风险高

当前资金提供方与资金需求方以签订"白纸黑字"合同的方式约束双方的行为或权益。但合同对资金需求方的资金使用及还款情况的约束力有限，企业的违约风险较高。例如，融资企业将贷款用于其他用途，而非投入到实际的生

产运营中去。再如，中小企业因公司治理制度不健全、资产规模小、生产经营不稳定、抗风险能力弱、信用不佳等因素，在还款到期日以各种理由拖欠还款、恶意违约等。

2.区块链结合供应链金融

供应链金融生态体系涉及的参与主体多元，业务操作复杂，在实际操作的过程中仍面临上面提到的各种各样的问题或困难。这些问题在本质上均由信任问题衍生。区块链技术凭借其分布式账本技术、不易篡改、可追溯、高透明的特性，可以解决供应链金融生态体系中的关键问题——信任问题，通过建立高效透明的信任机制为供应链金融生态体系的运行降本提效。

（1）建立信任机制，打破信息孤岛

供应链金融业务流畅运行的基础是多方良好协作，"数据孤岛"现象带来的相互不信任致使供应链金融业务无法高效运行。

区块链技术凭借点对点的分布式账本技术、非对称加密算法等多种技术可实现链上数据全流程的不易篡改、可追溯及永久存储，支持完整透明的数据追溯和审计，保证链上信息的完整与准确，并可按需调用、按权限应用。这就为多主体参与的供应链金融建立了强大的信任基础。在供应链金融中引入区块链技术能够有效提升供应链上下游企业的融资效率。

在实践中，把供应链中的企业、保理公司、金融机构、物流机构、监管方等架设为区块链生态节点，对供应链上的真实贸易数据进行加密并在生态各节点交叉验证后上链，实现贸易信息的真实可信、可溯源，打通供应链上所有参与企业的信息流通壁垒。另外，结合物联网技术实现原材料、存货等信息的即时确权、实时追踪，为供应链上各企业的协作奠定互信基础，解决多方协作的信任难题，大幅降低供应链金融生态主体间的信用风险和成本。

（2）实现核心企业的信用多层级传递

区块链通过链接供应链的上下游企业，打通各层级间的贸易交易关系，解

决传统供应链金融业务核心企业信用传递的难题。在传统供应链金融的体系内，因为企业各自运营，金融机构无法确定与核心企业无直接贸易关系的上下游企业的订单是否由核心企业的业务需求传导；但在区块链体系中，核心企业通过将订单信息、凭证加密后上链，这些数据就可以以真实贸易为基础，在链上流转，进而实现信用的链上流转和金融资产的数字化。**一级供应商可以在向上一级供应商购买原材料的同时拆分这些链上凭证，作为信用凭证支付给上一级供应商，如此循环往复，便可将核心企业的信用传递至供应链上的末端企业。**如果企业需要一定的融资服务，也可以直接将收到的拆分后的信用凭证授权转让给金融机构，而金融机构就可以在区块链上清晰地看到相关的业务流程，将供应链末端的中小企业纳入供应链金融的服务范畴中。由于链上数据经多方验证，具备可信性，这就优化了金融机构审核放款的风控流程，降低了运营成本，提高了中小微企业的融资效率。

（3）智能合约实现"四流合一"，降低履约风险

供应链中的"四流"是整个供应链的核心，区块链技术配合智能合约将整合商流、物流、信息流和资金流，实现"四流合一"。**在业务建立初期，将业务写入区块链上的智能合约中，实现商流上链；而后配合物联网技术，将商品信息、运输定位等数据上链，整合物流信息；伴随物流的整合，在原材料、成品交割的同时在链上产生货物交割、所有权转移、债权清算等信息流，实现信息流的同步生成；配合货物交割、所有权的转移，再配合区块链在供应链系统上开设的独立银行账户，在实现货物交割、所有权转移的同时触发原有商流的智能合约，将账户资金自动支付给合约各方，实现资金的即时清结算。**

传统的贸易协定通过纸质合约约束贸易参与方的行为及权益，条款的执行依赖人为操作，无法通过系统化的方式自动完成，存在履约风险。而智能合约可以将双方的权责写入区块链代码，智能合约上的权责划分公开透明，在贸易参与各方履行自身义务的同时，交易链条即可自动、全流程地运行下去。在供应链金融中嵌入智能合约，减少人为操作，降低履约风险，为供应链金融生态

各参与方提供强有力的约束，提高供应链金融业务的运行效率。

（4）建设基于区块链的企业征信平台

供应链上下游的企业均为一个个单独的实体，独自运营，企业间缺乏信任基础，不愿将各自的数据共享协同，造成了多方协作的信任困境，这也使金融企业在提供供应链金融服务时无法进行完整的风控评估，存在尽职调查困难的问题。

区块链具有可追溯、不易篡改的特性，这是信用体系应该具备的核心功能，通过将企业纳入区块链＋供应链金融生态中能够建立良好的企业征信系统。信息一旦上链，就很难篡改，并受区块链节点的监督。区块链系统实现了"四流合一"，企业可以通过授权信用查询将履约的信用记录出示给合作伙伴或金融机构。金融机构或监管机构也可以通过基于区块链的企业征信平台了解企业的信用历史或者未来的履约能力，对整体的营商环境全面了解，降低尽职调查的实施难度，更好地实现了风险控制。

区块链＋供应链金融的应用由不同牵头主体发挥重要作用，不同的牵头主体凭借各自的业务优势切入供应链金融市场。在区块链供应链金融平台的发展过程中，牵头主体呈现多样化的趋势。目前，4类牵头主体所形成的四方格局初步形成。

3.应用案例

"钢聚人"数字仓单融资

为有效应对中小企业融资难与融资贵的问题，供应链金融应运而生。申请人将其具备完全所有权的货品存放在金融机构指定的仓储公司，并要求仓储公司出具仓单，用以为质押的融资担保，这被称作仓单质押融资。这类仓单质押将成为申请人经营仓单货物等同类商品专项贸易的短期融资时的依据。由于中小企业长期缺少可用作抵押的固定资产且担保难，仓单质押融资是一种更加灵活的融资方式，将有助于中小企业盘活存货、加快周转、降低经营成本等，最终帮助中小企业提高竞争力。对于金融机构而言，仓单质押融资具有提升业务规模、增加中间业务收入的优势。对于仓储公司而言，仓单质押融资可以加深与服务企业的合作关系，扩大客户量，提升资产的利用率。因此，在现代经济背景下，仓单质押融资是帮助企业将物资流动、经营活动与银行融资有机结合的重要融资模式。

然而，仓单质押融资在中国的发展始终受到假仓单的干扰和制约。这主要是因为仓单质押融资涉及的利益相关方多、环节多、流程长，经常涉及异地仓储，票据流、货物流和资金流相互校验的过程复杂。如果有串谋行为，则可以绕过个别关键校验环节，使流程出现漏洞，进而达到用假仓单套取信贷资金的目的。伪造后的仓单、合同以及以大宗商品为主的仓单标的资产是仓单质押诈骗的必要条件。而仓单质押融资在盘点标的资产尤其是包装规格各异的大宗资产时，需要耗费大量的人力与物力。即便货物存在，也可以重复质押，这让金融机构防不胜防。

较为典型的是发生在 2012—2014 年的青岛德正系公司金融诈骗案。该公司通过重复质押、伪造货权凭证质押等，对货权凭证合同进行造假，诈骗他人财物、银行信用证、承兑汇票等。该诈骗案共涉及 17 家银行，诈骗金额高达 148 亿元。

解决仓单质押融资诈骗问题的难点在于，金融机构难以确定仓单对应的货物是否真实存在，是否与仓单的描述一致，所有权和融资状态是否清晰可信。这正是区块链能够发挥作用的领域。

目前，国内多家企业正在以特定的大宗商品为起点，尝试通过区块链构建新的仓单质押融资供应链金融系统。其中，腾讯云与钢聚人电商合作的钢材仓单供应链金融系统以及深圳前海联合交易所与蚂蚁金服、安永合作的区块链仓单生态系统很好地展示了区块链在这个领域的能力和潜力。

以"钢聚人"项目为例，该项目专门解决了钢材仓单的相关金融问题，涉及货物买卖双方、银行、仓储公司、保险公司、小贷公司、保理公司、物流公司等方面，通过区块链系统整合仓储、物流、物联网、电商等系统，实现了普通仓单到区块链仓单，再到数字资产的跨越。

此项目突出体现了区块链"交叉验证"和"响应式数据整合"的特色。

何谓"交叉验证"？**这是指在验证一个仓单是否对应真实的货物时，从仓储、物流和其他方面收集不同维度的证据，使它们形成交叉相互证明。**仓库里的货物真实性的置信度能够随着各方提供的交叉证据不断提升，这是目前理解区块链意义的一个关键点。

什么是"响应式数据整合"呢？有人提出，"交叉验证"不需要区块链技术，只用数字签名即可。例如，在辨别一件事情的真伪时，能做出判断的相关机构进行数字签名，表明自身的态度。当多方都为一件事情的真伪辨别签字表态时，也能实现"交叉验证"。但在实践中，这相当于让第三方机构为仓单的真实性提供背书，承担相应的责任。这并不现实，很少有第三方机构愿意承担这样的责任。

区块链解决问题的方式是，**验证节点不为事情的真假负责，也不需要公开自己的私有数据，只响应区块链上的具体请求，从自己拥有的私有数据中提取相关的部分。**例如，将智能设备自动采集来的数据提交到区块链上作为一个证据。在这种情况下，这些"验证节点"更接近法庭上的证人，只为自己提供的信息的真实性负责，而不为判决的结果负责，也就是不对仓单最终的真实性负责。

这就是区块链"交叉验证"和"响应式数据整合"的特色。

在本案例中，3个方面体现了区块链的这两大特色。

第一，区块链与物联网智能设备整合，进行仓储货物真实性的验证。在区块链仓单项目中，验证一个仓库里的货物是否真实存在，不是由金融机构派人到现场点算，而是由仓储、物流等节点站在不同的立场，根据自己掌握的信息采用不同的验证方式，对仓库里的货物进行"交叉验证"。例如，在仓库部署仓储物联网智能设备，数据直连上链，包括移动摄像头、电子围栏、手持货检设备、智能图像识别系统，对仓单融资标的货物的存在性、真实性和具体信息进行自动化、智能化地识别和确认，确保货品在仓储期间没有发生不正常的移动。同样，物流服务可以提供物流信息，证明货品的运输信息与仓单、仓储信息严丝合缝。

第二，在区块链仓单的生成过程中，将区块中代表仓单的通证状态分成多个确认阶段，多个验证节点以流程化的方式和数字签名的手段先后确认，最后生成区块链仓单。首先由借款人企业信息系统在区块链上创建一个代表仓单的通证，但此时该通证处于待确认状态；然后由物流、仓储企业信息系统通知相关责任人，审核信息后以数字签名的方式确认仓单信息的真实性；最后由保险企业核查信息并签名完成确认，形成区块链数字仓单。在此过程中，各确认方还可以提交相应的证据。这个过程也同样体现了"交叉验证"和"响应式数据整合"。

第三，在区块链仓单流转融资的过程中，同样经过借款人企业、物流、仓储、金融、金融核查机构保理、小贷等机构，实现仓单所有权的转移。具体过程如下所述：

◎ 借款单位将仓单通证状态设置为"待确认"；

◎ 物流、仓储机构核查内部信息，提交证据并签名确认；

◎ 金融核查机构确认仓单无重复质押并签名；

◎ 金融机构审核仓单信息并将仓单置于"转移待确认"状态；

◎ 金融机构提供贷款；

◎ 借款人签名，将仓单通证所有人变更为金融机构。

这些步骤充分体现了区块链"交叉验证""响应式数据整合"的思路，因此在实践中取得了很好的效果。

截至 2019 年 10 月，该项目已经在佛山仓库上线仓储物联网智能设备 47 套（台），数据直连上链设备 37 套（台）。若单看该项目在佛山的进展，从 2019 年 1 月到 9 月，该项目实现了对 32000 吨不锈钢原卷的质押监管，新增客户 12 家，供应链金融质押放贷总金额 9 亿元，同比提升 15%。

趣链科技飞洛供应链金融平台

杭州趣链科技有限公司（以下简称"趣链科技"）专注于区块链技术产品

及应用解决方案。旗下飞洛供应链金融平台基于趣链科技自主研发的区块链底层平台 Hyperchain，专注于底层交易资产的数字化与标准化。Hyperchain 平台在大中型金融机构的技术测评中均名列第一，是国内第一批通过工业和信息化部电子工业标准化研究院与中国信息通信研究院区块链标准测试并符合国家战略安全规划的区块链核心技术平台。

飞洛供应链金融平台为供应链提供以下几种基于区块链的解决方案。

（1）应收账款

该平台通过标准化数字资产凭证"金票"，实现平台中应收账款在线流转、融资和拆分。帮助核心企业维护供应链，实现核心企业信用的跨级传递，拓宽金融机构的服务面。趣链科技应收账款模式如图 9-13 所示。

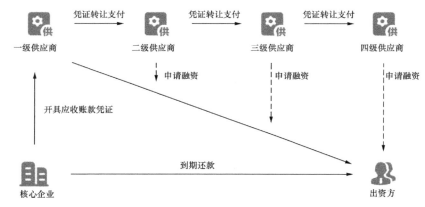

图 9-13　趣链科技应收账款模式

图片来源：趣链科技

（2）信用保险

加入飞洛供应链金融平台的供应链企业通过信用险的增信，使信用风险得到进一步分散，实现供应链金融体系的信用穿透，使企业信用符合标准，降低风险。趣链科技信用保险模式如图 9-14 所示。

（3）资产证券化

趣链科技通过区块链联合多方构建多"中心化"的 ABS 管理平台，完成交易资产的证券化及数字化确权,实现基础资产的全生命周期管理,缩短资产证券发行周期,提高资产的流动性及清算效率。趣链科技资产证券化模式如图9-15 所示。

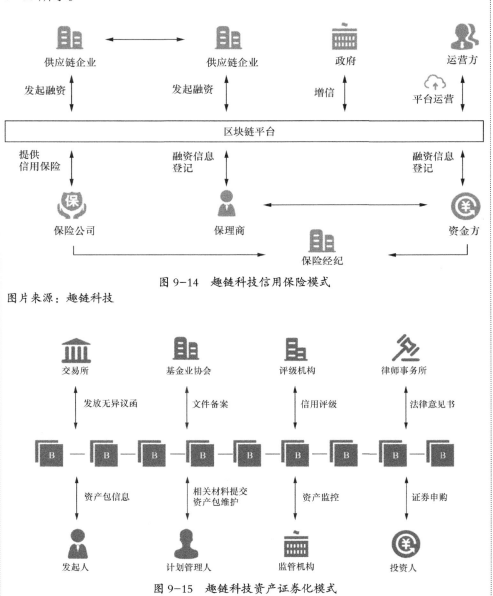

图 9-14　趣链科技信用保险模式

图片来源:趣链科技

图 9-15　趣链科技资产证券化模式

图片来源:趣链科技

趣链科技构建 ABS 管理平台，有效地解决了证券化过程中信息不透明、信息披露不充分、操作效率低、风控能力弱、难以定价等问题；另外，趣链科技通过搭建基于区块链技术的 ABS 管理平台，并联合证券公司、交易所、评级机构、律师事务所等建立联盟链，实现了 ABS 业务全流程线上化管理。

（4）数字仓单

区块链联合仓储、物流公司以及保险、质检机构，保证了货物的全流程监管，仓单及交易信息全上链。打造了区块链的监管环境，杜绝了仓单造假，确保了资金安全，为中小企业仓单流通提供了渠道。趣链科技数字仓单模式如图9-16 所示。

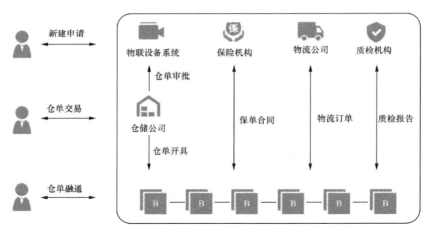

图 9-16　趣链科技数字仓单模式

图片来源：趣链科技

（5）物流供应链

在基于区块链的物流供应链平台中，真实运单作为数字资产被记录在区块链上。通过区块链实现多方可信协作，降低金融机构对物流企业的授信成本。

趣链科技可以实时显示物流的状态，使物流供应链的服务更加便捷，该平台可以为更多的物流企业、金融机构、保险服务商提供服务。截至 2019 年 6月 10 日，5 家核心企业、179 家中小企业、1 家银行、2 家保理公司入驻飞洛供应链金融平台，飞洛供应链平台为企业实现总融资金额近 5.3 亿元。趣链科技物流供应链模式如图 9-17 所示。

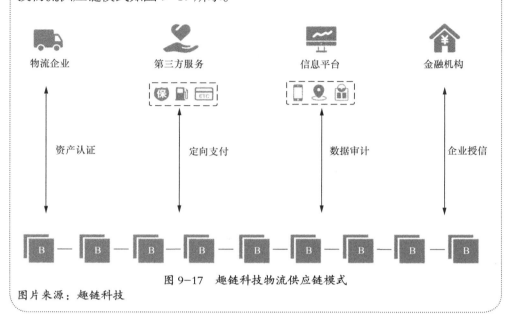

图 9-17 趣链科技物流供应链模式
图片来源：趣链科技

蚂蚁区块链"双链通"[7]

蚂蚁金服区块链品牌蚂蚁区块链推出应用于供应链金融的区块链平台"双链通"，"双链通"平台以核心企业的应付账款为依托，以产业链上各参与方之间的真实贸易为背景，让核心企业的信用可以在区块链上逐级流转，从而使处于供应链上游的更多的中小微企业获得平等高效的普惠金融服务。

在"双链通"的协作网络中，应付账款开立、流转、拆分、融资、清分都运行在蚂蚁区块链上。蚂蚁区块链硬件隐私保护技术可以保障参与方的安全。核心企业、金融机构、其他服务或监管机构皆可入驻"双链通"生态，成为供应链金融联盟链成员，业务中台核心服务实现云化，联盟参与方可以直接通过接入 API 接口即可加入网络。

[7] 蚂蚁金服. 蚂蚁区块链"双链通"升级，盘活小微企业应收款资产 [OL].2019-01-18.

2020年年初，蚂蚁区块链"双链通"实现了系统升级，在弱确权情况下实现了企业应收账款与应付账款互抵，构建信用新模式。这意味着供应链上中小企业庞大基数的应收账款资产将被进一步盘活，供应链金融的市场规模也有望得到进一步突破。本次系统升级将核心企业的应收账款一并上链，有助于中小企业的资金流通，缓解了中小企业因资金紧张造成的经营问题，促进了生产经营正常运转。

蚂蚁区块链"双链通"流程如图9-18所示。

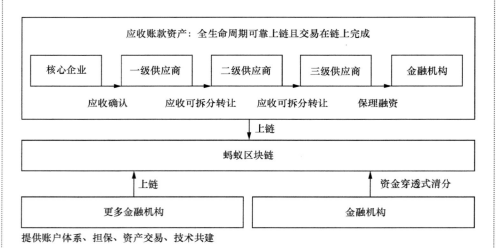

图9-18　蚂蚁区块链"双链通"流程

图片来源：蚂蚁区块链

在实际应用方面，蚂蚁区块链"双链通"在2019年年中率先在成都落地，通过与成都商业银行、成都中小企业融资担保公司合作，实现融资过程清晰留痕、不易篡改，所有参与方通过"双链通"进行链上身份核实和意愿确认，数字签名实时上链，杜绝资金挪用。成都市智慧景区系统提供商中科大旗及其末端供应商冠勇、成都中小企业融资担保公司，通过蚂蚁区块链"双链通"完成了第一单融资。"双链通"以中科大旗的技术资质和应付账款为依托，以产业链上各参与方的真实贸易为背景，让作为核心企业的中科大旗的信用可以在区块链上进行跨级传递流转。中科大旗获得了成都中小企业融资担保公司的授信，其供应商凭借流转的信用背书，也能获得融资担保公司的融资支持。

富士康旗下富金通 Chained Finance 区块链金融平台

2017 年 3 月，富士康旗下金融服务平台子公司富金通携手点融网宣布，共同推出名为"Chained Finance"的区块链金融平台，解决供应链金融和中小企业融资难题，服务于富士康供应链体系，面向电子制造业、汽车业及服装业三大行业提供服务。

Chained Finance 平台利用区块链技术记录供应链上的每笔交易和资产，使供应链的交易链条更加透明且易于管理。同时，Chained Finance 平台将核心企业的应收账款转移至区块链上进行链上存储及确权，易于拆分、流转，核心企业的信用便可覆盖到更末端的中小企业，帮助其以更低成本获得金融机构的融资支持。而对于富士康来说，可以更好地管理供应链上的中小企业及相关服务。

传统的富金通供应链金融业务，仅能为供应链上 15% 的供应商提供金融服务，借助区块链技术的 Chained Finance 平台，金融服务最远可以覆盖五级供应商，未来有望覆盖到所有供应链企业。当前起步阶段的业务发生额度约为 5 亿元人民币，其中融资达到 2 亿元，剩余额度为资产支付。采用区块链技术赋能供应链金融业务，有效提高了供应链的资金使用效率，减少了库存积压，从而提高了富士康整条供应链生态系统的竞争力。

复杂美多链供应链金融服务平台

复杂美成立于 2008 年，并在 2013 年启动区块链与智能合约的研发创新。复杂美的区块链框架由一条主链和多条平行链构成。为了保证主链的性能，主链没有虚拟机，只做存证和记录的工作。虚拟机被放置在平行链上，所有的复杂计算都在平行链上进行，计算完成后将结果写到主链上。

复杂美依托对区块链技术的理解及技术积累，于 2017 年开始涉及供应链金融业务。复杂美多链供应链金融服务平台主要提供信息撮合、信用评级、分布式监管、数据凭证及智能交易等产品或服务。

在供应链金融方面，复杂美的主要项目方向为区块链票据、应收账款、预付账款、仓单抵押、积分及交易所等。供应链内的企业及参与主体作为节点可组成平行链，贸易的仓单、应收账款凭证等在所属的平行链上进行数字化确权，并发行企业白条，通过白条的拆分、流转，完成与上下游企业的交易，代替现金和商业票据的使用。对于跨供应链的交易，在复杂美的区块链结构里，即跨平行链的交易，则需要通过主链完成交互。

通过平行链发行的企业白条流转替代了现金。通过链上资产数字化可拆分、可穿透上下游的优势，提高了供应链中小企业的资金流转，有效提高了融资效率，降低了融资成本；核心企业资信向中小供应商企业转移，在很大程度上提高了资金的收益率，降低了风险。由于企业白条仅在供应链内用于生产和贸易交易，且可追溯，可有效控制资金挪用的风险。复杂美多链供应链金融服务平台流程如图9-19所示。

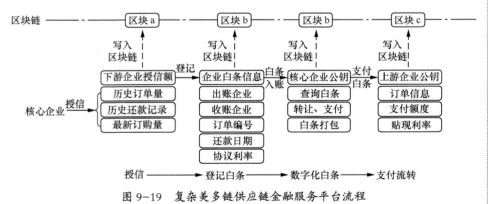

图9-19 复杂美多链供应链金融服务平台流程

图片来源：复杂美

复杂美初期以较低的成本为企业部署白条系统，当前系统已经做到产品化、模块化，仅需一周便可完成上线。2018年1月，复杂美与海航海平线发布了国内首个基于区块链撮合系统的票据服务应用"海票惠"。目前，复杂美已与美的、小米、京东、上海汽车、轻工投资等近10家大型企业合作开展了供应链金融平台技术服务。

联动优势——基于区块链的跨境保理融资授信管理平台 [8]

联动优势科技有限公司由中国移动与中国银联于 2003 年 8 月联合发起成立，是目前国内涉及跨综合支付服务、智能金融信息服务、移动化的本地多应用服务三大领域的移动金融及移动电子商务产业链服务提供商。

联动优势针对跨境贸易的中小企业融资难、融资贵、融资慢等问题，联合跨境支付机构、境内保理公司、境外电商平台，共同推出了"基于区块链的跨境保理融资授信管理平台"，为中小企业提供基于跨境贸易订单的融资授信服务，解决中小企业融资问题，同时帮助保理公司有效地控制业务风险，有助其进一步扩大业务服务范围。联动优势授信管理平台业务流程如图 9-20 所示。

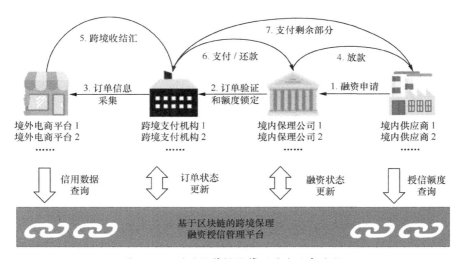

图 9-20　联动优势授信管理平台业务流程

图片来源：联动优势

基于区块链的跨境保理融资授信管理平台，采用联动优势自主研发的区块链底层系统"优链"，利用区块链数据的可信特征，为供应商和保理公司提供融资全生命周期管理、融资额度管理等服务，并根据供应商交易和资信等信息，对供应商进行全面的信用评级，为供应商制定合理的优惠利率，提供灵活的金融服务。

---

[8]　可信区块链推进计划. 区块链与供应链金融白皮书（1.0）版 [OL]. 2018.10.

联动优势基于区块链的授信平台实现了技术、业务、服务等方面的创新。

（1）确保数据的真实准确、可信和可靠

一是平台基于自主可控的联盟链框架"优链"进行设计开发，通过数字证书进行准入许可，对参与方进行身份认证和授权，确保数据上链前的真实性。二是从基于 PKI 公开密钥体系、基于区块链的时间证明、基于拜占庭容错共识机制的集体维护 3 个方面，确保数据上链后不被篡改。三是在数据的准确性上，采用"以链上数据为主，以链外数据为辅"的方式，减少了链上、链下数据不一致的可能性，从而降低了业务风险。联动优势授信平台架构如图 9-21 所示。

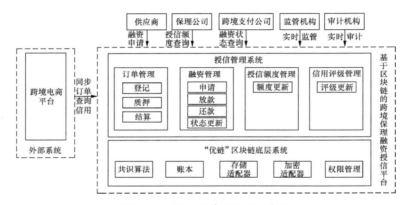

图 9-21　联动优势授信平台架构

图片来源：联动优势

（2）采用 UTXO 模型对授信额度进行精确而灵活的控制和调整

一方面，授信平台严格控制供应商每次融资额度不超过其总体授信额度。另一方面，授信平台及时根据其订单状态、融资情况、还款情况对授信额度进行精确的调整。

（3）重构保理业务模式和供应商还款模式

对保理公司而言，通过跨境支付公司，可以确保订单回款将优先还款给保理公司，有效降低贷后的风险，从而为更多的供应商提供融资服务，扩大其放贷业务范围。对供应商而言，通过跨境支付公司，简化订单回款和融资还款等操作，提高业务效率；通过保理公司，及时获得融资服务，提高资金效率。

（4）提供开放服务平台，对接多家机构系统

一方面，基于开放标准接口，更容易对接订单和融资的所有相关方，能够更全面地跟踪订单和融资的全生命周期过程，打破了各家公司间的"数据孤岛"，有效防范供应商利用相同的订单进行多头借贷和超额融资，提高了保理公司的风控能力，降低因供应商还款能力造成的资金风险。另一方面，在已有的数据基础上，提供授信额度查询、信用数据查询等增值服务，帮助供应商方便地使用其授信额度进行融资，帮助境外电商平台轻松选择良好的供应商。

从结果上看，该授信平台自上线以来成效显著。

（1）赋能保理公司降本提效，提高风控能力

一方面，保理公司从授信平台获取供应商的运营数据和订单信息，审核效率提升了 3 倍，融资审核期限大幅缩短，提高了工作效率；另一方面，授信平台为保理公司提供了可信的融资额度服务，帮助保理公司获得了较强的风险控制能力，降低了资金风险。自平台运营以来，供应商的还款履约率为 100%，保理公司的坏债率维持在最低水平。

（2）解决供应商资金融通问题

自 2017 年项目上线至今，注册供应商超过 11 万家，其中超过 1.3 万家供应商从融资授信管理平台获得融资服务，加快了供应商的资金周转效率，缓解了其资金压力，提高了资金效率和业务运营效率。

（3）实现跨境支付公司业务规模扩大

供应商贸易的扩展增加了跨境支付的业务规模，在一定程度上促进了公司跨境支付业务的发展，截至 2019 年年底，带来新增约 61 亿元人民币出口收汇调回资金。

（4）助力电商加快供应商评估效率，快速拓展供应渠道

随着业务不断拓展，平台积累了越来越多的信用数据，包括订单数据、收结汇数据、融资数据等，从而对供应商企业进行有效的信用评估，帮助电商平台快速筛选相关的供应商，拓展其供应渠道，发展跨境贸易业务。

联动优势授信平台，目前已经先后接入两家大型境外电子商务平台，帮助其拓展业务渠道。同时，该授信平台还帮助这些电子商务平台的优质供应商更好地获得融资服务，促进了电子商务平台供应链的健康发展，为其业务的稳定增长提供了有力的支撑。

第10章　农业

 ## 10.1　农产品供应链及溯源

1.农产品供应链现状

近年来，随着人们生活水平的日益提高，消费者对食品质量和安全的要求也逐步提高。想要鉴别传统的农产品质量，消费者主要通过肉眼观察或通过部分生鲜产品加盖的检验检疫章进行辨别。然而，肉眼观察存在很多的不确定因素，而且农产品的好坏也不是凭肉眼就可以观察出来的，对于检验检疫章，也难以排除造假的可能。

传统的绿色食品标识、有机食品认证体系已经无法满足消费者对农产品的信任需求。截至 2018 年 11 月底，我国共有 45 个农林牧渔和中药领域相关的产品认证机构，共出具产品认证证书 1021 万件，其中，食品农产品认证证书有 98 万件，但仍然无法阻止市场上有机产品鱼目混珠的趋势。食品安全市场乱象丛生，绝大部分溯源信息未对消费者开放，导致信息透明度低、消费者认可度不高，迫切需要利用新技术来重构新的信任体系[1]。

（1）现有农产品溯源技术依赖"中心化"数据，篡改概率高

农产品溯源是对涉及农产品生产、加工、销售的产业链各个节点的信息认证，通过溯源码查出农产品在各个节点的信息，保证食品安全[2]。目前，比较成熟且广泛使用的农产品溯源方式是基于 RFID 无线射频技术、二维码和一维条形码溯源技术。RFID 无线射频技术使用环境广泛，且使用寿命较长，可以

---

[1]　蒋宁. 基于消费体验需求的供应链信息溯源及其系统构建 [J]. 情报理论与实践，2018（7）：123—128.

[2]　姜爽. 第三方稻米溯源平台设计 [J]. 农业工程学报，2017（24）：215—221.

同时快速识别多个标签，其存储信息具有保密性和可改动性。二维码识别的信息容量大、查询方便快捷、编制成本低并且信息准确度高。一维条形码识别与二维码一样具有查询快捷和编制成本低的特点，应用时间较长并且依赖数据库。

然而，基于RFID无线射频技术、二维码的溯源方式仍然存在一些问题。当前的RFID无线射频技术、二维码和一维条形码溯源技术的信息存储方式都是"中心化"的记账方式，信息不准确且容易被人为篡改，不能保证产品与相应的信息一致。由于"中心化"的存储方式存在黑客攻击、数据损坏、人为篡改的可能性，这些都会造成不可挽回的损失，所以存在安全问题。另外，这种溯源方式也无法保证人工录入的溯源信息不出现差错。

（2）农产品供应链责任归属难，监管难度大

农业生产流通环节因为普遍缺乏有效的管控而存在失信的行为。即使是以标准化生产为主要特征的规模化农业和家庭农场农业，由于没有统一透明的安全监管，所以在食品安全问题上也饱受诟病。我国设置了3万多个农产品检测、监控机构，但农产品质量安全监管职能相对比较割裂，单个监管机构无法覆盖生产、流通、销售的所有环节，安全隐患依然存在。当出现问题时，由于供应链在生产、流通、销售等环节都有参与，缺乏一个统一而完整的信息记录，追溯困难，管理部门很难问责到具体的失信单位，供应链的上游环节及加工环节很难被认定责任。因此多数零售业和餐饮业成为主要的责任者，这种问责形式难以真正使违规操作者受到惩罚。

2016年，国家食品药品监督管理总局发布《关于进一步完善食品药品追溯体系的意见（征求意见稿）》，鼓励生产加工企业运用自身或第三方信息技术企业提供产品追溯专业服务，实现行业、企业与政府之间的信息互联互通。

2.区块链赋能农产品溯源及供应链管理

（1）区块链增强溯源完整性，提高透明度和公信力

由于区块链具有不易篡改、公开透明等特点，与RFID无线射频技术、二

维码等数据形式相结合，可以让农产品供应链上的数据更有可信度。

以某动物产品为例，每只动物从出生开始便佩戴信息采集终端设备，每个信息采集终端都匹配唯一的标号作为该动物的唯一标识。从出生、检疫、培育及所在牧场的完整生长曲线，包括以后的加工、包装、仓储、物流、销售等所有肉类产品加工环节均会被收录在一个个数据区块，数据区块的全部信息会同步更新。每次更新数据区块都会参与共识认定以保证更新主体的真实性，各节点确认后才能上链，生产企业、物流企业、销售企业等都是节点，由此共享所有的数据信息，提高全部阶段信息的透明度，消除信息黑洞[3]。如果该联盟链由政府相关部门牵头，农产品生产者、加工企业、物流公司、电商、消费者等多个参与方共同加入，在联盟内部达成共识，加强了农产品信息的权威性。区块链技术在农产品质量溯源中的应用模式如图 10-1 所示。

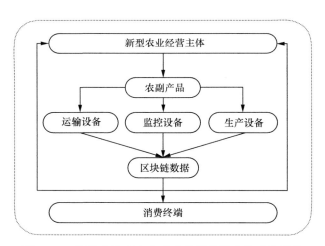

图 10-1　区块链技术在农产品质量溯源中的应用模式

图片来源：《佳木斯大学社会科学报》

（2）降低农业监管问责难度，信息记录易追溯

在实现信息连贯的基础上，区块链的可追溯性确保消费者和监管部门可以在区块链上查询所有的可疑数据。同时，由于区块链上的信息经过了加密保存，

---

[3]　王状. 农产品溯源及区块链技术应用的研究 [J]. 农场经济管理，2019（3）：34—35.

通过可信计算等方式，可以保证信息在保密的前提下进行传输共享，各部门可以相互协作、数据共享并相互监管。另外，溯源区块链也可以增加监管部门、消费者保障部门等节点。农产品不同阶段的所有数据信息、交易操作都需要在节点之间达成共识[4]。这样一来，监管部门也可以全程参与信息的确认和记录。

在这种数据互通的模式下，一旦发生农产品安全问题，监管人员可以迅速在区块链上追溯数据，从而确认具体是哪个环节出现了问题，对相关企业和环节负责人进行精准问责，对发生的纠纷实现举证与责任追究。这种及时的反馈也可以促进行业良性发展。典型农产品溯源监管系统如图 10-2 所示。

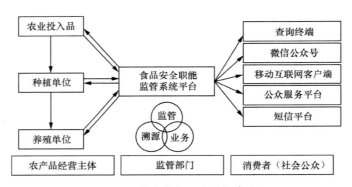

图 10-2　典型农产品溯源监管系统

图片来源：《现代农业科技》

3.应用案例

云南省玉溪市普洱茶区块链防伪溯源平台

2019 年 12 月，京东数字科技集团正式在云南省玉溪市推出普洱茶区块链防伪溯源平台。茶叶行业首次结合人工智能与区块链技术，将普洱茶饼独特的纹理特征记录与数字"身份证"相匹配，从源头上保证了真正的普洱茶饼与数字信息的唯一对应。此外，包装外的二维码和茶饼图案"两码合一"，利用区块链很难篡改记录的纹理特征，有效解决了普洱茶流通过程中的难点。

---

[4]　梁昊 . 农产品信息区块链技术架构设计及应用展望 [J]. 智慧农业，2019（1）：67—75.

普洱茶经过揉捻、蒸茶、压制等一系列工序，最终的普洱茶饼的纹路完全是随机的，一如动物的 DNA，世界上不存在两个完全相同的普洱茶饼。因此，每个普洱茶饼的纹路也就是它独一无二的"身份证"。

京东数科通过人工智能图像采集，获得每块茶饼的纹理特征，并将这一"身份证"写入包装上的二维码，并存入区块链，使链下 ID 和链上 ID 形成一一对应的关系，保证链下实体茶饼不会被转移或调包。在之后的运输过程中，引入了基于深度学习的图像识别技术和局部特征匹配技术，以确保在任何环节中，茶饼都可以验证真伪。

以"茶脸"识别"身份证"为核心，"出生证 + 身份证 + 居住证 + 学历证"的多重认证的京东数科的普洱茶区块链防伪溯源平台得以实现，打通了产业流通领域的全部环节。所谓出生证，即种植采摘环节结合茶园 IoT 设备的布局采集种植信息并进行图像留存；所谓身份证，即生产加工环节根据独特的茶饼纹路进行评价检测；所谓居住证，即茶仓联合协会颁发的涵盖保值增值的认证图像留存、仓库地理标识等；所谓学历证，即流通销售环节由专业认证机构和大众社交点评方式对茶叶的安全品质进行综合评价。另外，该项目还动用了玉溪市当地政府和知名茶企的资源，实现全渠道追溯，共同推动普洱茶产业数字化全面升级。

五常大米"区块链真大米"

五常大米是"中国地理标志产品"。正宗的五常大米年产量大约只有 70 万吨，而市场在售的却接近 1000 万吨，多数是打着"五常大米"旗号的假冒伪劣产品。2018 年 8 月，黑龙江省五常市政府与阿里巴巴合作，引入蚂蚁金服区块链溯源技术，助力正品大米溯源、保鲜。

五常大米项目是基于联盟链的，链上主要节点包括五常大米的生产商、五常市质量技术监督局、菜鸟物流、天猫等，每个节点都会对每袋大米进行认证，即在其"身份证"上盖一个"时间戳"。所有"时间戳"不易篡改，否则将产生另一个时间点的另一个时间戳。各节点间的"时间戳"彼此均可见并进行实时验证，一袋大米的认证完成要求所有节点达成共识并验证这袋大米是真的五常大米。用户只需要使用支付宝的"扫一扫"功能，即可看到这袋大米的选种、施肥、物流等全过程的详细溯源记录。

另外，考虑到食品安全溯源方面，区块链解决的主要是信息记录问题，而无法解决信息采集问题，蚂蚁金服在这一项目中还引入了物联网技术，将大米的种植地、种子和肥料信息实时录入系统，严格把控和追查大米产量。如今，该系统成为联盟链的节点之一，可以实现从种植到物流的全流程溯源。

万向区块链打造"智慧畜牧公共服务生态平台"

2019年6月，万向区块链基于区块链技术和物联网技术，推出了数据共享服务平台"智慧畜牧公共服务生态平台"，旨在为政府、牧民／养殖场、金融机构等各相关方提供所需的监管、养殖、风控、融资等数据。

根据数据统计，中国牛肉消费量快速增长，从2007年的609万吨增长到2018年的932万吨，而2018年国内全年肉牛出栏量约2785万头，生产牛肉仅652万吨，仅能满足70%的国内牛肉总需求。牛肉的短缺问题主要依赖进口的方式来解决，甚至还出现牛肉走私和活牛走私等违规现象。目前，国内超过1000头牛的牧场只有4%，大部分牧场都是私人牧场，数量仅有数十头，造成这一现象的主要原因是牛肉生产商受到了较大的资金限制——肉牛的价值非常高，一头肉牛的价值在20000元左右，这也就意味着，养殖肉牛的成本非常高。如果一个牧场想要有1000头牛的年产量，则需要有2000万元预备资金，此外还有肉牛后端运费等成本。对于中小牧场来说，这算是一笔巨款。由于存在牛重复抵押、抵押资产被销售和抵押资产监管难等问题，目前，由于金融机构无法接受以牛作为抵押物给中小牧场贷款，所以限制了国内牧场的规模化发展[5]。

---

[5] 万向区块链、联通物联网及国科诚泰将联合打造"智慧畜牧公共服务生态平台" [OL]. 2019-12-27.

万向"智慧畜牧公共服务生态平台"将区块链技术与物联网技术结合起来，有效解决了上述问题。

首先，利用物联网技术，给每头牛戴上耳标、项圈等传感设备，实时采集牛从出生到出栏的动态数据，包括体温、进食量、活动量等。同时，将牧场的智能体重秤也连入物联网数据采集系统，监控并记录每头牛的生长状况。物联网端采集到的数据存储在区块链上，实现生物资产的数据化，并将数据分享给政府、银行、保险公司等相关方，实现可信环境下的数据追溯。

该平台一方面可以用于食品安全的监控，另一方面，方便银行等贷款机构评估牧场的经营状况，从而加快放款效率。

中南建设联合北大荒建设区块链大农场

2017 年 4 月，善粮味道公司由江苏中南建设集团股份有限公司和黑龙江北大荒农业股份有限公司合资成立，这家公司依托北大荒集约化土地资源及组织化管理模式，利用物联网、大数据及区块链技术开展"平台 + 基地 + 农户"的标准化管理模式，建立大米等农产品从原产地到餐桌的"闭环生产—营销"生态链。北大荒计划利用区块链技术的数据不易篡改、可溯源等特点，监控高品质农产品从种植生产到销售消费的整个流程，确保消费者购买到质量优良的农产品。

具体来说，北大荒传统的"基地 + 农户"的经营模式在引入区块链技术后，北大荒的 1296 万亩黑土地覆盖了农户、种植工人、IoT 采集标准、电子表单、种植标准、风险点阈值、细节字段、关键节点的农业大数据，将之与区块链结合：一方面利用区块链技术建立分布式自治组织——从土地承包、播种到加工，并与线下各环节紧密结合，持续跟踪农产品品质；另一方面，通过互联网身份标识技术，将每件产品的信息全部记录于区块链，让消费者看到每件农产品的生产轨迹。

区块链与农业的融合还让整个农产品种植的生产流程从源头上杜绝农户作

弊的可能，善粮味道公司将所有农产品种植加工数据记录在区块链上并设计智能合约，一旦农户出现作弊行为（例如，过量施加化肥等）则拒绝收粮，反之，生产流程达到标准的农户则可以在获得原粮买卖收益的同时按比例获得更高的零售返利。

10.2 农村金融

1.农村金融服务现状

信用担保在农村是一种重要的金融模式，该体系是财政支援农业的一种创新，作为一种政策性金融工具有"财政＋金融"和"政府＋市场"的属性，这有利于我国传统小农经济向现代化农业经营方式转变，贯彻落实财政支农政策，促进农业供给侧改革，助推乡村振兴战略实施。我国农业担保体系于2015年7月开始组建，到2019年1月末新增累计担保项目为34.2万个，金额高达1216.5亿元。全国各地也纷纷涌现出一批担保额过亿元的市县，农担户均规模达到36万元，占比80.33%的贷款担保在10万～300万元。

除信用贷款外，抵押贷款也是常见的农村金融模式之一。在《乡村振兴战略规划（2018—2022年）》中，国务院指出：要健全适合农业农村特点的农村金融体系，把更多金融资源配置到农村经济社会发展的重点领域和薄弱环节，更好地满足乡村振兴多样化金融需求；要发展乡村普惠金融；要探索县级土地储备公司参与农村承包土地经营权和农民住房财产权"两权"抵押试点工作；要提高直接融资比重，支持农业企业依托多层次资本市场发展壮大；要引导农民合作金融健康有序发展。

虽然目前贷款融资的方法很多，但农村金融仍存在"融资难""融资贵"的难题，主要原因有以下几点。

（1）征信数据缺乏，导致贷款申请步骤烦琐、融资成本升高

随着农村出现持续的创业热潮，"农业贷款"成为热议话题，当新型农业

经营主体申请贷款时，需要提供大量的信息资料，难免出现信息不全、信息遗漏的现象，严重依赖于第三方提供的资信证明。如果部分信息丢失，或者第三方拒绝提供资信证明，可能会导致农民无法获得贷款，从而影响农业生产、转型和增加收入。另外，银行作为金融服务机构，天生具有风险厌恶的特点。农村征信数据缺乏，使信用贷款业务的风控成本增加。农民往往学历较低、收入不稳定，缺少还款能力方面的证明，对于银行来说，需要承担较高的坏账风险，这一高风险往往会转化为贷款成本，转移到农民身上。

（2）抵押贷款产权确立困难，流程同样烦琐

当今的农村土地实行三权分置政策，国家赋予农民更多的财产权利，要想盘活农村的各类资产，农业规模化生产具有重要的意义。但当前不健全的农村产权抵押，较低的产权流动性，过高的制度性交易费用，无法满足农村产权交易日渐活跃的现实情况。

2.区块链赋能农村金融

◎区块链促进海量信息共享，简化信贷申报流程，降低中间成本

区块链技术信息透明度高、篡改难度大，可以记录农产品从生产到销售的每个环节。农民在需要进行银行贷款时，可以使用区块链上记录的信息作为自己的信用背书。例如，鸡农饲养的鸡对于鸡农来说，就是一种信用背书，饲养的鸡越健康，回款的概率就越高，速度也就越快。同时，银行借助区块链技术可以有效监控销售进展；如果进展不佳，银行可以提前做出风控准备。另外，农民也可以基于区块链建立自己独有的信用记录，例如，历年的农产品运输时效性、质量安全水平等，在贷款时银行都可以一一进行追溯。这样一来，银行端的透明度增强，风险相对下降，农民端的贷款成本也就相应下降了。

区块链技术在正规的金融机构信贷系统，抑或是基于点对点模式的网络借贷中均可应用。通过分布式记账、时间戳等技术，区块链技能服务平台已将借贷双方的身份识别、资信确认、要约达成、合同签订等信息记录在区块链上，

当农业主体申请贷款时不再需要依赖第三方提供的资信证明，从而使整个交易过程更加便利透明[6]。

3.应用案例

嘉吉发起 Covantis 行业倡议逐步推进供应链数字化

嘉吉（Cargill）是美国收入最高的私营公司之一、全球农业巨头，同时也在大力投资数字工程资源，并且参与开发超级账本网格，通过区块链技术简化了供应链流程。

由嘉吉支持的区块链项目 Covantis 已经选择了和 ConsenSys 作为技术合作伙伴。Covantis 是一项旨在实现全球贸易现代化的行业倡议。Covantis 于 2020 年 1 月 23 日表示，将建立一个基于以太坊的区块链平台，以实现贸易后金融的数字化，为国际农业综合企业的供应链带来效率提高和成本降低。

Covantis 以改善农产品贸易为目标，使合约执行的过程更加高效、准确和透明，通过与业界合作为整个供应链赋能。当前的交易过程存在重复、手动、昂贵且费时的弊端。Covantis 通过对区块链技术的应用，可实现 60% 的执行任务自动化并将交易速度提高 70%，并有望将错误率降低 80%，将数据重新输入密钥的数量减少 90%。Covantis 的目标为谷物和油料种子，以 Covantis 即将启动的一项试点为例，将会对从巴西到中国的大豆散装运输进行重点管理。而 Covantis 的长期目标则是数字化国际农业大宗商品的执行过程，减少交易执行时间并压缩文件编制过程。Covantis 的解决方案是基于 Quorum 构建的（Quorum 是由 JP Morgan 开发的以太坊的企业区块链版本）。

2020 年 3 月 31 日，该倡议宣布已经获得所有必要的监管批准并在瑞士日内瓦成立一家名为 Covantis S.A. 的法人实体。该公司由以下创始成员共同拥有：ADM（纽交所代码：ADM）、邦吉（纽交所代码：BG）、嘉吉、中粮、路易达孚

---

[6] 黄可权.区块链技术助推农业供给侧结构性改革研究 [J].佳木斯大学社会科学学报，2018（6）：73—77+82.

集团（Louis Dreyfus Company）和嘉能可农业（Glencore Agriculture），这为其发布第一版颠覆性的行业数字解决方案铺平了道路。

中国农业银行使用区块链发放农地抵押贷款

2018 年 8 月，中国农业银行用一块农地作为抵押，在贵州省一家分行运用区块链技术发放了价值 30 万美元的农地贷款。中国农业银行还将贷款详情分发给其他节点合作伙伴。中国农业银行这个新的区块链解决方案叫作 E-Blockchain Loan，由总部位于杭州的区块链创业公司 HyperChain 为中国农业银行的区块链项目提供技术支持，是目前解决贷款流程复杂的理想方案之一。

当前的贷款审批流程涉及许多中间环节，多数机构、银行仍需要数周甚至数月的时间来审核潜在借款人，取消中间环节可以为中国农业银行和其他公司节省数千美元，减少从法律费用到承销费用的成本。该电子区块链贷款系统也将简化整个银行系统中借款者的数据，允许贷款人核实他们的潜在借款人，并检查他们是否使用同一块土地从不同的银行获得贷款。跨多个节点合作伙伴共享数据的另一个好处是防篡改，因为每个服务器都携带一份抵押贷款数据的副本，这使黑客很难定位单点故障并组织攻击。对于借款人，特别是农民，e-区块链贷款系统将提供快速、轻松的农地抵押贷款。农民可以在网上使用贷款设施，同时避免在实体银行网点排长队。

百威英博协助非洲农民提供收入证明

百威英博（AB InBev）是一家由几家知名啤酒生产商合并而成的国际公司，它拥有时代（Stella Artois）、百威（Budweiser）和科罗娜（Corona）等品牌。2020 年 1 月，百威英博帮助非洲农民使用区块链平台记录他们的收入，该平台可以监控所有的百威英博供应商，取代纸质记录。

由于其对许多非洲国家经济的贡献，该公司与许多供应商交易可以获得税收优惠。但在非洲，由于银行体系尚未健全，税收减免并不容易完成。而且对于当地农民来说，提供有形文件是一个特别烦琐的过程。

百威英博与BanQu合作，后者能够提供区块链物流解决方案的专业知识，推出了一种分布式账本系统。该系统可以查看其所有供应麦芽和大麦的农民，这使银行可以记录农民的收入，以便建立一个银行账户和信用额度，即使农民之前没有银行账户也可以证明其收入来源。在此之前，农民供应商可能无法获得银行贷款，因为他们无法在没有报告、材料或文件的情况下证明任何收入来源。但现在，区块链提供证据表明他们是百威英博的供应商。这些证据使当地农民能够获得资金购买农业工具，从而增加农业产出和产生额外收入。

该系统还有助于遏制啤酒供应商第三方的腐败和贿赂行为。不易改变的区块链系统确保了农民能够记录和获得他们的应收账款。在乌干达和印度，成千上万的农业从业者都在使用这样的系统。

第11章　工业

1.工业发展现状概况

过去的两个世纪，人类走上了经济指数型增长的道路，而这飞速的增长归功于历史上连续三次的工业革命。

三次工业革命，人类从农耕文明先走向了工业文明，当前我们正处于以电子工业为基础的"信息时代"。从"蒸汽时代"过渡到"电气时代"，再到"信息时代"，人民的生活质量得到了很大的改善，国际经济走向了全球化。

不同于西方国家，中国直接进入了第三次工业革命，虽然缺乏前两次工业革命的基础，伴随改革开放等一系列的重要举措，我国取得了卓越的经济发展成效，全国经济水平迅速增长，工业制造也慢慢从低端制造过渡到高端制造。

随着技术和经济的快速发展，信息技术和工业制造结合得越来越紧密，生产效率有望进一步提升，德国率先提出了工业 4.0 的概念。在我国，我们将其称为"工业互联网"，可理解为"互联网大数据 + 工业制造"，核心内容是机器设备、生产流水线、加工厂、经销商、产品及消费者等节点的结合。通过整合产品数据、机器设备提交的生产数据、经营销售产生的数据及管理方法数据等数据；再通过集成控制器、终端系统、通信设备等系统，实现生产、管理和营销方式的变革，使得人和人、人和机器、机器和机器形成一个有机的智能互联系统，形成高度集成的协作系统，达到提升生产效率的效果。

经过多年的政策引领和概念普及，我国的工业互联网发展进入了快速发展阶段，工业和信息化部在 2019 年年底发布了《"5G ＋ 工业互联网"512 工程推进方案》，报告指出，工业互联网将成为 5G 网络建设的重要应用场景。由此可见，在 2020 年，5G 与工业互联网的有机结合会是工业互联网发展的主要趋势之一。"5G ＋ 工业互联网"会对工业制造实现生产过程控制、机器协作、供应链管理、库存管理等全流程的覆盖。与此同时，5G 技术也为工业互联网在效率上实现数据流转大幅提升。

工业互联网正在快速发展，但国内工业互联网平台企业的业务仍主要局限于垂直细分领域，一些关键的障碍亟须扫除。本节将主要从工业安全及供应链管理两个方面，阐述当前工业制造在实际发展过程中面临的主要问题。

2.工业安全方面

（1）机械设备的身份验证及访问控制存在漏洞

安全可信的工业互联网设备端和管理者数字身份对工业安全的重要性日益凸显。一方面，当前应用端验证设备身份的成本过高，缺乏硬件和设备双向可信安全的可追溯验证，设备信息变更记录存在被篡改的可能，这些都给机械设备的身份验证造成了困难。另一方面，现有的传统工业设备考虑到数据安全的问题，互为"数据孤岛"，如果要实现工业互联网的协同需求，工业企业需要大力整合自动化安全框架，该框架要实现一系列的关键功能，管理整个系统的安全性，例如，监视流量及行为、限制安全网络访问、响应威胁指令等。但就当前而言，工业设备出现安全攻击事故时，在身份验证、访问数据权限控制及访问日志存证等方面仍存在漏洞。

（2）跨参与方的设备运营状态实时监控效率低下

传统模式下，工业互联网平台进行设备状态数据采集存储仍然存在诸多问题。首先是数据存在单环节篡改、造假的风险。工业互联网数据如果无法解决造假的问题，就无法获得多方信任从而无法产生价值。其次，设备运营数据分散，导致跨参与方的设备信息跟踪存在难度，信息不对称造成了效率低下等问题。最后，数据隐私泄露的风险也是一大难题。

3.供应链管理方面

（1）供应链条网络复杂，管理成本高企

在传统的生产制造过程中，企业对供应商的掌控能力有限。一方面，随着产业细分不断加剧，供应商数量增长迅猛。例如，微软 Surface 产品的供应链就涉及成百上千个供应商。另一方面，由于目前缺少标准化和可信数据平台，供应商资质参差不齐，如何挑选和管理合适的供应商伙伴成为难题。目前常见的模式是，生产企业将管理级供应商的职责下放给一级供应商，但这会导致企业、一级供应商和其他供应商多方之间的信息不对称。企业依赖一级供应商，可能会给生产流程带来高成本以及供应流程的不可控。以上种种原因导致了企业的供应链管理成本居高不下。

（2）物流运输信息化程度低，供应链网络协同效率低下

物流管理是供应链管理中重要的环节之一。然而，对整个供应链中涉及的物资流转环节包括卡车干线物流、航运、海运等，信息化水平相较于快递这样的末端物流来说，仍是相当不成熟。大部分物流转运节点的数据录入仍为人工输入，抑或是纸质信息传递，这个信息流转的过程受人为干扰的影响较大，运输过程中如时间、地点、重量等重要维度数据存在被篡改或录入错误的可能。另外，物流企业之间，以及物流企业与供应商、制造商之间的数据接口也并未全部打通，供应链物资转运信息在下游节点看来存在严重的滞后。因为物流环节信息化水平低所造成的信息不对称，需要额外的重复核验才能保证信息无误，最终导致整个供应链网络协同效率低下。

智能生产、智能物流作为工业 4.0 的重要主题，对工业 4.0 的实现具有重大的意义。然而以上问题却无法充分发挥工业互联网的优势，制约了其推进行业发展的速度。如何积极有效地利用现代信息技术解决当下所面临的挑战，已经成为我国高端制造业发展的重中之重。

4.区块链赋能工业互联网

工业互联网对各国而言，具有抢占新一轮国际制高点的重大战略意义。在工业互联网发展的过程中，基于数据隐私、信息不对称所造成的诸多问题亟须解决。区块链基于自身的技术特点，或将促进工业中的生产制造和供应链网络协同效率，从而推动工业互联网的发展。

（1）统一身份管理和权限管理机制，保障商业数据安全

在区块链技术的基础上，构建以设备数字身份管理体系的后台账本系统，实现通过区块链智能合约自动触发和执行的方式进行获取和验证设备身份，从而实现个人身份与设备身份之间的一一映射，采用这种方式进行身份授权和验证，得以实现设备与操作人员之间的双向验证与访问。

在设备访问控制方面，区块链技术能够实现统一的系统管理，例如，设备的注册、访问和撤销。同时，这样的系统也支持设备端的网络隔离，保护设备端不直接暴露于外部的网络环境中；另外，采用区块链链上可验证的流程管理内网设备访问权限，避免传统流程验证环节的烦琐，实现降本提效。最后，区块链赋予访问记录的可追溯性，更加明确权责划分，商业数据的安全性也得以保障。

（2）提升跨参与方的设备运营状态实时监控效率

通过将上下游所有参与方企业的设备数据以参与方身份写入区块链的运营数据平台：首先，可以打通产业链上下游企业所有设备端的运营数据，这些数据具有统一的数据格式，更重要的是不易篡改，在协同效率大幅提高的同时，方便实现了统一监管；其次，数字签名和数字身份为界定数据提供方的责任提供了有力的支撑。而在数据共享方面，系统通过智能合约，可以对数据接口做出限制，从而达到数据的授权、管控以及溯源。

此外，合规监管也是促进产业良性发展的不可或缺的环节，既有利于实施国家产业战略布局，也有助于企业实时反馈，从而帮助国家更好地制定下一步的发展战略，促进中国工业长期稳定可持续性发展。尤其是对于一些与国计民生相关的工业领域，更需要对整个生产运营的过程进行柔性监管，将生产过程

通过智能合约上链，接入监管节点，借助可信的本地账本，更好地实现监管部门的柔性监管。

（3）发行供应商数字护照，增强供应商和企业信任

在区块链上发行与供应商身份资质一一映射的数字护照，支持供应商在网络上实现信息共享。例如，区块链网络可以与采购业务网络实现对接，供应商在区块链上的数字护照具有极强的可信性，免除了以往人工验证供应商资质的多道工序，增强了供应商与企业之间的信任关系，大幅降低了以往因信息不对称带来的信任成本，提升了验证、管理供应商的体系效率。

（4）优化供应链物流运转节点协同效率

各参与方通过共同维护分布式账本，记录买方、卖方、物流方的物流状态信息，实现数据的可信性、安全性和可追溯。各参与方可以通过调用智能合约接口，在身份验证及授权的条件下实现可信可控且安全的数据互换与调用。此外，区块链的分布式账本则保证了供应链物流的流程中不会因参与方单点的数据错误而招致不必要的风险。

首先，通过引入区块链技术，最大限度地抹平了物流参与方之间的信息不对称，完成供应链多角度、多维度和细颗粒度可视化。其次，结合智能合约，可以实现链上数据与凭证全流程自动处理，避免人工数据录入与流转操作可能出现的错误，起到为供应链运作降本提效的作用。最后，区块链分布式账本实现了具备一定匿名性及隐私保护的数据共享，保障供应链中各参与方的权益。在上述问题被一一突破后，供应链物流各节点之间的协同效率得以大幅提升。

5.应用案例

供应商管理区块链解决方案 Trust Your Suppliers

由 IBM、百威英博、思科、葛兰素史克、联想、诺基亚、施耐德电气、沃达丰等世界知名企业联合创立的基于区块链的供应链管理平台——Trust Your Suppliers——旨在改善供应商资质认证流程和生命周期信息管理。在 IBM 技术

的支持下，Trust Your Suppilers 搭建在 IBM 的区块链平台上，解决供应商信息管理难题。

在传统的供应商管理过程中，由于烦琐冗长的流程以及人工操作等因素，信息录入或传达出现错误在所难免，在验证操作人员身份和跟踪文件方面存在极大的难度，这也给供应商管理带来了一系列问题。Trust Your Suppliers 希望通过为供应商创建基于区块链技术网络的数字护照来解决这些问题。

首先，在 Trust Your Suppliers 网络内的供应商可在网络上与经过认证许可的买方共享信息且保障信息的可信度。其次，通过权限管理，可以保障信息的分享范围，从而建立基于授权的数据共享网络。此外，该系统也纳入了如 Dun & Bradstreet、Ecovadis 和 RapidRatings 在内的第三方验证机构，在网络上实行外部验证或审计职能。除此之外，Trust Your Suppliers 区块链网络还有强大的扩展功能，能对接现有的采购业务网络，供应商通过转发数据便可实现交换采购订单和发票，数据的验证会在 IBM 的供应商网络中自动进行，缓解多个供应商之间的信息不对称问题。

IBM 通过 Trust Your Suppliers 系统提升自身企业的运营效率。IBM 在供应商管理上同样遇到管理难题，IBM 在全球拥有超过 18500 家供应商，庞大的供应商网络为管理带来了极大的难度。IBM 希望采用 Trust Your Suppliers 系统，完成北美 4000 家供应商的管理。预计新供应商加入供应商网络的周期可以比原有周期缩短 20%，可降低一半的因管理带来的相关行政成本。

布比区块链溯源平台"物链"

布比区块链是商用级区块链底层平台，"物链"追溯平台是布比区块链平台的应用场景之一。物链追溯平台运用区块链的多个特性，旨在为生产制造企业、仓储企业、物流企业、各级分销商、零售商、电商、消费者多个角色提供供应链溯源等服务；运用区块链的特性可实现双向追溯、辅助防伪、供应链关键信息实时采集与共享等，通过区块链进行数据共享，建立互信机制，提高流通效率。

物链区块链主要从 3 个方面出发解决用户需求。首先是信息记录，物链区块链可实现将商品从生产、制造到销售的全部关键信息记录在链并加密存储，而区块链具备不易篡改的特点，防止数据被篡改和伪造，消费者收到商品就可以查询验证商品的每一个生产环节的信息，从而对商品的质量更放心。其次是商品溯源，物链区块链实现将商品码与区块链账户地址一一映射，消费者通过智能手机、传感器装备等就可以对商品码进行识别，从而实现数据实时查询与验证，了解商品的权属以及链上的转移关系。最后是建立信任体系，系统通过区块链技术可实现多方安全和信任的参与合作，通过区块链进行分布式的数据账本交叉验证，帮助企业掌握全链条的交易流通情况，这些信息不只是企业之间的流通信息，也包括终端消费者的相关信息。物链管理控制台页面 demo 演示如图 11-1 所示。

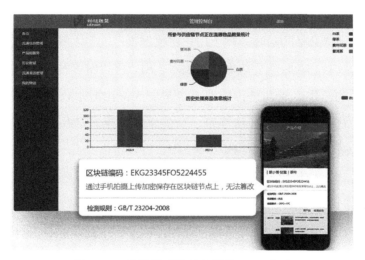

图 11-1　物链管理控制台页面 demo 演示

图片来源：物链官网

通过物品管理、物链码管理、上下游管理、智能合约管理、安全管理 5 个方面的管理，物链区块链实现了商品、企业、监管机构、消费者等参与者之间信息通畅流转与可信共享。

海尔衣联网推进衣物溯源与智能化体验

2019年4月1日，基于区块链技术的衣物溯源体系COSMOPlat在德国汉诺威工业博览会现场被发布。在工业和信息化部的指导下，COSMOPlat这一工业互联网平台被搭建起来。在衣物溯源体系中，专属"身份证"被赋予每件衣服，RFID标签和二维码标签也合二为一与服装进行唯一绑定。用户可以实时了解产品信息，例如，原料溯源、生产工艺、研发设计等，另外，由于可以向用户展示服装背后的设计、生产、销售全流程，该"身份证"还可以为服装企业真实可信的品牌做背书。

海尔公司利用TOP公链技术，在区块链上保存了整个产业供应链的生产流转记录。生产商、经销商、消费者均可以看到衣物的全部流转信息的可信记录，这对打通产业链上下游，对产品质量和管理效率有很大的提升作用。在公链上建立用户的区块链数字身份，将用户的隐私数据和行为数据上链并确权，在有效保护用户隐私的同时，赋予用户对数据资产的自主权，从而进一步保障用户群体的权益。衣联网凭借RFID、5G、AI、区块链等技术赋予服装数字身份，对衣服的全生命周期进行管理。生态宝App由海尔衣联网与海链区块链联合打造，在App上可购买洗涤剂、智能水杯等生态产品，通过资源方和用户间的区块链数字身份可确保购买全流程是真实可信的。

基于希望用户与服装之间建立智能化关系的初衷，海尔将衣物流转分为"田、厂、店、家"四大物理空间，而"家"又分为"洗、护、存、搭、购"五大场景。衣联网的完成会对服装行业的供应链、设计生产及流行趋势产生重要的影响。举例来说，企业可以根据顾客对颜色、穿衣体验的偏好为特定顾客量身定制一款连衣裙。另外，海尔洗衣机的智能化结构可以即时识别出丢进洗衣机的衣服的质地、洗涤次数，推荐洗衣液类型及用量。这些数据会被保护起来，加密上链。同时，生态的销售也可以被打通，实现经济激励模型，例如，海尔洗衣机的用户也可能是海澜之家的用户，在购买洗衣机时用户可以获得一些积分，凭积分购买海澜之家的服装可享受打折优惠。目前，海尔衣联网的生态加入者已经超过 5000 家，分布于整个服装品牌、洗衣机品牌、RFID 无线射频技术等 13 个领域，例如，蓝月亮、海澜之家、水星家纺、万事利等。同时，该平台上还有 3 万多家智慧门店，通过 RFID 标签已经收集到超过 6.1 亿条与服装有关的数据。

第12章　商业

 12.1 国际贸易

国际贸易泛指世界各国与地区在落实国际分工的标准下，在商品与劳务方面发生的相互联系的交换活动。

1.国际贸易行业现状

当今时代，国际经济与贸易市场趋于多极化、复杂化，我国的对外贸易在全球范围内取得的进展尤其令人瞩目。中国外贸进出口总值早在 2005 年便已实现 10 万亿元，并在 2010 年突破了 20 万亿元。2018 年中国外贸进出口总值共计 30 余万亿元，这些数据都充分展现了中国对外贸易的显著成就。

中国民营企业在 2018 年维持了第一大出口主体的显著地位，并对我国外贸进出口总值的增长贡献了 50% 以上的力量。规模大小不一、管理体制不同的民营外贸企业奋发向上，实现了 12 万亿元以上的进出口总值、12.9% 的增长幅度，并占我国进出口总值的 40% 以上。而民营企业对外贸易的出口更是达到我国进出口总值的 48%。民营企业通过自身的努力再次向全行业证明其是当之无愧的中国外贸生力军，大力推动着我国对外贸易建设。因此，扶持民营外贸企业持续发展、优化民营企业发展环境、帮助民营企业加强科学技术创新会进一步助力其释放更大的活力，助推我国国际贸易领域的发展。但是，我国对外贸易也存在许多弊端，主要体现在以下几个方面。

（1）贸易交易系统支付效率低下

SWIFT 系统是过往国际贸易双方主要采取的资金来往方式，给系统上的各节点提供了一个国际相互通信的平台。从 1973 年初步建立至今，SWIFT 系统已经完成了全球大多数国家或地区银行的连接。但是，银行用 SWIFT 系统跨境转账的问题包括：转账时间较长，一笔跨境转账一般需要 3 ～ 7 个工作日；较高的转账费率、电信费用等其他费用一般占到汇款总额的 0.1% 以上。这些都加重了需要频繁进行国际贸易的贸易相关方的支出负担。

（2）人工审核与纸质单据效率低

在现今的国际贸易中，很多环节都依靠人工审核和纸质单据，这种方式步骤多、复杂性强，人工审核耗时费力且效率较低。此外，在人工审核的过程中，存在较高的人为篡改资料的风险。

（3）信息披露非透明

在当今国际贸易的流程中，信息披露不够透明，跟踪货物和资产的难度较大。这主要是因为一般国际贸易的供应链比较长，要经历多个步骤，信息的上传同步不够及时。

2.区块链赋能国际贸易

区块链技术将主要在以下 3 个方面助力国际贸易行业的发展。

（1）提升支付效率

区块链可以通过其点对点传输、共识机制、分布式账本等技术，提升跨境贸易的支付效率。通过建立起基于区块链的支付网络，全球各国银行可以成为该系统的节点，进行点对点跨境转账。基于区块链的支付网络的优点在于：**第一，交易在几秒到几分钟内确认，节省了时间；第二，交易费用相对较低，节省了成本。**

（2）减少人工审核和纸质单据

区块链具备难以篡改的分布式记账系统，利用智能合约提升了审核效率。具体表现在智能合约的定义上，其可利用计算机程序快速判断贸易合约的执行条件，并根据贸易流程的发展进行实时回应，大幅提升了合约的验证效率。此外，区块链有助于防止人为篡改链上资料的行为。区块链是一个点对点的分布式记账系统，即便一方篡改了自己的数据，因为其他节点有备份的同步账本，也会被很快发现。这让国际贸易中那些想通过篡改数据获利的作恶者减少作恶行为，因为这样做一方面抑制了他们的作恶动机，另一方面增加了他们的暴露风险。

（3）增加货物信息的透明性

区块链通过其分布式账本系统，可以实现信息同步。整个流程的信息上传到区块链上，让供应链流程和货运流程的信息更加透明，方便各方对资产情况进行跟踪。另外，依靠区块链可追溯的技术特点，即便发生了货物丢失或损坏的情况，也可以进行有效追溯，并做到精确问责，从而减少整个供应链各参与方之间的争执。

3.应用案例

香港金融管理局建造区块链贸易融资技术平台

2017 年，香港金融管理局和德勤中国与 5 家主要银行合作，计划在贸易融资中实施区块链解决方案[1]。金融管理局的贸易融资概念验证（POC）是该项目的基础。根植于运营效率的独特市场优势，POC 可以克服各方信任危机、不可靠商品原产地、非标准化的劳动密集型纸质工作流程等问题。POC 的主要目标包括以下几个内容。

（1）向贸易参与者共享每一笔交易的采购订单、运货单和发票等的全部状态，保证贸易单据的真实性。

（2）对于重复融资，设立警报以降低欺诈损失。

（3）引入智能合约自动化选择流程，减少发票对账中的人力成本。

（4）只允许授权后的特权用户访问数据，对网络中其他参与者的客户隐私和专有业务信息进行保护。

成功运用 POC 使香港金融管理局与新加坡金融管理局联合和阿布扎比金

---

[1] 德勤中国：德勤、香港金融管理局与香港多家领先贸易融资银行联手为贸易融资创建"分布式账本技术"的概念验证 [R].2017-03-30.

融服务监管局展开合作，在跨司法管辖范围内引入区块链技术推动贸易融资。

2018 年，香港金融管理局宣布，即将推出区块链贸易融资技术平台"贸易联动"，并积极开展跨境区块链的贸易融资研究。2018 年 9 月 27 日，"贸易联动"平台上线试运营。香港贸易融资平台有限公司（HKTFPCL）统筹管辖并拥有该平台，香港银行同业结算有限公司是其最终控股实体。分布式分类账技术 DLT 的系统设计如图 12−1 所示。

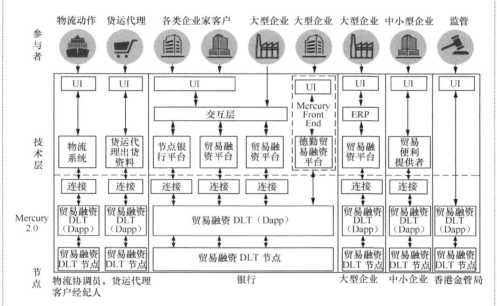

图 12−1　分布式分类账技术 DLT 的系统设计

图片来源：香港金融管理局官网

2017 年，金融机构设定数据共享透明化目标，推动香港金融管理局展开贸易融资测试，并与包括恒生银行、东亚银行、汇丰银行、渣打银行和中国银行在内的多家银行展开合作。截至 2018 年 7 月 16 日，包括汇丰银行和渣打银行在内的 21 家银行作为参与节点，正式成为香港金融管理局的区块链平台的参与者。除了银行之外，未来预计将有更多的机构加入此平台。同时，香港金融管理局也正在积极与新加坡同行商讨合作计划，推动以区块链技术为基础的贸易融资网络建设，这将进一步解决跨境交易问题。

欧洲银行与 IBM 合作成立 we.trade 贸易融资交易平台

2017 年 10 月，基于区块链技术的国际贸易平台——we.trade，由 9 家欧洲银行（汇丰银行、法国外贸银行、北欧联合银行、荷兰拉博银行、德意志银行、比利时联合银行、桑坦德银行、法国兴业银行和联合信贷银行）与 IBM 合作成立。

该平台的建立主要基于 IBM 提供的区块链技术，通过使用智能合约和分布式账本技术，we.trade 为中小企业提供了一个有效平台，供其在世界范围内访问和挖掘潜在客户，建立新的跨境交易投资，并进行简单可靠的交易。中小企业可在平台上相互联系、订购货物，并向银行寻求融资；第三方（货运承运人与代理人、监管机构、保险公司等）则可以使用开放式应用程序界面，更为便利地提供相关服务。为了给用户提供便利的服务，we.trade 提供全天候服务，各参与方均可使用网页或移动应用程序查看各自的交易活动[2]。we.trade 平台的应用模式如图 12-2 所示。

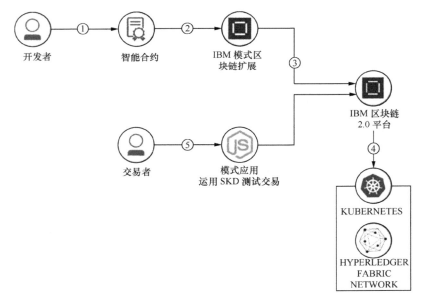

图 12-2　we.trade 平台的应用模式

图片来源：IBM 官网

---

[2]　穆长春，狄刚. 基于区块链技术的供应链金融分析 [Z]. 人民创投区块链公众号.

在平台上，买方购买银行付款承诺 BPU 后，可以保障进口商银行向出口商付款的权利。供应商则在购买发票折扣后，享受提前付款的权利。每家参与银行都有权选择他们更倾向于提供的产品，这基于各国不同的客户需求与法规政策。此外，平台上的社交数据库为中小企业提供了一个寻找潜在交易方的机会。

平台的迅速发展主要得益于其专注于中小企业及其银行合作伙伴的精确定位。用户选择 we.trade 平台可以便捷地解决此类特定用途的问题，并在处理额外的案例时相应地扩大规模。平台客户可以根据可靠性、及时交付和及时付款评价其他参与者。物理供应链在平台上实现了集成，并在应用程序中进一步探索装运前的融资。

2018 年，we.trade 的业务功能基本健全，可以保证潜在客户正常使用。随后，欧洲银行、奥地利第一储蓄银行和瑞士联合银行均成为其银行伙伴，并积极参与相关业务。平台现已为 426 家快递公司提供追踪服务，并积极拓展了电子邮件通知业务。当跟踪器显示货物已经实现提交后，智能合约会立即触发支付行为。此外，其正在将业务网络扩展到欧洲之外，于 2019 年广泛开展洲际贸易。

2020 年，we.trade 计划将 Trade Directory 应用范围扩大到亚洲之外，并建立更多的亚洲合作伙伴关系。此外，we.trade 的 "Rulebook" 会得到进一步扩展，主要设计方面包括治理、法律、合规问题。在欧洲范围内，we.trade 会进一步推动银行商业化，并于 2020 年 7 月升级到允许本地托管和选择云的 Hyperledger Fabric 最新版本。

中国农业银行转口贸易金融平台 "跨境 e 链"

2019 年 12 月 17 日，中国农业银行牵头发起跨境 e 链项目，这是国内首款转口贸易区块链产品。项目的初衷是依托机器信任和自我约束机制，业务链条上的参与方分享并验证货物流、资金流、单据流，实现贸易真实性的协同审验，尝试解决政府、监管机构、转口企业和银行关注的真实性问题，促进跨境贸易，特别是推动转口贸易健康快速发展[3]。

转口贸易是指一个国家的企业或居民 A 从企业 B 那里购买货物，然后将货物销售给另外一家企业 C，但是货物本身没有进入或者离开 A 所在的国家。实际中，很多企业利用转口贸易中的货物流、资金流、信息流（票据流）三流不一致的现实条件，伪造了贸易背景，利用虚假的贸易实施套利套汇，属于转口贸易欺诈。为了杜绝这个问题，2014 年 3 月中国人民银行要求商业银行严查套利套汇行为。

跨境 e 链解决转口贸易监管难题的核心思路很简单，就是要确定真实的贸易背景。其主要思路是通过交叉验证、响应式数据整合，从而实现真实上链。具体来说，农业银行与转口贸易涉及的众多银行，以及各国的贸易公司、政府机构建立了联盟链，确保贸易相关的各项单据真实上链，所有日期、贸易内容数据严丝合缝。当所有相关机构都提供了相应的证据，相当于不同节点站在各自的角度对贸易的真实性提供了证明，由此完成了贸易单据上链，信息流和货物流相互校验。在这种情况下，伪造贸易背景的成本变得极其高昂，转口贸易的真实性得到了保障。

 ## 12.2 商品防伪

防伪是通过查询消费者防伪码对企业产品进行验证的过程，是一种用于识别真伪并防止伪造、变造、克隆行为的技术手段。而商品防伪是对各类商品进行防伪的行为。

1.行业现状

消费者在购买选择商品时，常以品牌与知名度作为选择依据。对于一家企

---

[3]　农行上海市分行匠心打造国内首款转口贸易区块链产品跨境 e 链 [OL].2019-12-17.

业，建立良好的品牌效应，意味着将吸引更多的潜在消费者。基于此，国家充当了政策支持的职能，媒体也为企业传播品牌理念提供了一个大众平台。然而，企业的逐利性使假冒伪劣事件频发，不仅损害了消费者的利益，也损坏了企业的名誉和信誉，从而使消费者失去了品牌信任。打击假冒伪劣，维护品牌效益，是所有企业以及全行业都在积极探索的重要事项。合理利用防伪技术，将有效维护企业的品牌利益与消费者权益。

食品安全领域的大数据技术逐渐深化发展，这集中表现在依托物联网技术，建设食品追溯系统，其确保了食品从产地到餐桌的全流程监控。与此同时，食品安全分析在大数据赋能的背景下，可以更高效地完成风险评估、管理与交流。基于此，中国的食品安全大数据行业实现了较大范围的发展，该行业的市场规模在 2016 年便已超过 11 亿元，实现了超过 44% 的同比增速[4]。

目前，有关部门每年投入大量的时间与精力对假冒伪劣事件和食品安全问题展开考察、调研与管控，但仍然面临许多困难。

（1）商品流通数据分散，产品质量难以保证

商品流通涉及原材料、生产商、下游渠道商、配送商、零售商、消费者等多个环节，流通中的数据分散存储于不同的环节，且中间数据容易被篡改。商品在到达消费者手中后，无法进行商品流通链信息查询，中间任何环节出现造假都无法查证，产品质量难以保证。近年来，随着产品种类更加多样，产业链的复杂性不断增加，更加剧了质量监管的难度。传统供应链管理系统上的参与者互相独立，难以提供可靠信息，导致产业链上出现参与方彼此信任不足、数据存储信息孤立、通信与数据格式标准不一致等问题。频繁出现产品信息不透明、品控难且追溯难的商品及失职责任难界定等现象，会影响消费者对商品质量的信任度。

（2）山寨产品充斥市场，品牌维护成本更高

传统商品通过序列码或防伪标识进行品牌防伪，然而由于信息维度低、数

---

[4]　前瞻产业研究院. 中国食品安全大数据行业发展前景分析 [R]. 2018-12-17.

据薄弱、防伪标识保密性差，这些方式极易仿造，导致大量"山寨"产品流入市场。而大多数"山寨"产品本身即便存在质量问题，却因价格低廉更容易获得市场，无形中增加了品牌的维护成本，也导致了消费者对商品品牌产生信任危机，影响了制造厂商与品牌的可持续发展。随着品牌维护成本不断提高，以及"山寨"产品的市场竞争力逐步扩大，整个市场面临"劣品驱逐良品"的威胁，这不利于行业健康发展。

（3）产品溯源难，监管存在死角

传统商品流通涉及多个环节，产品流通数据分别被各环节自行保存，单个产品的流通信息链并未打通，溯源困难。产品一旦出现质量问题，也难以追溯到生产厂商，无法确认中间环节的产品是否被替换。

2.区块链赋能商品防伪

区块链正悄然孕育时代变革，成为当今世界各国密切关注的全球性话题。在"着力加强源头治理，强化过程监管，切实保障'从农田到餐桌'食品安全"等政策的指引、《防伪溯源编码技术条件》等国家标准的监管下，我国食品溯源体系的建设已初具规模。区块链、人工智能、大数据及物联网等新兴技术的引入与发展，将有助于建成基于区块链的食品溯源系统。此外，各类行业的区块链溯源体系均能解决当前的诸多痛点。

（1）链上数据不易篡改，保障产品质量

区块链具有时间戳、分布式账本的特性，基于区块链技术的商品供应链，能够确保信息透明、交易数据不易篡改。区块链让处于供应链环节的各家企业在统一的账本中进行数据自动登记上链，并通过加密技术，保证每个商品的唯一性，使终端消费者可以通过链上信息查询到商品的所有流程信息，确保从原材料到生产过程，再到运输、分销完全透明且未有任何数据篡改。

（2）区块链数据交叉验证，保障真实性

区块链给每个商品进行唯一标识，其流通过程的任一环节均自动上链储存，不存在任何一环信息的缺失，各环节紧密相扣，形成数据的交叉验证，在上链之前便可自动进行信息真伪验证，构建了一个参与节点共享的信息数据库。"真信息"上链，保障了数据的真实性。

（3）区块链可溯源，实现精准监管问责

区块链的链式结构使产品数据全流程可追溯，其分布式账本更方便了各方查询数据。在出现产品问题时，各方可以快速查询所有的相关数据，实现精准追责，提高监管效率，使市场更有秩序。此外，由于数据实时上链，监管方可实时查询，通过智能合约，在商品流通出现验证失败的地方进行及时问责，实现"事中监管"。

3.应用案例

沃尔玛搭建区块链食品安全可追溯平台

2019 年 6 月 25 日，"2019 年全国食品安全宣传周追溯体系建设研讨会"在沃尔玛（中国）与中国连锁经营协会的合作下成功召开。在该次会议上，沃尔玛（中国）正式宣布将启动区块链可追溯平台的建设，这一平台是由沃尔玛（中国）牵头，以唯链区块链为技术基础，与中国连锁加盟协会（CCFA）、普华永道（PwC）、内蒙古科钦有限公司（Inner Mongolia Kerchin Co. Ltd.）展开充分合作建成的。沃尔玛中国区块链可追溯平台如图 12-3 所示。

图 12-3　沃尔玛中国区块链可追溯平台

图片来源：火链科技研究院整理

区块链技术的引入紧密连接了沃尔玛的食品生产、运输、销售的全过程，实现了全产业链的可跟踪状态。此外，平台除利用区块链保证链上信息很难被篡改外，还采用了"系统随机分配二维码"和"一物一码"两套技术手段，这将有效防止"复制二维码造假"的行为。

具体来说，该平台是对食品原材料采购、商品销售战略、产业供应链建设、线下门店与电商平台的覆盖式区块链信息系统。该平台的建设深刻揭示了数字化方式的持续投入对于商品全渠道的积极影响，不仅有助于提高全链条的溯源效率与信息透明度，还能基于此为消费者提供更具有价值与品质的商品与服务。

基于唯链区块链技术的支持，沃尔玛的顾客仅需要简单扫描商品上的溯源二维码，就可以准确地了解到该商品的生产与供应源头、物流运输的过程与耗时、产品的检测合格报告等一系列相关信息。这将有效消除消费者购买商品时的疑虑，为他们提供更为安心、便捷、健康的生活购物保障。

沃尔玛首批23种商品已于2019年6月25日完成测试，进入沃尔玛（中国）区块链可追溯平台，并率先登陆深圳。截至2019年年底，沃尔玛（中国）区块链可追溯平台已经完成超过100种商品的上线，这些商品包括蔬菜、大米、食用油、海鲜、包装鲜肉等，充分展示了沃尔玛商品可追溯战略的初步成就。

天猫国际建立区块链商品溯源体系

作为走在区块链技术前端的互联网公司之一，阿里巴巴积极布局相关领域，这集中表现在天猫国际跨境商品交易平台的商品溯源体系。在阿里云区块链技术开发的支撑下，天猫国际全面启动了全球溯源计划——通过区块链技术、药监码技术及大数据，全程监控进口商品的链路，收集并汇总生产、运输、通关、报检、第三方检验等信息，从而为全部进口商品建立独特的身份码。

天猫国际的海外商品质检溯源体系主要包括生产企业溯源、海外商品溯源、国际物流及进口申报溯源和溯源信息终端查询4个方面，涉及生产企业、海外质检机构、物流企业和消费者4个部分，具体溯源链路如图12-4所示。

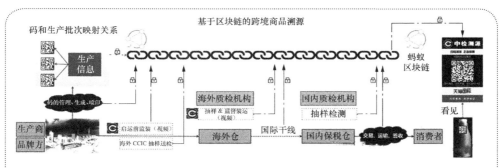

图 12-4　天猫国际的海外商品质检溯源体系

图片来源：蚂蚁金服科技

在溯源体系的交互设计方面，天猫国际注重整体交互能力的提升。从供应链补货计划、货品入库到整理货物并贴上条形码，最后到消费者扫码并获取信息，这其中的每个环节均需要强力把控。主要的设计理念是在把握供应链补货流程的同时，推动溯源任务，在商品溯源认证后立刻告知相关商家，并推进剩余补货流程。

此外，天猫国际商品溯源体系将区块链技术成功引入到溯源实际操作，增强了溯源过程的公信力。国际货品有关的货品基础信息（条形码、贸易国、生产工厂图片、工厂认证证书、成分含量图片等）、货品海关备案信息（原产国等）、质检机构检测信息（监装、验厂、流通、成分含量检验等）、二维码关联信息均已实现上链。天猫国际溯源体系的上链信息如图 12-5 所示。

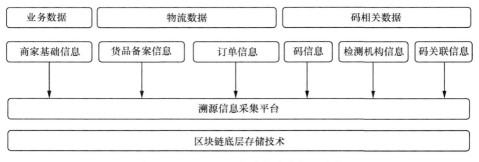

图 12-5　天猫国际溯源体系的上链信息

图片来源：蚂蚁金服科技

体系的交互设计如图 12-6 所示。

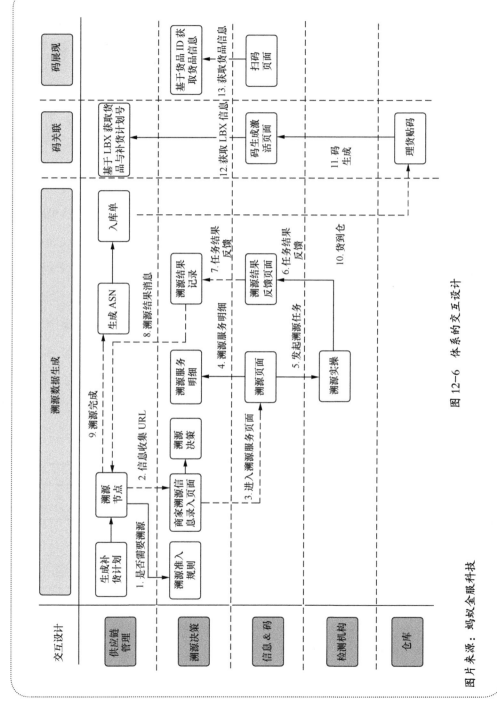

图 12-6 体系的交互设计

图片来源：蚂蚁金服科技

　　在数据存证方面，天猫国际采用图 12-7 所示的区块链数据存储方案，实现了外部机构与商家、各类生产厂商节点同时接入，有助于推进信息互换以及合作。

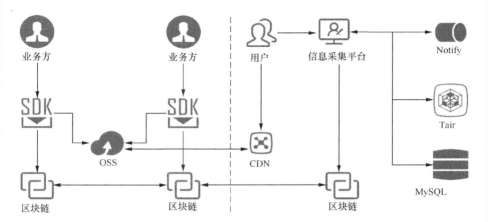

图 12-7　天猫国际区块链数据存储方案

图片来源：蚂蚁金服科技

　　天猫国际的溯源平台系统可分为 3 层设计模型。

　　首先是底层为基础的数据模型设计，涵盖基础模型、溯源模型和基础配置 3 个部分。其中，基础模型包括货品模型、工厂模型、商家模型、统计信息等，其结构化的数据设计可提供数据支持，商品中心和云梯 ODPS 统计是主要数据来源，商家自行录入是辅助数据来源。溯源模型包括决策模型、溯源结果、质检模型等，需要根据溯源的决策规则及质检规则变化而适时调整。基础配置包括溯源准入规则配置、决策配置、白名单配置等，可随时调整以适应不同时期的需要。

　　其次是位于中间层的业务层，包括业务决策、区块链、基础接入层 3 个部分。业务决策中的品类准入规则可判断需要溯源的货品；白名单规则可判断特殊情况时不需要溯源的某些货品或商家；决策引擎可判断货品需要抽检的部分。基础接入层可协助与外部系统的信息交互、登录验证、数据上链等。平台主要起到协调作用，进行决策后，将具体任务分发给外部机构，质检机构再反馈给其结果，最后平台根据规则沉淀结果并反馈给供应链侧，以显示溯源的全部结束，下发预先发货清单。

交互层位于最上层，主要包括 Web 服务和 HSF 服务。前者由商品溯源基础信息录入与小二溯源配置后台两个平台组成，商家将货品的基础信息（条形码、原产地、工厂图片、成分含量图片、工厂认证证书等）录入平台，供质检使用，最后供消费者查询。配置溯源参数（验厂命中概率、流通命中概率、品质退款率大于多少必须做抽检等）由小二溯源配置后台完成，可避免重复发布业务决策。HSF 服务上传外化溯源决策结果，用以判断是否需要溯源，并与其他系统交互。天猫国际溯源平台的设计模型如图 12-8 所示。

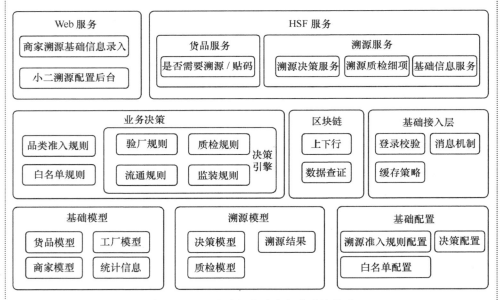

图 12-8　天猫国际溯源平台的设计模型

图片来源：蚂蚁金服科技

从 2018 年"双 11"开始，消费者已经可以查验所有贴有天猫国际防伪溯源码的商品。消费者首先用手机扫描二维码，刮开涂层、输入暗码，完成上述步骤后便可查询到货品的基础信息、验厂结果、品质抽检结果等详细溯源信息。此外，天猫国际还引入了"一物一码"、"多次验证提示"（即多次验证时会出现谨防假冒提示），进一步加强了溯源过程的安全可信程度。天猫国际溯源平台的具体应用场景如图12-9所示。

图 12-9　天猫国际溯源平台的具体应用场景

图片来源：《天猫国际跨境商品品质溯源体系评价研究报告》

Luxury Pavilion 奢侈平台是天猫国际的首个区块链应用平台，通过把产品全过程生产的各个环节详细信息记录上链，为每件商品构建了特有的"身份证"、数字签名和时间戳，实现了首个奢侈品溯源系统。2018年，该平台的合作伙伴包括 LVMH、雅诗兰黛集团、Swatch 集团、欧莱雅集团、PVH 集团等，涵盖了 50 个全球顶尖奢侈品品牌。2019 年一季度，Marni、Armani、Givenchy、YSL 等十几个奢侈品牌也纷纷加入合作行列。

早在 2018 年的"双 11"，天猫国际便已实现了区块链技术与 IoT 技术结合以对产品信息开展真实性溯源。截至目前，其不仅完善了区块链技术的市场应用，而且建立了一套全链路溯源系统，在为进口商品生成独一无二的身份码的基础上，追踪并记录跨境交易中各个环节的相关信息，在一定程度上保证了进口商品的正品率。其计划未来覆盖全球 63 个国家和地区，包含 3700 个品类、14500 个海外品牌，从而最终实现全产业链的覆盖。

Everledger 钻石区块链溯源平台

Everledger 于 2015 年在英国伦敦创立，是一家研究区块链技术开发服务平台的公司。它为每颗钻石建立了独特的数字指纹和全球化公共账本，记录用于识别钻石的 40 个元数据（钻石序列号、形状、切割风格、大小、克拉数等）以及交易历史。据此，Everledger 竭力推动钻石流通市场和全球供应链的透明开放，从而全程追踪行动轨迹和保护钻石价值 [5]。

具体方法：利用区块链"去中心化"的显著特点，对每颗钻石的采矿产地到消费市场的全链路进行追踪溯源，确保消费者购买的钻石真实可靠。也就是说，区块链技术中的分布式计算方法，可以保证其形成"去中心化"且不易篡改的分类账本，用以应对价值交换与转移中的欺诈行为，有助于增强社会信用、优化资源配置、降低交易成本。

Everledger 的价值以金佰利过程认证、GIA 证书这些已经建立的权威信息为基础，通过数据化引入区块链进行处理，提供比传统中央数据库更安全的数据平台。区块链保证了认证信息很难篡改，保证了登记证书很难冒用。当一份证书被冒用，登记信息者的操作行为因为存在信息冲突会被拒绝，并将其实名状态记录下来，有利于追溯信息造假行为，发挥对于不法行为的威慑作用。

该区块链平台上登记的信息不仅包括认证证书，还有钻石加工过程中的一系列关键节点信息，负责筛选、设计、切割、打磨、评级的工匠，出厂后的历次交易记录等。不断丰富的信息将发挥对于钻石价值的保护作用，推动平台体现长久的价值。近期，Everledger 还与领先的钻石定损机构 DDL 合作，引入了钻石内在损伤风险信息。

Everledger 为消费者、保险公司和银行搭建了数据共享平台，在不同的场景中不断创造价值。钻石区块链技术正向全行业逐步开放，预计未来将为用户提供更多的服务，使用户通过区块链线上商城及线下众多娱乐、餐饮、购物场

---

[5] 韩夏，侯宏. 回归理性，区块链如何赋能传统行业——以 Everledger 在钻石行业的实践为例 [J]. 清华管理评论，2018（10）：84—91.

所实现更加安全便捷的自由消费。

目前，Everledger 通过与全球钻石评级机构全面合作，在区块链平台上完成超过 200 万颗钻石的登记工作，并与包括周大福在内的多家著名珠宝公司达成合作。此外，Everledger 积极拓展宝石、葡萄酒、艺术、奢侈品、电子垃圾管理等领域。2019 年 9 月，Everledger 在腾讯牵头的 A 轮融资中募集到 2000 万美元资产，投资者包括乐天、富达、Graphene Ventures、彭博 Beta、Vickers Venture Partners 等。Everledger 还将与腾讯开展后续合作，推出第一个基于区块链的钻石微信小程序，并联合钻石价值链上关键利益相关者，为微信用户提供更透明、更安全的珠宝购买平台。

上海中信建立区块链酒类安全追溯云平台

上海中信信息发展股份有限公司通过运用区块链、物联网、大数据、AI、云计算等先进技术，并结合行业内全生命周期质量安保与标准体系，研发出了基于区块链的酒类安全追溯云平台[6]。

该平台利用区块链在交易安全可信、数据自由开放、执行自动高效等方面的天然优势，建成了酒类商品质量安全区块链联盟。这个联盟不仅将生产商、进口商、销售企业、物流仓储企业等加入到链条上，并且在每个关键节点建成了信息与价值的共享链条，从而实现了踪迹可循、迹象可追、责任可究。

目前，该平台已经实现了酒类商品供应链的全流程覆盖，涵盖供应链内企业客户 50 余家。安全可靠、真实可信的酒类商品追溯链条，不仅提升了供应链上下游的协同效率，推动了企业降本提效，并且实现了品牌价值的提升。平台预计在 2021 年覆盖酒类生产企业、批发商、配送商、零售商等供应链条上的相关企业 1000 家，并覆盖超过 100 万的用户。

---

[6]　2019 中国（上海）区块链技术创新峰会：2019 上海区块链技术与应用白皮书 [OL]．2019-09-06.

12.3 商业营销

1.商业积分营销模式简介

现阶段，商业积分系统通常有 3 个类型的应用：“中心化”的积分系统由“中心化”的企业单独负责管理，“中心化”企业需要设计高效的流程及系统，确保积分的发行和流通过程准确可控；某单个机构将自有积分实现跨机构多场景的积分流通，合作方之间需要可信的数据交换；开放的跨机构积分联盟，该联盟负责结算不同机构间的积分。这 3 个阶段的积分形式带来的价值不同，需要实现的信任成本也不尽相同。3 个阶段的积分系统的不同形态也体现了一个积分系统从简单到复杂的演化过程。

实现 3 个阶段的积分系统开发需要解决以下痛点。

（1）实现多个利益相关方间的数据可信

一个商用积分系统需要涉及多个利益相关方。积分系统的初衷大部分是为了提高客户的忠诚度及活跃度，但是这个系统本身对积分的发行方和客户来说都是需要成本的。维持一个积分系统也需要合理化管理这个积分系统中各个参与方的成本。例如，在一个积分系统中，商家与资金托管方的银行之间，可能会有大量的业务数据需要交互，这些数据必须真实可信。

（2）保证足够高的积分管理效率

积分的对账也是一项烦琐的工作，例如，航空公司的机票销售通常来自机票的销售平台，积分的兑换工作是由外部的权益服务商提供的。高效快捷的积分入账及清算是用户提升体验的重要因素。

（3）合理有效的激励系统

积分系统中的客户也需要对积分的发行方有一定的信任，至少要相信积分不会因为被滥发而贬值。通常大部分有规模的销售企业都会设计自有的积分系统，这也导致了一个客户同时拥有多种积分。这给客户管理自有积分带来了较大的成本。日常生活中，一个消费者拥有的积分种类可能会有数十种，常见的积分来自于电信运营商、银行卡及信用卡公司、航空公司等。现阶段新的商业公司都会发行自有的积分系统，例如，直播平台的平台积分。越来越多种类的积分在分散消费者的注意力。如果积分系统很难被消费者信任，或者过于复杂，会导致积分的使用率与兑换率降低，进而使积分系统原本设计的功能很难得到正常发挥，这对于消费者及商家而言是一种商业资源的浪费，并且导致真正使用积分系统的消费者反而是"羊毛党"。传统的积分系统创造的价值，很容易就被其需要的成本覆盖，导致无法发挥出预期的效果。

2.区块链积分营销模式

现阶段区块链技术可以非常高效地降低积分系统的经济成本。更重要的是由于区块链可以实现数据的可信，为新的商业应用场景打开了巨大的想象空间。现有的商业积分开发案例对于上文中提到的 3 个痛点都进行了有效的商业探索。我们已经见到有关的商业案例实现了复杂的多机构间的可信数据共享，实现了区块链技术的初衷和价值，也为未来通过区块链技术实现高效可信的数据跨平台共享提供深度借鉴。

如果一个积分系统可以实现跨平台和跨机构的流转，这个积分系统中的积分就体现出了 Token 属性。基于这一属性，它可以实现更加复杂的商业分工以及更加准确的激励。例如，一个机构想激励某种特定的行为，则可以通过注入一笔特定的补贴进入商业系统，这笔补贴可以通过区块链系统准确跟踪。沿着这样的商业模式发展下去，我们可以预见，区块链技术将实现更高效率的社会分工及更有效的社会资源分配。同时我们也可以想象当一家企业需要开发一套新的商业积分系统时，他们优先考虑的将会是一套真正的基于区块链技术的，可扩张的商业积分系统以实现该系统的长期价值。

3.应用案例

中国南方航空股份有限公司运用区块链技术打造积分里程兑换系统

各航空公司为发展业务，纷纷探索创新业务，建立了积分兑换机制。然而在积分系统的实际应用过程中存在着不少的问题。例如，旅客在提交商户购物积分兑换里程的申请之后，需要经过第三方人工审核，再与航空公司进行里程兑换，完成旅客的里程充值，这个过程往往会花费2～14天的时间，如果信息核对出错，等待时间则会更长。这样低效率的操作方式不仅耗时耗力，也打击了旅客进行积分里程兑换的积极性。

中国南方航空股份有限公司作为国内三大航空公司之一，率先将区块链技术落地于这一过程中，建立了基于区块链技术的优惠券体系，实现了优惠券自动生成、即时发放与高效验证。区块链技术将会员里程兑换成积分后，以数字资产的形式在第三方平台安全流通，增加了旅客使用过程的便捷性和娱乐性。这种方式促进了航空公司与跨行业之间的互动，形成了正循环的生态体系，也为旅客提供了更舒适的使用体验。

此外，在全新的积分里程兑换系统中，积分可以使用的范围将更加广泛，包括但不限于机票、上网、升舱、行李额、付费休息室等，小额里程还可以在指定地点兑换商品或服务。同时，南航商城也支持兑换飞机模型等航空纪念品。

航企竞争异常激烈，对于航空公司而言，营销重点已经从"吸引新用户"转向了"留住老用户"，积极探索创新常旅客业务已经是大势所趋。中国南方航空股份有限公司通过这种创新将在常旅客业务中拥有更大的竞争力。航空公司是商业积分系统的重度使用者，因为积分系统带来的乘机优惠与便利是航空公司产品辨识度的重要来源。航空公司通过对原有积分系统的区块链改造，显著提升了账户系统的效率，降低了积分系统的运营成本。

海马星球服务积分平台

海马星球平台是火链科技和思创股份联合打造的以区块链技术为基础，面向消费者和民营加油站的智能服务平台。海马星球运用区块链技术打造了通用积分系统，包括价值稳定的支付积分和奖励积分。支付积分创造了统一的结算体系，基于区块链和智能合约，可以自动生成财务报表，向接入系统接受支付积分的服务商提供真实透明的积分数据；奖励积分则面向服务商和用户，使用支付积分消费即可获得奖励积分，对各类服务提供统一的奖励积分体系，使各服务商的会员积分可以互相融合，拥有更多、更集中的权益兑换选择，从而让消费者更有动力使用服务平台。海马星球区块链积分平台模式如图 12-10 所示。

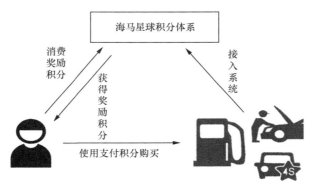

图 12-10　海马星球区块链积分平台模式

图片来源：火链科技

海马星球平台既解决了各个民营加油站财报不透明的问题，又建立起标准化的激励体系。通过双边激励商家和用户实现用户增长和商家增收，化解无效竞争，打破目前民营加油站碎片化经营的状态，促进民营加油站实现新发展。统一的会员积分系统将会拥有更大的用户群体及更高的用户黏性，将吸引更多的服务商加入，形成良性循环。未来，基于区块链提供的服务记录，可以实现以加油站为中心，4S 店、周边商家和汽车保险公司等多主体参与的多样化汽车产业形态。这个系统可以作为一个积分联盟系统的雏形，将各家分散的民营加油站通过区块链积分系统联系起来，让客户的积分拥有更多的应用场景。

椰云网络开发椰子积分透明化积分运行平台

椰子积分是由火链科技联合椰云网络、海南银行共同开发运营的，国内首个基于区块链的"积分发行及兑换平台",用户可持有椰子积分兑换各类礼品。其中,椰云网络作为第三方积分运营平台,替各类商家发行并运营积分;海南银行作为资金托管方,负责核对积分流水以及完成积分的资金结算。在实际的运营中,由于积分发行和销毁均由平台运营方自行进行,可能出现积分超发等信息不对称现象,对于其他参与方尤其是资金托管方海南银行来说具有很大的挤兑风险,整个体系的信任成本较高。椰云平台的建设是基于区块链的账户管理体系的,平台、商家和用户统一使用,实现业务流程上链,积分发行和兑换流程公开透明。对于商家和用户而言,可以实时通过区块链账本查询到平台积分发行和转账记录;对于平台而言,积分兑换实时清结算,提高了平台的运营效率,降低了信任成本;对于银行而言,平台积分的发行与兑换分配公平问题,可以通过自动触发合约规则执行,有效防范积分超发。同时,基于区块链底层,对积分发行和兑换全程安全监测,采集运营情况,实时监控和异常报警,保障系统安全运营。椰子积分区块链监管平台工作流程如图 12-11 所示。

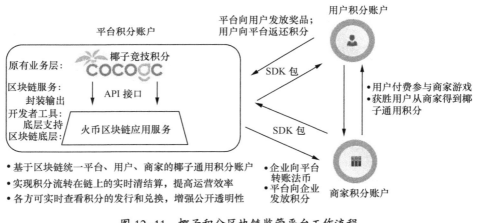

图 12-11 椰子积分区块链监管平台工作流程

图片来源:椰云网络,火链科技

这个系统真正实现了通过区块链系统向银行及税局提供可信的商业数据,让积分可兑换,并且在约定的商业系统中高效流通,实现了跨机构的数据可信。

壳牌石油——区块链用户积分平台

　　壳牌石油传统的单一广告营销方式已经不足以吸引新用户，并且难以量化营销成果，给予有贡献的人合理的激励积分。壳牌石油联合火链科技，打造了区块链用户积分平台，将合作伙伴、业务站点、分销商和客户纳入同一个生态系统，打通企业和客户的沟通渠道，建立起双方的信任，让消费和使用更透明。同时打通产业链上下游和周边商业资源，打造信任体系，便于多方合作，减少合作成本，实现多方共赢。提供积分"发行—流通—激励—结算—汇兑"全流程服务，打造完整的通证经济系统。

　　用户可自行发起团购，通过社交媒体及个人朋友圈邀请拼团，这种模式能最大限度地发挥社群中社交活跃用户的力量，帮助加油站进行新用户引流。基于区块链及结算智能合约，可以很容易地定位真实的发起人，以便给予更合理的激励积分。这便是壳牌石油结合区块链技术和新零售理念推出的新型油品营销方式。壳牌石油积分系统如图 12-12 所示。

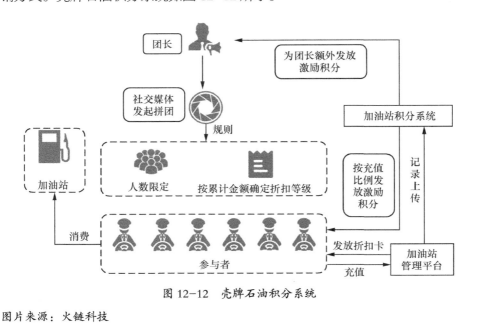

图 12-12　壳牌石油积分系统

图片来源：火链科技

第13章　交通运输及物流

 13.1　交通运输

　　现代化的交通运输方式主要包括铁路运输、公路运输、水路运输、航空运输、管道运输等。交通运输的发展与全球经济和科学技术的发展密不可分。区块链、人工智能、大数据等新兴技术的发展，将为智慧交通的建设赋予新的活力。

1.交通运输行业现状

　　21世纪以来，各国政府积极助推现代化交通体系建设，尤其重视交通运输智能化与信息化建设。智慧交通、数字化信息的发展成功赋能集约化交通体系的构建，成为解决现代交通痛点的核心方向。信息化、网络化、智能化的交通运输系统建设能有力推动国家交通体系的跨越式发展，进一步缓解资源与环境压力。近年来，在各国政府的支持推动下，全球智能交通产业得到飞速发展。

　　随着科技发展，我国的交通运输半径也在不断扩大，运输规模日益增长。新工艺、新材料的出现与投入使用推动了运输工具的多样化与组合化，助推了我国交通运输能力和运输效率的显著提升，为国内居民生活提供了更多的运输选择。

　　分析显示，提高交通基础设施质量、推动交通基础设施建设的最好方法是充分发挥科技的作用。技术难题是阻碍落后地区交通设施发展的主要原因。**如果想要克服困扰交通体系建设的技术痛点，需要依靠科技进步与创新发展，其中区块链技术的独特属性起着举足轻重的作用。** 虽说我国已在智慧交通运输行业取得显著进展，但在共享汽车、道路交通运输、汽车节能减排等领域仍面临诸多挑战。

（1）车联网中信息沟通不畅且安全性低

目前，车联网系统存在行业壁垒难以打破、跨部门间合作不深入、数据安全防护不足等痛点。不仅车企与互联网科技企业间难以形成高度信任的广泛跨行业合作，而且也难以实现实时高效的相关部门通力合作，这主要是由于车联网尚未形成成熟的信息共享共通的技术与平台。除此以外，在车联网网络信息安全的保障方面，对于涉及驾驶员信息、驾驶习惯、车辆信息、位置信息等敏感数据的防护仍有缺失。

（2）交通信息间的交互缺失导致道路交通堵塞

虽然汽车使用率增加、道路容量不足、道路交汇处过多等是导致城市交通堵塞的原因，但不可忽视的是交通实时信息流与交通信号灯控制系统的割裂加剧了这一问题。交通堵塞问题不仅增加了通勤时间，造成了驾驶人和区域的经济损失，还产生了燃料浪费与空气污染等问题。

（3）交通汽车社会加剧全球性能源危机

目前，全球十亿多辆汽车大多以石油为燃料，此外，由于传统的节能减排活动主要由政府引导，通过行政而非市场化手段强制管理与推动，企业在节能减排活动中的参与度非常低。同时，受减排行为无法实现以个体为单位的量化影响，个体参与的积极性也很低。

2.区块链赋能交通行业

我国在《交通强国建设纲要》中进一步提出具体指示，强调在前沿关键科技研发领域，推动智慧交通的发展进程。大数据、互联网、人工智能、区块链、超级计算等新技术与交通行业的深度融合将显著改善现阶段各地区的交通网络建设与发展问题。

（1）车辆数据上链助力其认证管理

利用区块链技术管控车辆认证程序，可以将车辆信息、车主信息等加密后上链，建立专属车辆独一无二的区块链身份标识，并保证数据的不易篡改、可追溯。除此以外，基于区块链的车联网数据库可以打通各地区间交通运输部门、车险公司与车主间的信息流动渠道，推动车主、管理部门与机构之间更高效的信息互通，从而对车辆进行有效的管理与控制。具体来说，当出现用户违背规章制度的情况时，相关管理部门可以运用区块链技术查询使用者的影像数据，并打通用户行为的数据权限，建设更加实时有效的交通管理体系。除此以外，将车联网中与安全密切相关的功能和数据放到区块链上，可以尽可能地确保用户私密数据安全可控。

（2）加强信息互通，优化交通运输网络

在交通运输网络中大规模地引入区块链技术，有利于串联交通运输领域中政府、企业、机构等各行业主体，协助记录车辆、船只等运输设备以及道路、桥梁、车站等基础设施。这一应用还有助于建立新时代交通网络，显著缓解道路交通拥堵，推动交通运输行业与政府部门的发展创新。除此以外，此区块链交通运输网络基于共识机制，将推动交通运输领域解决信任危机，建设真实可靠的交通运输信息系统，进而提升智能交通的运行效率。

（3）链上积分推动节能减排

在传统污染排放记录系统中引入区块链技术，有利于解决汽车行业既有的数据问题与难以认证问题。通过记录轿车、大型客车等车辆的驾驶与以碳排放为代表的具体信息，并整合后上链，可以将污染气体的排放追溯到个体角色，从而对驾驶员与相关企业做出评估。

3.应用案例

北京首汽建设新型区块链联动平台"GoFun"

2019年3月30日，北京首汽智行科技有限公司（GoFun出行主体公司）通过国家互联网信息办公室第一批197个区块链信息服务的备案，成为国内第一家拿到区块链服务备案的出行公司，开始布局基于区块链底层技术的联动平台。

　　该平台利用以太坊开源架构搭建了一条联盟链 GFChain。在利用区块链底层技术赋能授信的同时，GoFun 进一步改善供单，简化调度程序，从而减少了外包工作人员。除此以外，每台汽车的信息完成上链后，将形成完备的车联网数据系统，推动车辆数据公开透明。

　　GoFun 的企业端业务亮点"能量方块"激励租车用户多用多得。具体操作方式为：用户可通过完成租用车辆、每日签到、邀请新好友等任务获得不等数量的"能量"，积攒到一定程度的能量可用于兑换租车优惠券或其他礼品。除此以外，不同的车型、行驶里程、使用时间均会对用户挖到"能量"的大小造成影响，挖取"能量"的能力也可以通过完成实名认证、驾驶证认证、支付押金等方式获得。这增加了用户租用共享汽车的趣味性，改善了平台用户的体验感。

　　除了提升用户体验外，GoFun 平台将重点放在了应对行业信任危机上。区块链技术推动其建立智能合约体系，便于交易双方实现所有权、使用权以及各类风险与责任的清晰划分。此外，平台可以使用区块链查询用户的以往行为，作为是否继续授信以及授信额度的主要参考依据。

　　数据显示，2019 年 4 月，GFChain 积累了超过 180 万的区块数，平均每区块完成 55 笔交易。"能量方块"特色业务的上线提升了用户的留存率，平均每位用户为其额外停留 2 分钟。截至 2019 年，GoFun 出行已覆盖国内 84 个城市，拥有近千万注册用户，每车日均单量达到 7 单以上，月度活跃用户达到 170 万，最高日度活跃用户直逼 75 万。

新型智慧道路交通应用模式——中国交通运输链

　　2017 年 12 月 12 日，中国交通运输部通信信息中心、中国信息通信研究院、中国互联网交通运输产业创新联盟和西南交通大学综合交通大数据应用技术国家工程实验室、北京太一云科技有限公司、广州联合电服数据科技有限公司以及深圳金溢科技股份有限公司6家单位正式确立合作关系，并建立面向交通运输领域的全国性区块链网络——中国交通运输链。

2019年9月，区块链三级交通信号诱导标志首次面世，体现了我国车联网的最新研究成果，如图13-1所示。此诱导标志运用区块链分布式数据存储、点对点传输、共识机制、加密算法等先进技术，构建了智慧道路交通的新型应用模式。通过实时交互信息与数据传导，显著提升了道路交通的安全性与高效性。其中，数据链的不易篡改更是使设备传输与下发、云平台存储与计算，具有更高的安全可信度。

图13-1　区块链三级交通信号诱导标志

图片来源：火鸟财经

第一级交通信号诱导是由数字、光带、文字图形组成的指路标志，主要用于呈现所在道路的实时交通流数据。道路所需行驶时间由高德地图等互联网平台收集实时数据并传递给终端路网，经平台后台进行数学运算后形成。与此同时，光带LED像素屏将呈现不同颜色以表示不同的拥堵情况（绿色代表通畅路段、黄色代表通行缓慢路段、红色代表拥堵路段）。

第二级交通信号诱导是指包含两块可变信息在内的四块车道指示标志，主要用于呈现道路下游路段的交通流数据。

第三级交通信号诱导即红绿灯（交通信号灯）。无论是车道指示箭头，还是数字指路标识，均可根据后台数据进行实时更新，从而指引车辆驾驶员合理规划路线，优化分配道路交通，改善城市拥堵现状。

目前，该技术已在无锡市（立信大道和观山路交叉口）实现试点，受到行驶车辆和行人的一致好评，缓解了道路交通拥堵。此外，相关部门正积极开拓区块链技术在其他交通业务领域的应用，例如，城市停车设施的建设、交通违章问题的处罚、车联网信息安全的保障。

比亚迪建设基于区块链技术的碳银行（汽车）区块链平台

2018 年 9 月 6 日，比亚迪宣布将与 DNV GL、唯链合作，基于区块链技术开发碳银行（汽车）区块链平台。唯链已经具备完善的汽车生命周期管理解决方案，善于处理汽车行业的数据问题。同时，比亚迪正在积极建设汽车碳银行积分平台，整合轿车、大型客车及其他车辆信息进行上链 [1]。

碳银行系统首先记录车辆驾驶数据、碳排放量等信息，并对驾驶员进行评估，基于此形成碳积分奖励。当完成对驾驶员的碳足迹捕捉后，此信息将被上传至允许授权客户随时随地访问的唯链雷神区块链。上传后的数据向平台各参与企业公开，且它们均可便利地进行管理、共享、分析。这一具有较高整合度并能够解决信任问题的数据库形态，将推动平台的生态系统建设，助推全球碳足迹的追踪调查和绿色经济的发展。

比亚迪作为系统主要数据的提供者，通过 4S 店、汽车维修店收集整理了大量的包括汽车行驶里程、车损维修、日常保养等在内的车辆基础与维修信息，并完成了此类信息的及时上链。作为独立的第三方认证平台，DNV GL 负责设计认证流程并检查各个节点，并根据最新认证规章，完成平台数据的认证。其认证内容范围包括且不限于：客户 KYC 服务、比亚迪数据上传 API、比亚迪区块链接口 API、唯链碳减排智能合约等。

链条上的其他企业与终端用户均有权查询与访问认证后的数据。以保险公

---

[1]　VeChain：比亚迪与 DNV GL 和唯链合作，为碳减排做出进一步努力 [OL]. 2018-09-06.

司为例,明确清晰、真实有效的数据将有助于其提供精准服务,优化产品供给。通过新能源汽车补贴、保费下降等福利获利的汽车所有者,将进一步推动全汽车市场绿色低碳的发展进程。

13.2 物流

全球物流行业的发展可以追溯到 20 世纪 60 年代,预计未来将向着第四方物流方向发展。1960—1980 年,物流行业主要在生产企业内部运作;1980 年后,第三方物流逐步开始发展,需要进行物流配送的货物被生产企业托付给第三方物流供应商,并通过第三方进行仓储、运输外包,最终实现货物配送;21 世纪后,随着第三方物流日渐成熟,第四方物流凭借公司自身拥有的信息技术、业务管理能力等一系列优势得到显著发展。

我国将物流定义为:物品从供应地向接收地的实体流动过程中,根据实际需要,将运输、储存、装卸搬运、包装、流通加工、配送、信息处理等功能有机结合起来实现用户要求的过程[2]。

1.物流行业现状

近年来,全球跨境物流交易量大幅上升,全球跨境物流占全球 GDP 总量的比例由 1980 年的 18.6% 提高到 2014 年的 24.6%。其中,中国的物流网络发展最为迅猛。跨境物流的蓬勃发展助推了全球跨境电商行业的发展。数据显示,2020 年,全球电商交易量将实现 3.4 万亿美元,跨境电商用户数量预计达到 21 亿。若将物流费用率估算为 30%,2020 年全球 B2C 电商交易量估算为 3.4 万亿美元,物流费用将达到 1.02 万亿美元左右。

世界物流行业的重点发展市场预计会在亚太地区,尤其是中国。相比之下,欧洲物流增长缓慢。2017 年,美国的第三方物流市场规模达到 389 亿欧元,实现 6.4% 的年复合增长率。与此同时,亚太地区的中国和日本第三方物流市

---

[2] 汝宜红. 物流学导论 [M]. 北京:北京交通大学出版社,2004.

场规模分别达到 271 亿欧元和 170 亿欧元，分别实现 14.1% 及 2.3% 的年复合增长率[3]。预测到 2030 年时，亚洲经济占世界 GDP 总额将超过美国与欧盟的总和，达到 40% 以上。

近年来，我国在物流行业保持高速发展，物流总额不断上涨。国家发展和改革委员会的数据显示，2018 年，我国全社会物流总额已实现 283.1 万亿元，同比增长 6.4%，增速比往年同期回落 0.3 个百分点。

随着新兴技术的发展与引入，我国物流行业得到显著发展，然而仍在汽车物流、航运保险、跨境海运、货物运输等领域面临许多困难。

（1）纸质运单影响日常运营

传统的汽车物流行业主要基于纸质运单进行日常运营，这具有以下弊端：交接纸质运单耗时长、成本高、易损坏、易遗失；承运商之间难以适应已经普及的多式联运模式，沟通与协作难度大；在运输时，承运商需要花费大量时间用于上下游核对和计算账单，且平均应收账款的还款周期长，加重了承运商运营负担；承运商主要由中小微企业组成，在信用累积和数据处于劣势地位。

此外，传统汽车物流行业中的各家企业均将自己的数据视为不可共享的核心资源，无法适应新兴市场的快速发展。运转效率低、对账审核成本高、无法适应铁路、水运业务集运的纸质运单更是加剧了原有物流链内上下游企业间的矛盾。

（2）航运保险联动效率低

首先，目前的航运保险领域难以完成有效联动的数据信息传递，上下游间若需沟通，主要借助电话或电子邮件。其次，上下游各环节间的数据质量参差不齐。此外，当面临特战险或停航退费等情况时，业务双方由于缺乏具体的核对和查验机制，将使其业务流程过度滞后，甚至难以开展，从而无法实现保监会的审查要求。再者，流程中的安全和道德风险较高，存在港口国检查等环节

---

[3]　张梅花. 基于跨境电商的第三方物流企业核心竞争力研究 [J]. 科技经济市场，2018（11）：158—160.

瞒报与漏报的情况。最后，当客户需要进行保险理赔时，处理保险的速度较慢，需要额外聘请公估人，且沟通成本较高。

总体来说，航运业的再保险业务主要通过手工保单、邮件保单等方式与再保人沟通、传递数据及核对账单，加剧了不一致事件的发生频率，且时常出现再保人未能第一时间获取保单与赔案的情况。

（3）跨境海运合作困难

随着世界海运物流的快速发展与其规模的不断扩大，海运物流行业的复杂程度显著上升。统计显示，每年通过国际边境运输的货物超 16 万亿美元，其中供给消费者的货物有 80% 通过海运物流。

一方面，由于物流企业与其合作公司之间的业务存在显著差异，航线间包括买卖方、供应商、第三方物流、港口监管、金融机构等众多的业务参与者，导致摩擦时常发生。此外，某个参与者的业务系统低效的情况会产生联动影响，阻碍全球贸易的效率提高，世界贸易规模的进一步扩大，又加剧了低效率与复杂性问题。另一方面，利益相关者间不共享、不统一的数据与不透明的合作方式加剧了行业间的矛盾。此外，非标准化以及伪造的数据将使清关过程受到阻碍。

（4）货物运输良莠不齐

伴随着信息技术和电子商务的迅猛发展，全球货运物流业均得到了爆发式增长。研究显示，货运行业仍处于繁荣期，但由于物流企业繁多，发展良莠不齐，中小企业发展规模小、效率低。丢件爆仓、错领误领、客户信息泄漏等事件频发，显示了货运物流行业发展的痛点，也启示各企业在摆脱恶性竞争的同时，要推动物流系统数字化建设，推动货运物流业的健康发展。

2.区块链赋能物流

起初，区块链技术仅是数据结构，是一种交易历史的存储工具和可信交易验证的载体。但此后，区块链技术不断进步，其分布式、稳定安全、不易篡改等显著特点，使其具备了新的属性，可以应用于供应链金融、物联网等领域。区块链的技术方法保障了数据的可信度，哪怕缺乏强大的中心机构提供信任机制，可信的区块链技术也可以创造出一种互信的交易环境，从而进一步提高其交易的可行性。区块链的技术特征与物流行业的革新需求高度契合，近些年来被逐渐引入行业应用，并释放出极大的产能。

（1）区块链赋能汽车供应链物流服务

区块链能够积极推动汽车物流行业纸质运单电子化，整合信息流、物流、资金流和服务流，并利用加密技术防止业务数据被篡改，充分维护各方数据安全，捍卫业务方数据主权，并最终提高运单的运转效率和安全性。数字电子化后的对账凭证充分降低了对账单的审核成本，提高了工作效率。

（2）区块链助力航运物流存证

区块链存证平台对不同参与机构有不同的参与权限。检验公司作为系统的主要使用者，可以记录和查看所有检验报告数据；自有和外部实验室可以在被授权后，记录和查看所有检测报告数据；客户也可以在授权后查看所有与之相关的检验检测报告数据；其他参与者在得到授权后，可以查看系统中相关检验检测报告数据。

3.应用案例

> ※ 万向区块链打造汽车供应链物流服务平台"运链盟"
>
> 上海万向区块链股份公司积极与星展银行（中国）有限公司、中都物流有限公司开展合作，于 2018 年 11 月 30 日宣布上线"运链盟——汽车供应链物流服务平台"这一解决方案，积极推动区块链技术在汽车供应链物流领域的发展。
>
> 该运链盟构建了 BJEV、CCL、SP 服务商 3 个区块链节点，构建了电子运单的公共账本。销售公司、仓储库、中都物流、承运商与经销商的数据上链，不仅有利于各方实时互通信息，更有利于提高订单建立、运单传递、货物签收

与资金结算等流程间的衔接程度，从而提升汽车供应链物流的处理效率[4]。运链盟的服务架构如图 13-2 所示。

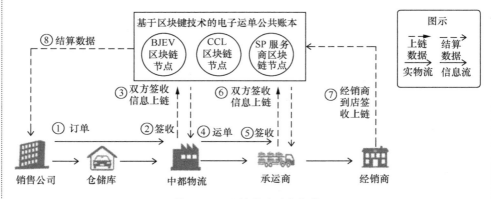

图 13-2　运链盟的服务架构

图片来源：2019 上海区块链技术与应用白皮书

除此以外，数字化的运单模式推动了线上对账单业务的开展，承运商可以轻松便捷地运用线上平台进行融资申请，有效改善其可能面临的现金流压力。一方面，企业可以使用应用程序接口（API）提出融资请求，并实时查询他们的业务办理状态。另一方面，银行可以借助这一平台，以更低的成本和更高的效率支持中小企业，并提供更兼容并包的金融解决方案。

2019 年 7 月底，运链盟平台已经实现了稳健运行，线上注册的承运商超过 50 家，其中 7 家已经开通了与银行合作的融资服务，且线上业务开展顺利，实现超 2200 万元的融资总额。2019 年 11 月，长安民生物流加入运链盟，助力汽车供应链共享服务平台的建设。此外，公司将与中都物流进一步开展合作，实现多个物流场景，并将包括零部件、售后配件及平行进口车等物流场景逐步加入到平台中。

[4]　2019 中国（上海）区块链技术创新峰会：2019 上海区块链技术与应用白皮书 [OL]．2019-09-06．

中远航运引入区块链技术服务于航运物流产业

中远海运集团主要通过引入区块链技术，在进出口理货检验和航运保险（特战险）两个方面应对现有问题，具体应用方案如下所述。

（1）贸易双方在交接进出口结算业务时，需要基于进出口理货检验报告中的数量鉴定数据与品质检测数据做出决策。引入区块链后的存证平台可以更好地服务其主要用户，例如理货检验公司等。这类公司可以出具检验报告并上传链上平台，以用于留存凭证。在遇到问题时，客户、外部实验室、仲裁机构、律所、法院等经授权的第三方机构均可通过登录区块链存证平台，查询检验报告并进行真实性鉴定[5]。

（2）分布式记账的区块链技术将保证船只进入作战区域后的事件和预保单文件实现实时共享，船东与自保公司、自保公司与再保公司间信息不对等、经营成本高等现象将得到缓解并逐步解决。

航运物流区块链的服务架构如图13-3所示。

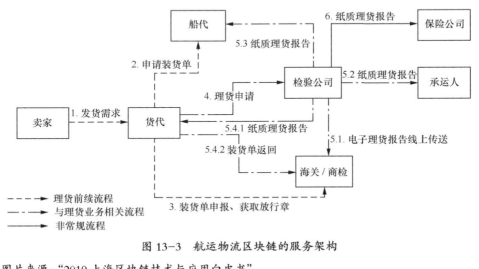

图 13-3　航运物流区块链的服务架构

图片来源："2019上海区块链技术与应用白皮书"

[5]　2019中国（上海）区块链技术创新峰会：2019上海区块链技术与应用白皮书 [OL].2019-09-06.

2019年7月底，中远海运集团通过与同济区块链研究院开展合作并建立公开存证平台，有效应对存证需求不断上升的市场现状。API配置的引入为区块链存证技术提供保证，逐渐形成新的商业运营模式。与此同时，数字化的凭证真伪校对机制，不仅降低了纸质运单需求，推动了绿色经济发展，还有利于节约人力、运输、时间等成本，纸质运单所需的储物空间也大大减少。在出现问题时，平台可协助上下游企业解决凭证篡改问题，节约其维权成本。

马士基建设数字供应链TradeLens平台

马士基与IBM合作建设TradeLens平台，积极构建数字供应链。该平台不仅支持多个贸易参与者同时开展合作，例如，上传、查询事件数据，以便在保密权益受到保障的情况下，完成统一的共享交易。此外，平台支持参与同一国际贸易的多个利益相关方开展数字合作。具体来说，该平台支持托运方、海运承运人、货运代理人、港口和码头运营商、内陆运输商、海关当局等参与者实时查询运输数据与包括物联网和传感器数据在内的各类单证，从而推动互动合作高效化。

TradeLens平台的主要参与者包括运营商、港口与海关、金融机构、托运方、港内物流、第三方物流等。参与者们积极向平台上传数据，利用开放式API进行访问。平台将全供应链的生态系统整合，提供信息并推动参与者们共享协作。区块链技术作为平台主要的技术支撑，不仅允许平台方而且受批准的第三方均可以发布相关的业务应用与服务[6]。

由此可见，TradeLens平台具备聚合生态系统、安全信息共享、信任协作体系、创新激励4个主要优势，在完善供应链、推动信息共享的同时，保证了信息的安全可信，促进了产业的创新发展。

在运营的过程中，IBM与马士基成立了一个全新的统一管理团队来主管

---

[6] 能见Eknower：纽约正在进行能源区块链实验[OL]. 2018-04-11.

这个平台。其中，马士基通过新建运营子公司，统筹合作的工作人员，保证贸易商在公司业务上的独立性。IBM 则实行了区块链、云、咨询和销售部门分配专员的制度。双方共同拥有知识产权。但细化来看，IBM 是平台托管、操作和支持的主要负责人[7]。

全体参与者组成了一个行业咨询委员会，用于推动平台建设与开放标准的设定。海洋运输公司、港口、内陆运输公司和国家当局在与 IBM 或马士基签订参与协议，共享数据后，均有权访问核心平台。IBM 和马士基两个主要的企业凭借丰富的销售渠道进行独立营销、销售和签约贸易商。第三方也可使用 TradeLens 平台布局独立的应用程序并展开销售。马士基各业务部门（马士基航运、汉堡南美船务集团、马士基码头和丹马士）与其他参与者需要遵循相同的条款，不享受特殊待遇，也无权查询竞争对手数据。

在 IBM 与马士基的积极推动下，TradeLens 平台通过区块链技术，在 2018 年年底实现了正式商用。目前，已有超过 100 个生态系统合作伙伴，旨在推动全球贸易高效安全发展，提供共享且透明的数据信息，从而推动海运物流全行业的创新发展。此外，平台正在积极建立由生态系统参与方组成的行业顾问委员会，以便对不断扩大的网络进行有效管理，提供平台支持与统一的开放化标准。该平台还积极探索与联合国贸易便利化和电子商务中心等机构以及行业组织的密切合作。

全球区块链货运联盟 BiTA

2017 年 8 月，由多位具有丰富经验的科技和运输业高管组建了全球区块链货运联盟（Blockchain in Transport Alliance，BiTA）。其中，Chainstack 是一家成立于新加坡的，多云、多协议服务平台。在加入 BiTA 区块链布局后，它使用分散式网络协助联盟布局，推动了区块链技术的开发与部署。其 API 技

---

[7]　中国电力网：能源区块链应用典型案例一。

术用于帮助企业建立分散式网络，在应用中真正实现从 PoC 到实际生产。联盟运用数字形式识别并跟踪交易、合同和发货，积极推动提升货运全过程的透明可信度。

传统单据与云端单据的对比如图 13-4 所示。这充分展现了数字化单据在效率、安全性上的优势。得益于区块供应链联盟链的电子运单，云单确保了数据的共享与隐私。同时，多方参与者共享数据，高速开单、签单、回单、对账，降本增效，推动综合成本降低了 30%。基于 AI 和大数据，用智能管理替代手工管理方式，有效管理单据，建立共识机制，用各自取证代替了多方鉴证。

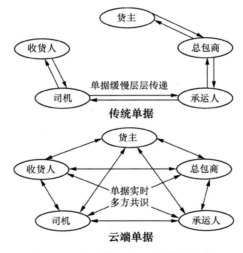

图 13-4　纸质单据与云端单据的对比

图片来源：《物流科技》

区块链技术的引入有助于协调航运企业、运输公司、经纪商、消费者、供应商和多方供应链上的利益相关者之间的关系，推动供应链效率的提升。这一技术可以帮助参与者去除大部分纸质文件的流程，将节省的成本用于其他环节，推动客户、员工与第三方参与者同时使用共享平台。

目前，BiTA 已发展为世界最大的商业区块链联盟之一，拥有 450 多个来自货运、运输、物流等相关行业的成员。除此以外，BiTA 通过整合货运与物流链条上的多方参与者，共议区块链在货运行业的发展议题，建立了统一的货运行业区块链标准，使得货运流程的透明度与效率得到大幅提高。随着全球市场对区块链技术的深入了解与研究，联盟积极拓展新的试点项目。该联盟办事处已在新加坡、查塔努加等国家与地区布局。

第14章 医疗

1.医疗行业发展概况

医疗健康行业以保障人民群众的身心健康为目标，主要包括医疗服务、健康管理、医疗保险以及其他相关服务，涉及的产业面广、产业链长，包括制药制剂、医疗器械、保健用品、保健食品及健身用品等。随着居民养老、健康管理需求的日益加大，不仅推动了医学领域持续发展，同时也推动了商业模式创新和产业融合不断加速。未来人民群众在养老、医疗方面的支出将日益增多，医疗健康产业是中国最大且增长最快的产业之一。

整个医疗健康产业，实质上是由诸多大的垂直细分产业组成的，包含了医疗服务、医疗器械、医疗信息化、医药制造、保险等，各垂直细分领域涉及的环节众多，并且关系复杂。

随着互联网科技的发展，传统医疗产业的信息化、数字化改造已经大部分完成，"互联网＋医疗"的各种商业模式也趋于成熟，进入了稳健发展阶段。寻医问诊、报销支付等流程变得更加便捷、更加扁平化，互联网技术的嵌入也解决了部分信息不对称的问题，但由于医疗领域的特殊性，当前行业存在的许多问题或症结尚未解决。医疗健康产业图谱如图14-1所示。

（1）医疗信息不通畅，导致就医体验差

2012年，卫生部发布了《中共中央 国务院关于深化医药卫生体制改革的意见》，该意见指出居民健康卡发放为医疗信息化工程建设的重点。然而，居民健康卡的改革在推进中存在诸多难点。各地公共服务卡与居民健康卡整合的前提是保证符合卫生部的标准规范，并且全国各地的医疗数据标准需要统一，这为全国医疗体系信息化建设造成了极大的挑战。同时，在用户数据的法律和隐私层面，医疗数据相较其他行业数据有着一定的特殊性。相关法律规定医疗机构应当将患者数据严格保密保存，因此多数医疗机构不轻易也不能将医疗信息对外公开，这就造成了医疗信息流通不顺畅，各个医疗机构形成了"数据孤岛"。这将使患者在就医过程中产生诸多的不便，例如，在患者转院转诊的过程中，患者将面临相同项目重复检查的窘境、医疗资源未能有效利用、患者就医体验差等。

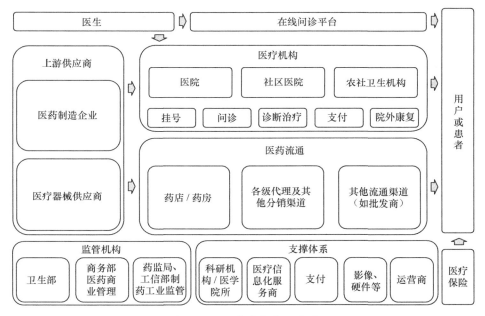

图 14-1　医疗健康产业图谱

来源：火链科技研究院整理

（2）缺乏信任关系，造成医患矛盾

虽然互联网平台在一定程度上可以缓解患者寻医过程中的信息不对称，扁平化寻医就诊的流程，但医疗服务本身具有极高的信息不对称性，医疗资源的稀缺性也使这种不对称性加剧了信息的不透明。在医疗机构中患者的医疗数据也存在录入错误或被攻击篡改的可能。同时，互联网上充斥着虚假信息，医生及相关人员素质良莠不齐，患者难以辨别信息真伪，这会造成医疗机构及患者之间的信任问题。由于医疗数据的缺失或失真，发生纠纷时也难以取证。

（3）患者隐私数据泄露

医疗机构对于用户的医疗数据具有实质上的掌控能力，小到个人的体检数据，大到高度机密的基因数据，医疗机构有可能将患者数据用于商业用途，从中获得经济利益。另外，多数医疗机构在经营的过程中将用户数据收集至数据库并上传至云端，由于医疗机构并不掌握云数据库的管理员权限，对于数据安全的掌控程度有限，这类行为实质上是违法的，患者会面临个人数据和隐私泄露的风险。

（4）临床数据缺失，不利于药物研发

临床及试验数据对于药物的研发阶段至关重要，但由于临床数据涉及病患隐私，加上数据源呈分散状态，大约一半的临床试验数据未对外公布，临床医生和管理人员在整合分析数据上面临重重困难。数据的缺失将不利于药物的研发过程，在一定程度上抬高了制药企业的研发成本。

（5）假药、劣药的制造销售难以根除

假药是存在剂量不正确、成分虚假或错误的药物。同时，由于贮存不当等问题也可能导致药物质量不合格。近些年，我国也查获侦破了部分颇具规模的假药劣药的制造销售案件，这些假药对社会造成了极大的负面影响。同时，由于缺乏适当的追踪机制，药物供应链中从制造、流通、贮藏到销售等环节存在着部分不规范的现象。

2.区块链赋能医疗行业

区块链技术具备分布式、不易篡改、可追溯、非对称加密等特点，区块链可以在保障患者数据隐私的前提下，打通医疗数据的信息流通，改善机构之间互为"数据孤岛"的现状，重建医患之间的信任，提高行业效率。

（1）患者数据上链流转，优化就医体验

在医疗诊断中，使用区块链技术构建电子病历数据库，将患者的健康状况、家族病史、用药历史等信息记录在区块链上，并结合 MPC（安全多方计算）、TEE（可信执行环境）等可信计算技术保护患者的相关信息数据，确保患者隐私不被侵犯。通过共享区块链平台上的数据，更大范围、不同层次的医疗机构之间的信息通道将得以打通；医生及护理人员可以在权限内调阅患者的数据资料，掌握患者的健康状况，并对症下药；病患不再需要就同一个项目做重复诊断检查，就医体验有望大大提升。

（2）建立信任机制，化解医患矛盾

区块链不只将病患的数据记录在链上，同时也会对医疗机构及医疗人员的相关信息进行记录，患者可以通过查看链上数据，考察医疗机构及人员的专业资质，缓解信息不对称带来的信任问题，最大程度上减少医疗欺诈现象的出现，降低患者的选择成本，保障患者人身与财产安全。

同时，患者也能在诊后通过链上数据了解医疗人员的操作记录，监督医生是否存在乱开、多开药的情况。在发生医疗纠纷时，记录在区块链上的数据为法律问责提供了取证来源，既保障了患者的合法权益，也能在一定程度上免除医生的困扰。通过区块链建立可追溯、不易篡改的数据平台，医患双方在解决矛盾纠纷时，均有法可依，有据可循。

（3）药物供应链及流通溯源，实现打假打劣

由于区块链数据具备可追溯的特点，区块链技术可使药物供应链透明化，对市面上的药品进行溯源追踪。从药物原材料的获取到药物的生产制作、贮藏和流通销售等环节，进行适当的监控和追踪。消费者可以通过区块链平台看到所购买药品的生产厂家、日期数据及流通环节等是否符合标准，也可以通过区块链技术配合物联网对药物或疫苗的贮藏温度、出入库时间等进行实时监控。保证药物的真实性与质量安全，在原本 GSP 及 GMP 的强有力监管的基础上，进一步地实现公开监管与追踪，打击假药劣药，保障各方权益。

（4）临床数据流通，助力药物研发

药物研发机构可以通过区块链数据平台有条件地获得以往不轻易公开、极度分散的临床数据，有效降低研究数据的获取门槛，提升临床数据的质量，利

好药物研发的进程。另外，患者也可以通过授权机构使用自身数据，实现互利互惠。

在以上医疗数据的流转过程中，由于患者的相关信息数据在区块链上是经过加密处理的，第三方调用数据需要获得患者的私钥授权。区块链技术既可以帮助建立数据共享平台，也可以严格控制数据的获取和使用，在很大程度上避免了患者数据被商业化滥用，保护了患者的数据隐私。

3.应用案例

阿里健康常州市"医联体+区块链"项目

2017年8月17日，阿里健康宣布与常州市开展"医联体+区块链"试点项目的合作，将区块链技术应用于常州市医联体底层技术架构的体系之中，希望解决长期困扰医疗机构的"数据孤岛"和数据隐私安全问题。

该方案目前已经在常州市武进医院和郑陆镇卫生院实施落地，将逐步推广到常州市天宁区医联体内所有三级医院和基层医院，部署完善的医疗信息网络。

阿里健康在该区块链项目中设置了多道数据的安全屏障。首先，区块链内的数据均经过加密处理，即便数据泄露或者盗取也无法解密。其次，约定了常州市医联体内上下级医院和政府管理部门的访问和操作权限。最后，审计单位利用区块链防篡改、可追溯的技术特性，可以全方位地了解医疗敏感数据的流转情况。

在引入阿里健康的区块链技术后，常州市医联体实现了医疗数据的互联互通，优化了医生和患者的体验，同时也推进了分级诊疗、双向转诊的落实。通过区块链技术，社区居民能够拥有健康数据的所有权，并且通过授权，实现了数据在社区与医院之间的流转；医联体内各级医院医生可以在被授权的情况下取得患者的医疗信息，了解患者的过往病史及相关信息；患者不需要做重复性的检查，减少了为此付出的金钱及时间。

区块链技术实现了医院之间的信息互联互通，符合政府"让数据多走路，人只走一次路"的指导方针，但这样的技术应用会减少患者检查的次数，相应地减少了医院的收入，降低了人事费用，可能会触及相关方的利益。因此，这样的技术应用需要政府带头试点，自上而下地推行，并且需要推出新的商业模式，激励其他医院加入生态中，整体生态才能健康可持续地运行。

PokitDok 开发医疗区块链技术解决方案 Dokchain

医疗健康 API 平台 PokitDok 与科技巨头英特尔达成合作，共同开发医疗区块链解决方案"Dokchain"。英特尔将为 PokitDok 提供其开源软件 Hyperledger Sawtooth 作为 Dokchain 的底层分布式账本，并将英特尔芯片用于区块链数据处理。PokitDok 的合作伙伴不仅有英特尔，还包括亚马逊、Capital One、Guardian 以及 Ascension 在内的 40 多家公司。

PokitDok 为开发人员提供 API 接口，允许用户搜索 PokitDok 供应商目录，为企业实现线上商店、预订、支付、保险等基本服务。同时，PokitDok 也为支付公司、公共卫生系统、医疗健康公司等第三方开发者提供 App 接口，开发者在平台上可以方便快捷地使用包括支付处理，保险公司资格审核、转诊、保险赔付，病人身份管理，供应商搜索等功能的软件框架。

Dokchain 的医疗区块链解决方案可以提供身份管理，用来验证医疗交易的多方信息。信息验证成功后，交易便会按照既定的合同自动执行，将其应用在医疗索赔方面，提高赔付效率。另外，Dokchain 还可以用于医疗供应链的验证，例如，医生开处方的信息会被记录在区块链上，药物价格将更加公开透明，这也将会在医疗用品的库存和订单管理上产生深远的影响。Dokchain 的应用将有效缓解医疗行业信息不对称的现状，改善各个节点的信任问题，避免发生医疗欺诈，并且有效保护患者隐私。

PokitDok 商业模式如图 14-2 所示。

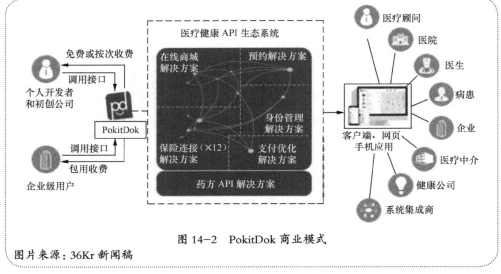

图 14-2　PokitDok 商业模式

图片来源：36Kr 新闻稿

京东智臻链医药追溯平台

京东数科推出基于区块链的智臻链医药追溯平台，如图 14-3 所示。京东数科通过该平台提供智慧疫苗管理软硬件解决方案，确保疫苗从生产、流通到使用等全流程的信息透明流动，对每一支疫苗的数据进行记录，对其来源进行追溯，保证疫苗的品质与安全性，让终端接种更安全，为消费者的医药安全保驾护航。

以具体的产品应用场景来说，京东数科与海信生物医疗冷链达成合作，联合推出区块链疫苗追溯解决方案产品，将其应用在各级地市的疫苗接种点。区块链技术能够解决当前疫苗数据人工记录带来的弊端，例如，数据易被篡改、数据滞后等问题，以保证疫苗监控的真实性和安全性，解决了疫苗追溯难的问题。

在传统的疫苗流通的过程中，存在着流通环节多、信息不透明、终端库存管理效率低、接种统计费时费力等痛点。京东数科通过区块链技术打通了疫苗的生产中心、冷链物流、疾病中心、接种站等多个环节的信息流通，并完成了最终的接种情况、信息反馈的即时响应。另外，将智能冷柜应用于终端接种站，提供疫苗出入库、温控预警、自动盘点、缺货预警、追溯扫码等管理功能。通过疫苗信息数字化结合区块链技术，为消费者提供安心安全的服务，大幅降低疫苗接种站的人工成本，并提高其工作效率。

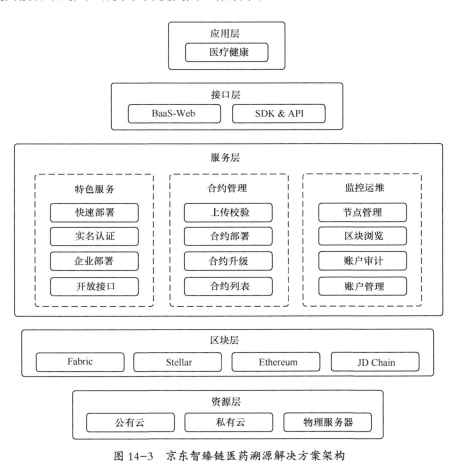

图14-3　京东智臻链医药溯源解决方案架构

图片来源：京东智臻链官网

通过该智慧疫苗追溯管理系统，消费者在接种疫苗时通过手机便可以了解到接种疫苗的真实信息，并且能够及时接收疫苗接种的结果反馈。

除了与海信医疗冷链合作，京东数科在医药领域的防伪追溯平台正在逐步扩大其影响力，已于2019年年初与银川互联网医院达成深度合作，落地区块链疫苗追溯解决方案。截至目前，该方案已经帮助接种站实现全部二类疫苗共14种，总量达1089支的智能化管理，为517名居民的827次安全接种保驾

护航，疫苗接种正确率实现 100%。

当前，区块链在溯源领域已经落地多个场景应用，在医疗领域中，区块链除了能为各方监控药物的流转过程外，还能杜绝虚假药物来源。同时，像是疫苗这样易损耗、易变质的特殊商品，区块链得以结合物联网设备对疫苗的出入库时间、温度、湿度等多维度的数据进行监控，保证疫苗的质量及时效性。

Florence 提供临床试验解决方案

Florence 成立于 2014 年，服务于临床试验机构，通过开发软件消除基于站点的临床试验操作延迟。Florence 的主要产品包括 Florence eBinders、Florence Etmf、Florence eHub。Florence eBinders 通过领先的数字化管理方案，简化临床试验点的工作流程，提高工作效率。

使用 eBinders 产品的临床研究机构表示，机构的研究启动时间平均快了 20%，且文档的时间周期降低了 40%，研究人员能在相同的时间内可以完成更多的研究内容，并且更加高质高效。目前，Florence 的系统涵盖了临床试验中 600 多个主要疾病领域。

而 Florence eHub 则为临床研究机构和制药企业之间搭建起了桥梁，节省了研究的启动时间，降低了二者的沟通成本，加快了新药从研发、临床到最终上市的进程，为更多患者的健康保驾护航。

新药的研发时间平均在 10 年以上，研发费用投入惊人，Florence 产品的最大价值在于减少研发周期，提高研发流程的效率。

Florence 在 2017 年与区块链资产担保公司 Verady 宣布达成合作，开发用于推进医疗和临床研究的医疗区块链应用。Verady 的 API 将提供一个易于使用、标准化的表述性状态转移（Representational State Transfer，REST）接口，以便为 Florence 的客户屏蔽区块链底层的复杂技术细节。该合作伙伴将与几家制药公司联合开发开放源代码区块链应用程序，用于管理病人和临床试验数据。

区块链技术对上链的患者数据进行加密，在保护患者数据隐私的同时，还可以促进临床数据在各个机构之间流转，使得以往因缺乏临床数据导致的冗长药物研发过程在时间上得以缩短，提升药物研发的效率。随着临床数据的流通与共享，我们可以期待在未来治愈各种疑难杂症的新药会愈加频繁地推出。因为临床研究数据样本量增多，药物的研发过程更具科学性，新药的治愈效果也会更加明显。

MedRec 医疗数据上链存储便利保险核验

MedRec 是由麻省理工学院设计的医疗记录分布式内容管理系统。它允许有特权的供应商通过在区块链上索引医疗数据来访问记录，而不是直接在链上存储医疗数据。该设置不仅保护了患者的隐私，而且方便对患者信息进行搜索和验证。虽然 MedRec 目前是一个概念验证的学术项目，但它为理解如何通过区块链技术保护医疗数据提供了一个实用的模型。

区块链技术可以将患者的医疗数据管理权归还给患者本人，并根据具体的情况给予患者访问权限。用于医疗记录的区块链系统为分布式账本上的每个记录保留了加密的签名，从而消除了保险公司和卫生保健提供者跨数据库检查患者信息的必要性。签名对每个文档和时间戳进行加密，而不会在区块链上实际存储任何敏感信息。

文件内容的任何变化都记录在共享的分类账户中，允许保险公司和卫生保健提供者查看每个组织的卫生信息。此外，通过启用复杂的权限设置，区块链可以满足合规性需求。同时，数据也可以匿名共享，以满足研究需求。

第15章　教育及文创

 **教育**

1.行业现状

（1）教育行业发展概况

教育作为一个全球热门的行业，备受各类人士的关注，且与大众生活息息相关。从早教、K12教育到高等教育、实习（职前教育）以及工作后的各类自学和考试，一个人的一生都离不开教育行业。作为全球规模最大的教育市场之一，中国的教育市场营收可达3000亿美元。目前，在全球规模最大的30家上市教育企业中，有一半来自中国。而在2013年，只有两家中国企业跻身这一行列[1]。同时，政府对教育的关注也持续上升，各级财政部门坚持教育优先发展战略，不断加大教育投入。

教育行业的赛道细分很多，当前主要的热点包括K12教育、在线教育、职业教育等。

根据 Frost & Sullivan 的报告，K12课外辅导市场规模在2018年已经达到5600亿元，增长率为17%。2018财年新东方和好未来的营业收入分别达到157亿和109亿元，增长率分别是36%和64%。好未来的净利润增长接近70%，显示了K12教育培训市场的潜力。

在线教育是随着互联网发展兴起的行业，由于具有低成本与不受时空限制获得优质教育资源的特性，近年来发展迅速，尤其在疫情期间，在线教育通过技术、相关教育资源作为底层服务端，向各类教育内容、运营平台企业提供支

---

[1]　中国科培：大湾区民办高教的明日之星 [OL]. 2019-05-15.

持，并通过互联网流量渠道推广至用户端，涵盖各个阶段的学习需要。

艾媒数据显示，2019 年中国在线教育市场规模达到 4041 亿元，增长率 15.5%；2020 年市场规模有望增至 4538 亿元，用户规模将增至 3.09 亿人。

职业教育则主要因政策利好而快速发展。职业教育关注产教融合、产学融合，主张将学生培养成应用型、专业型人才。近年来职业教育与产教融合相关的政策见表 15–1。

表 15–1　近年来职业教育与产教融合相关的政策

政策导向	时间	主要内容
十三五规划	2016 年	・推动具备条件的普通本科高校向应用型转变 ・推进高等教育分类管理和高等学校综合改革，优化学科专业布局，改革人才培养机制，实行学术人才和应用人才分类、通识教育和专业教育相结合的培养制度，强化实践教学，着力培养学生创意创新创业能力 ・建立个人学习账号和学分累计制度，畅通继续教育、终身学习通道，制定国家资历框架，推进非学历教育学习成果、职业技能等级学分转换互认
十九大报告	2017 年	・着力加快建设实体经济、科技创新、现代金融、人力资源协同发展的产业体系 ・破除妨碍劳动力、人才社会性流动的体制机制弊端，使人人都有通过辛勤劳动实现自身发展的机会
教育部《未来学校研究与实验计划》	2017 年	・从理论、政策和实践三方面着手，应用新理念、新思路和新技术，面向未来，推动学校形态变革和全方位改革创新的计划
《国务院办公厅关于深化产教融合的若干意见》	2017 年	・深化产教融合，促进教育链、人才链与产业链、创新链有机衔接，是当前推进人力资源供给侧结构性改革的迫切需求
教育部部长陈宝生发言	2018 年	・促进产教融合，把学校建在产业基地和开发区里，把专业建在产业链和需求链上，只有这样，才能了解产业发展现状和人才实际需求

（续表）

政策导向	时间	主要内容
教育部《教育信息化2.0行动计划》	2018年	· 充分发挥市场在资源配置中的作用，融合众筹众创，实现数字资源、教育数据、信息红利的有效共享；助力教育服务供给模式升级和教育治理水平提升
国务院《国家职业教育改革实施方案》	2019年	· 强调到2022年，职业院校教学条件基本达标，一大批普通本科高等学校向应用型转变，建设50所高水平高等职业学校和150个骨干专业（群）

资料来源：火链科技研究院整理

随着中国经济产业升级和职业教育政策的推动，市场对专业人才的需求逐渐增强，职业教育在教育行业中的比重也逐渐上升，越来越多的社会资本将会加码布局职业教育。在2019年上半年上市的9家教育企业中，与职业教育相关的教育企业占到4家，其中IPO有3家，"借壳"上市的有1家 [2]。

（2）传统教育行业的痛点

区块链作为一种信任工具，与教育行业的主要结合点在于其中部分缺乏信任的环节，目前教育行业主要存在以下问题。

◎教育信息分散，缺乏验证手段

我国当前学生的学历、学籍信息的认证及查询集中在中国高等教育学生信息网（学信网）。学信网是国家唯一指定的学历查询网站，但在学信网上所收录的信息并不包含学生在教育生涯所接触的各类教育数据，收录的数据维度有限，例如，CPA、司法考试等其他教育／认证单位颁发的证书及考试成绩并不会收录在学信网上，而是分散在各个举办考试的行业工会／协会当中。即使学信网对个人的学历信息进行认证，社会上学历造假的案例仍然频发。

◎招聘领域信息严重不对称

简历是企业招聘人才重要的依据之一。CareerBuilder的一项调查显示，

---

[2] 德勤.教育行业发展报告——唤醒教育，转机中把握先机 [R]. 2019-09-18.

56%的招聘经理发现员工在简历上作假，以增加获得工作的机会。对企业来说，企业可以在学信网上轻松地对应聘者的学历进行验证。但应聘者在简历上的信息不只包括学历信息，还包括绩点成绩、所获荣誉、社团干部职位、实习经历、技能证书等多维度的信息。企业为验证简历上所有信息是否真实无误所要付出的成本极高，何况部分信息如实习经历、工作经历等较难进行查验。

◎**教育机构与教师的教学质量良莠不齐**

近几年，线上教育行业发展迅速，各类教育机构与课程如雨后春笋般涌现，教育市场的竞争异常激烈，然而教育机构为了寻求快速发展，将主要精力放在市场的扩张与获客上，容易忽视教学质量，教学质量良莠不齐。除此之外，网上对于教育机构的服务评价也存在虚假成分，学生及家长难以判断教育机构的服务质量，信息不对称、资源匹配对接难，导致教育消费者选择成本过高，且缺乏充分激励学生与教师的共享生态机制，难以形成健康的生态闭环。

艾媒咨询对在线教育平台担忧因素进行过调查，46.5%的用户对师资质量、课程质量存在顾虑。可见用户最为看重的还是师资队伍、教育内容、服务和最终产生的效果，这些都是决定在线教育竞争力的核心因素。

◎**行业的利益分配不均衡**

在教育的产业链条中，除了少数"明星教师"手握强大的议价权，绝大多数情况下教育机构对利益分配拥有主导权，这降低了教师在教学质量上进行突破的积极性。教师在进行知识传播时，不能及时获得收益反馈，知识价值传输路径不顺畅，这也限制了教师个人的发展。

2.区块链赋能教育行业

区块链作为一项改善民生的重要技术，可以在一定程度上解决上述问题。

（1）建立全维度教育信息体系

搭建区块链教育信息数据整合平台，通过区块链的分布式、不易篡改及可追溯等特点，采集学生从小学、中学到大学全流程的学习成长轨迹，保证学生的学习生涯档案完整且真实。除了将学历学位及学习成绩等常规的学生信息上链储存外，还能记录学生在学习过程中的其他重要数据，例如，课堂出勤率、奖项荣誉、社团活动、实习经历等其他信息，丰富学生档案的信息维度。区块链数据平台除了整合学生在传统教育过程中的信息，同时也能通过打通其他机构对学生的考核评定，例如，雅思/CPA/CFA等考试成绩及证书，多元化学生背景信息，建立个人全维度的电子终身学习档案，同时在很大程度上杜绝了学历造假。

（2）企业招聘人才增信

通过建立区块链信息数据平台，保证学生信息真实可信且可追溯，增加应聘者的简历可信度。通过建立企业、学校的互通，让企业将学生或员工的实习经历和工作经历上链，使企业在招聘时能够直接从区块链平台上获得相关的真实数据。同时，区块链信息数据平台还可以记录多维度的真实信息，考察应聘者的学历学位、学习成绩、专业技能及其他综合素质，链上数据的真实性让企业不需要再花费大量的人力对应聘者进行背景调查。

（3）提升教育服务质量，改变数字化教育资源流转模式

通过区块链技术，学生或家长可以在接受教育服务后对教育机构或教师的服务进行真实评价，这些评价会倒逼教育服务提供者提高自身的教学质量，增强教育服务提供商的责任感，杜绝虚假教学资质的教育机构及教师存在，保障学生的权益。

（4）分布式内容交易，提升资源分配合理性

运用区块链技术可以将知识资产上链确权。教师作为知识资产的提供方，向学生输出知识，而学生作为知识资产的接收者，直接向接受的知识付出相应的费用，达到点对点交易的效果，这样可以将内容收益权归还给创作者本人，并可以激励教师创造更多优质的知识资产，提升自身的教学质量，从而实现知识资产的变现，改善教育行业利益分配不均衡的现状。另外，区块链

建立了点对点的信任网络，将全球的优质教师、教育资源从各自为政的中介平台中解放出来，节省了中介平台的运营与维护费用，知识资产的通证化也有利于实现教育资源的全球共享。通过区块链技术合理分配教育行业中的价值，构建安全、高效、可信的开放教育资源新生态，形成教育机构、学生与开发者之间互动闭环，完成教育资源与利益的合理分配，推动全球教育行业健康发展。

3.应用案例

马来西亚教育部"e-Scroll"区块链学历认证系统

当前马来西亚学历造假案例不断上升，甚至有从"文凭工厂"在线采购的情况。面对学历造假的问题，马来西亚的大学需要接听数千个来自全球的电话，接收数千封邮件来回答关于学位认证的事宜，这种方式非常低效。区块链可追溯、不易篡改的技术特点，能很好地解决数据可信问题和认证效率问题。

高校可以基于区块链技术和非对称加密，将学生的成绩和毕业信息（如收件人姓名、发行方名字、发行日期等内容）形成数字凭证，并用自己的私钥加密形成数字签名，确定凭证的发行人为该高校，最后通过将该凭证发送给学生（收件人），在区块链上创建记录（哈希值上链），证明该证书已经颁发。

当学生自己或企业和其他机构需要验证时，一方面通过该高校的公钥对凭证的链上哈希值进行解密，验证确实由该高校发出，另一方面通过将学生提供的学历认证创造新的哈希值，与链上进行对比，验证证书内容是否被篡改[3]。

2018 年马来西亚教育部推出了一套由 LuxTag 公司开发的 e-Scroll 系统，以用来打击学位造假。e-Scroll 系统建立在 NEM 区块链平台上，通过扫描学位证书上印刷的二维码来实现识别，使用者可以在世界任何地方立即验证学历的真实性，而且验证时间一般只需要几秒。在使用这套区块链技术系统后，不

---

[3]　杨现民，李新，吴焕庆，等. 区块链技术在教育领域的应用模式与现实挑战 [J]. 现代远程教育研究，2017（2）：34—45.

但本国企业可以对学历进行有效认证，还能跨越国界，让其他国家和地区的用户对马来西亚的学历进行认证，解决了验证留学生学历是否造假的问题。

马来西亚国际伊斯兰大学（International Islamic University Malaysia，IIUM）是第一所受益于e-Scroll系统的大学。2018年11月10日，IIUM学院的200名博士毕业生获得了学位，通过e-Scroll系统，每个人都拥有了一份完整的链上证书。马来西亚教育部正鼓励该国其他大学和高等院校使用此区块链学历认证系统。

伦敦大学学院区块链学历认证试点

伦敦大学学院区块链技术中心（University College London Centre for Blockchain Technologies，UCL CBT）与伦敦的区块链初创技术公司Gradbase Limited一起开展了一项试点计划，为所有2016年和2017年的金融风险管理理科硕士毕业生颁发了基于区块链的学历证书，并提供便于验证的二维码，毕业生可以通过扫描二维码验证可信的学历信息。该试点范围内的毕业生可以在Gradbase的网站上注册其学位详细信息，UCL CBT在检查这些数据的有效性之后，生成一张电子表格，并将其轻松地上传到Gradbase的平台上，同时在区块链上发布可以验证这些学位真实性的交易，最后向学生发送二维码。二维码可以放在学生的简历、名片、个人网站上，也可以嵌入Linkedin中，向任何人展示学历的真实性。区块链能够保证数据每天24小时的可用性和不易篡改性，这意味着数据不会被篡改，并且始终可验证。

广西壮族自治区高等教育自学考试网络助学平台"正保自考365"

"正保自考365"是正保远程教育旗下以自考咨询和自考辅导课程为主的教育型网站，拥有2000多名老师、300多名高校教授，以及完整的教学体系。"正保自考365"也是广西招生考试院唯一指定的网络助学平台。目前，广西大学、广西民族大学、广西师范大学、桂林电子科技大学等众多院校已经加入该平台，且已有 70 个国家及地区承认高等教育自学考试学历及学位。

由于"正保自考 365"是一个在线教育网站，学生的过程性考核、课程表现等比较细节的学习过程无法被很好地监督和认证，对于学生的学习激励也不够强。而区块链技术可以基于区块链记录并存储学生的学习过程，对其学习行为进行细致的追踪和记录：一方面有利于学校更好地管理学生学习状态，提供更具个性化的培养计划；另一方面也可以为学生颁发区块链上的学习证明，更具有可信度，促进学习者、学校和雇主共享学习过程和学习认证等方面的数据，建设可信的教育信息化管理平台。

因此，为确保考核成绩及学历学位真实可信，"正保自考 365"平台将区块链技术引入自考平台，利用区块链技术对自考学生的培训过程、考核成绩、学历学位等信息进行认证记录，促进学生、教育机构及企业之间的数据共享，打破当前"数据孤岛"的现状，让数据更加透明。

同时，利用区块链点对点传输、可验证、不易篡改及可追溯等特点，对学生的教育背景提供可靠的数据支撑，并且做到数据的可信、可追溯，便于毕业审核及招聘单位寻求人才。

正保远程教育的区块链平台"Link100 职业能力链"已经于 2019 年 3 月获得国家互联网信息办公室发布的第一批境内区块链信息服务备案。正保自考 365 平台也给自考生颁发了国内首批"区块链结课证书"，如图 15-1 所示。

图 15-1　"正保自考 365"结课证书
图片来源："正保自考 365"网站，火链科技研究院整理

区块链证书开放协议 Blockcerts

Blockcerts 是用于创建、发行、查看和验证基于区块链证书的开放标准，最初是由麻省理工学院媒体实验室（MIT Media Lab）和 Learning Machine 公

司一起设计出原型，利用区块链技术为111位麻省理工学院的毕业生颁发了区块链学历证书。后来它逐渐转变为开放协议，可兼容多个区块链系统，也有更多的开发者加入进来。

Blockcerts不仅提供学历认证，还提供公民记录证明、个人特征、成绩、成就、专业执照、职业发展信息等，并通过区块链钱包进行储存，具有很强的自主性和隐私性。Blockcerts的运行逻辑和自主主权身份的应用程序一样，会生成公私钥对，学生在需要进行信息认证时可以把公钥发送给学校，学校认证后为学生的公钥签署链上数字证书，生成可验证的声明并返还给学生。之后学生可以将钱包中储存的认证声明展示给他人，接收者通过在区块链上验证以确认学生的真实信息。

区块链简历验证平台 AppII

AppII是由伦敦初创公司基于以太坊建立的区块链简历验证平台，为雇主提供由教育者或认证者以及前任雇主验证的个人简历证书，增强受聘者的信息可信度，减少雇主寻找人才的时间，降低招聘成本，并提高招聘效率。在这个过程中，区块链取代了传统的第三方背景调查公司的工作，为雇主节约了资金，同时提供了更高的可信度。而对于受聘者来说，认证后的简历往往可以帮助他更快地获得面试机会以及获得录用，也让他更容易在所有候选人中脱颖而出。

候选人可以在AppII平台上注册，并采用生物识别技术确认身份，保证身份的真实性。注册完成后候选人可以填写和上传自己的教育、职业信息并请求验证。AppII通过区块链让前任雇主和学校对候选人进行信息核实，核实成功后将核实成功的信息上链，同时可为个人信息生成可验证的二维码，使后续雇主可以随时在链上进行核验，免去烦琐的多次验证过程。结合密码学技术，候选人还可以设置隐私权限，所有的信息都可以选择是否公开。目前，AppII已经有数个合作伙伴，包括学校、用人企业、招聘公司、咨询审计公司等。英国开放大学知识媒体研究院在 2016 年与 AppII 平台就合作进行了一项实验，用区块链解决方案核实学业记录，然后把开放学习徽章和开放大学的资格认证放到该平台上，完成区块链认证。AppII 简历验证流程如图 15-2 所示。

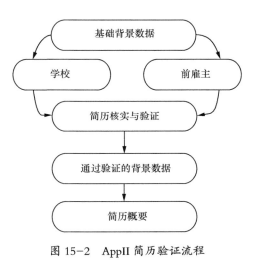

图 15-2　AppII 简历验证流程

图片来源：AppII 官网

15.2　知识产权确权及交易

　　知识产权，也称为"知识所属权"，是指权利人对其智力劳动所创作的成果和经营活动中的标记、信誉所依法享有的专有权利。知识产权是关于人类在社会实践中创造的智力劳动成果的专有权利。随着科技的发展，为了更好地保护产权人的利益，知识产权制度应运而生并不断完善。

　　知识产权行业从横向市场来看分为版权市场、专利市场、商标市场；从纵向市场分为确权、用权和维权，其中确权主要指版权申请、登记、复议和认证等业务，用权主要涉及版权授权、收费和交易等业务，维权主要是侵权调查、预警和诉讼等服务，与制定法律等息息相关。

1.行业现状

近年来，知识产权服务市场规模保持持续增长。2018年我国专利申请量（包括发明专利、实用新型和外观设计）为432.3万件，同比增长16.9%，近5年来专利申请总量增长近一倍；2018年我国商标注册申请量达到737.1万件，同比增长28.2%，近5年来商标注册申请量增长约2.5倍；在著作权方面，作品、计算机软件著作权登记量分别达到235万件、110万件，同比分别增长17.48%、48.22%。与此同时，在当前互联网生态下，知识产权侵权现象频发，2018年全国知识产权诉讼案件量（民事和行政案件）32.8万件，同比增长40.8%，近5年来知识产权诉讼案件增长率持续递增，由2015年的11.5%上升到2018年的峰值40.8%。

此外，为保护我国知识产权，创造良好的知识产权环境，我国在知识产权司法和行政保护上的力度不断加大，但还是无法从根本上解决知识产权行业所存在的痛点。

（1）确权流程效率低且成本高

知识产权的确权作为知识产权后续用权、维权的第一步，流程复杂且烦琐，甚至有些知识产权的确权需要支付一定的费用，在一定程度上打消了权利人确权的积极性。以专利确权为例，《中华人民共和国专利法》要求申请人提交专门的专利申请文件，在专利说明书中充分公开技术方案，然后撰写权利要求以明确保护范围。不仅如此，专利局还要对专利权要求进行实质审查，只有在确认它符合《中华人民共和国专利法》规定的授权要件之后，才授予专利权。另外，权利人还要缴纳各种费用以支付政府进行事先审查的成本。

（2）知识产权估值困难，商业化程度低

由于知识产权属于无形资产，确定知识产权的评估标准是世界性难题之一。无形资产多，创新性产权多，这对评估标准的细化造成了一定的困难；从从业人员的角度看，评估师既要懂法律和会计，又要懂知识产权和金融，也对从业人员提出了一定的要求。

国家知识产权局的调研显示，我国知识产权质押融资存在着规模小、成本高、融资难、周期长等问题。如果将目前的知识产权质押规模与我国巨大的知识产权存量相比，可以发现知识产权质押融资比例并不高，我国知识产权质押融资规模与中国的新增贷款和社会融资规模相比也比较低。由于对知识产权评估价值的认可度不高，知识产权抵押融资的授信额度较低，与知识产权的评估价值差距较大。

（3）产权溯源难，维权效率低下

维权是知识产权中较为重要的环节之一，产权溯源难、维权效率低下是目前知识产权服务业在维权环节面临的问题之一。另外随着数字时代的发展，侵权界定和权利溯源也变得更为困难。以音像版权为例，首先，侵权界定需要逐级查阅授权说明；其次，音像产品因为权利分割情况严重，往往有多个主体对单一音像产品拥有权利主张，例如，词曲人拥有著作权、歌手拥有版权、音像发行公司拥有发行权，以及其他主体拥有复制权、播放权等，这些权利分割和权利交叉现象，导致对权利溯源和侵权界定形成巨大困难。

另外，由于我国法律属于"谁主张谁举证"性质，被侵权人往往需要自己收集证据举证侵权行为，包括调查侵权行为人所侵权的程度、使用情况、销售数量等，以此测算产权人遭受的经济损失，并且这些证据还需要满足法庭对证据严谨性的要求。而后需要提起诉讼，诉讼将会花费非常长的时间和巨大的精力，流程繁冗复杂，效率低下。

（4）知识产权变现分配机制不透明、不合理

知识产权收益分配不透明、不合理，这是当前知识产权变现环节面临的问题之一。知识产权属于无形资产，其拥有的价值属性更多的是产权人创造所带来的，但在现在的知识产权市场上，存在很多知识产权变现分配机制不合理的现象，包括音乐版权领域、书籍版权领域等。变现更多地被渠道所攫取，真正

的创造者却没有获得应有的价值分配。例如，在音乐版权行业中，MIDiA 研究报告数据显示，每张专辑流向歌手的价值仅占全部变现价值的 14.3%，流向作曲者的收益仅为 9.5%，大部分的价值被发行平台所获取。

2.区块链赋能知识产权行业

区块链本质上是一个分布式账本，具有不易篡改、"去中心化"、可追溯的特性，能够极大地提升知识产权的确权、产权溯源的效率，配合智能合约，能够为知识产权的管理、变现流转、价值分配等带来巨大的推动力。

（1）线上确权提升效率，区块链存证提高确权公信力

传统知识产权的确权流程繁冗复杂，耗时长。例如，在著作权确权过程中，需要递交必需的文件资料进行审查，且著作权实行登记制，其确权仅是形式审查，并非实质审查。形式审查是指相关机构仅对递交的材料是否符合相应的申请要求进行审查，并且不违反《中华人民共和国著作权法》的规定即可获权，而不对著作权的内容进行审查。形式审查可以说是整个知识产权确权中最简单的流程，但目前的著作权确权仍需要至少一个月的时间。虽然已经有一些提供线上确权登记的互联网企业，能够在线上实现对版权的快速确权登记。但每家互联网企业各自为政，企业各自之间不开放相应数据，且司法对这类线上版权的证据能力、证据效力认可度不同，造成这类互联网确权企业对知识产权的确权、维权与用权环节出现断层。利用区块链和可信时间戳对知识产权进行存证，能够对每个知识产权生成独一无二且不易篡改的存在性证明；另外，知识产权区块链通过连接司法机关，让司法机关成为知识产权区块链节点，能够为链上存证提供强大的公信力，修复后续用权、维权与确权的断层。

（2）智能合约助力链上知识产权流转，提升知识产权变现效率

首先，知识产权通过确权环节已经实现数字化和上链，通过区块链上的信息可以快速明确产权主体。清晰的产权主体能够为知识产权的变现提供助力。

需求人可以通过链上信息快速找到产权主体，实现供需双方的快速连接。结合大数据和人工智能技术，对知识产权实现高效的、精准的供需匹配，在一定程度上提高知识产权的变现率。

其次，产权人可以通过智能合约实现对产权的良好管理，提升产权变现效率。产权人可以通过为知识产权设定对应的智能合约，将产权人的诉求写入智能合约，并通过私钥进行签名。只要需求人满足产权人写在智能合约中的诉求，那么智能合约就可以自动为需求人授权，并在授权期限到期时将授权停止，甚至可以实现对同个知识产权匹配不同的诉求和开放权限。通过智能合约管理知识产权，能够在很大程度上解放产权人和需求人，消除传统知识产权变现中的代理人环节，自动化管理知识产权的流转和变现，极大提升知识产权的流转效率。

（3）助力产权溯源，明确权力界定，提升维权效率

由于知识产权的确权行为在链上完成，链上保存知识产权的完整信息，配合很难篡改的时间戳，能够真实地反映知识产权的历史存在证明，并且通过链上信息，明确追溯知识产权的拥有人，快速确定知识产权的权力界定。另外，产权人可以通过调用知识产权区块链上的侵权取证固证功能，对相应的侵权行为进行固证，将侵权行为写入区块链，并且同时明确侵权主体，借用区块链很难篡改的特性，即便侵权行为发生也无法抵赖。

链上固证相比传统人工收集证据，能够压缩证据收集的时间，降低举证成本，简化流程并提高效率。另外，知识产权区块链通过连接产权中心、司法机关等政府机构，能够为链上数据提供强有力的公信力，并且整合了产权中心、司法机关等政府机构的知识产权区块链，其存储的固证能够满足司法机关对证据的要求，司法机关能够依据链上证据对侵权案件进行快速审判，极大地简化了法院审判的流程，从而提升维权效率。最终通过调动产权人的维权动力，减少侵权行为的发生。

（4）智能合约助力产权变现，提高价值分配合理性

在知识产权上链前，可以明确各权利人的权益分配、权限资格等，当权利各方达成一致意见时，将其写入区块链上的智能合约，以实现共识的、透明的价值分配。当链上发生知识产权的变现授权时，通过智能合约便可自动将收入分配给相关权益人，实现变现权益的透明分配。

另外，由于传统知识产权变现会通过代理人执行，代理人也会分走一部分的知识产权变现权益。而通过智能合约管理知识产权，同时依托强大的大数据和人工智能技术，能够实现精确匹配知识产权需求者，消除产权变现中代理人环节，将原本被代理人剥夺的价值进行重新分配，提高价值分配的合理性。

3.应用案例

> ### 华发七弦琴 IPTM 文创产业生态链服务平台
>
> 2019 年 4 月 26 日，华发七弦琴国家知识产权运营平台推出基于区块链、人工智能、大数据等核心技术为依托的知识产权生态保护平台"IPTM 时间标志"。该平台以共建共赢模式，为企业用户提供高质量知识产权服务、保护、维权、交易、孵化、金融交易等。该平台采用定点溯源和全网溯源相结合的方式，以区块链 + 大数据为支撑，实现万张图片最快 2 小时生成检测结果，并保证 100% 的识别准确率。
>
> 在技术实现上，IPTM 时间标志整体架构解决方案以恒星共识协议作为共识机制，结合国家授时中心定时模式，实现知识产权的不易篡改；利用大数据技术，实现海量知识产权的快速检索；依托稀疏矩阵技术压缩文件，提高存储空间利用效率；利用 IPFS 星际文件存储系统为文件的安全性提供保障。华发七弦琴 IPTM 文创产业生态链如图 15-3 所示。

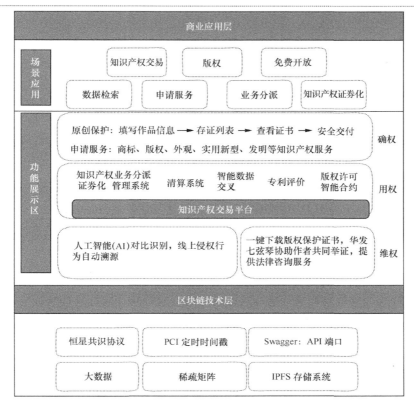

图 15-3　华发七弦琴 IPTM 文创产业生态链

图片来源：IPTM

　　IPTM 时间标志的原创认证流程简单易操作，用户只需要通过 IPTM 时间标志申请注册登录，进一步实名认证即可上传作品，作品被写入 IPTM 时间标志区块链时会生成区块链 ID，一分钟内用户便可获取原创登记证书。用户也可以通过专用区块链浏览器，查看 14 天内的交易历史、分类账本，还可以进行知识产权确权交易操作等。

　　该平台上线至今，已经拥有超过 6 万份版权登记，涵盖图片、文字、音频和视频等不同形态。如今，该平台已经与中国联通、中国电信、华为等 10 多家科技创新公司建立合作关系，共同探索包括但不限于云计算、5G、区块链、人工智能、信息安全、AR/VR 等方面的创新应用合作；与众多知识产权机构签订了联盟链合作协议，共建知识产权健康生态平台，知识产权服务联盟也将为 IPTM 时间标志平台提供优质的知识产权服务；与多位知名艺术家签订合作协议，未来双方将开展全方位合作，共同推动作品版权原创保护、维权、许可、交易等合作事项。

劳特斯辰 – 辰星玛积分系统

劳特斯辰系中国著名艺术家陈亚莲（Lotus Chen）女士以其英文名字创建，涵盖艺术品展览、投资、设计、研发、加工、交易等全产业链服务，产品涵盖高端珠宝、稀有字画、顶级雕塑等多形态艺术品。劳特斯辰国际美术馆凭借自身丰富的馆藏和深厚的行业实力，与业内知名艺术家和艺术院校保持紧密的联系，拥有艺术品经营许可证，以自身为枢纽，连接艺术品上下游及周边产业，贯穿艺术品设计、生产、交易、回收、投资、再经营等环节，打造了劳特斯辰艺术生态圈。

劳特斯辰 – 辰星玛积分是由火链科技和劳特斯辰艺术馆结合区块链技术和通证经济思想联合推出的劳特斯辰平台通用积分，是劳特斯辰艺术生态的流通凭证。它的推出旨在打通艺术品创作、确权、展出、交易、投资、参观游览和周边商业，创造以艺术家为中心、贯穿艺术品流通的综合艺术品平台。

劳特斯辰 – 辰星玛积分体系以积分系统为中心，以"辰星玛"作为流通凭证连接用户、艺术品供应方、劳特斯辰区块链综合平台和园区及相关艺术产业，系统框架如图15-4所示。劳特斯辰平台为艺术品提供版权认证、价值评估、在线展示和平台交易等服务，支持艺术品信息上链，同时连接起用户和艺术品供应方，成为二者的枢纽，打通园区和相关艺术产业。用户可持辰星玛进行消费，劳特斯辰平台为相关商业发放辰星玛作为激励和佣金支付，二者之间建立一种清算机制，由此形成广泛的"异业联盟"。艺术品上链后，收藏家可以通过劳特斯辰平台进行交易。

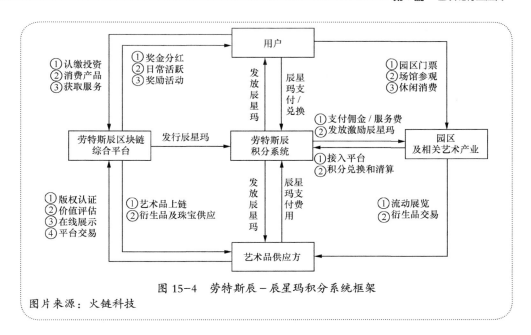

图 15-4 劳特斯辰－辰星玛积分系统框架

图片来源：火链科技

🎲 百度图腾内容版权区块链解决方案

百度图腾依托于百度超级链，由区块链技术作为底层支撑，构建全新的内容版权生态平台。百度图腾通过上传、使用互联网原创内容，使其交易体系化、透明化，并配合强大的百度搜索引擎，实现原创内容的最大曝光，提升内容版权行业的变现和流转效率。同时，依托百度搜索引擎和人工智能识别技术，实现快速侵权定位和存证抓取，为原创者搭建版权护城河。基于图像分析、语义理解等多项人工智能技术，为原创图片构建标签，实现原创图片的智能推荐，精准匹配并高效连接供需双方。百度图腾还包括积分激励系统，激励用户将原创内容上传，并奖励版权链节点的记账工作。后期图腾积分可用于百度权益和百度内部其他系统的资源和服务兑换。

在技术实现上，百度图腾底层采用百度超级链的 DPoS 共识机制，通过连接百度、内容机构、确权机构、维权机构等节点，提供强大的公信力，并将版权信息存储于分布式存储系统中；服务层提供图片搜索、盗版检测等服务，依托于百度的权威知识图片构建标签体系，生成图片描述，为图片智能检索和推荐、盗版检测等提供基础支持；平台层通过将原创作品打上数字指针和时间戳进行存证，并为原创者提供分发交易和维权取证等服务。

百度图腾支持用户将原创作品上传后，在区块链中实现版权存证，而后提供转载监测服务，同时对侵权线索进行即时取证、存证，并及时同步到北京互联网法院，原创作者可实现一键发起维权，并最终获得索赔。

百度图腾系统架构如图15-5所示。

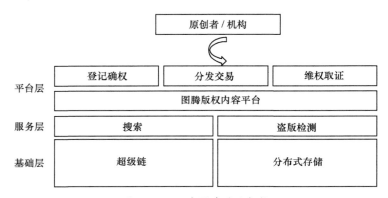

图 15-5　百度图腾系统架构

图片来源："图腾区块链原创图片服务平台白皮书"

目前，百度图腾系统已经打通了北京互联网法院、广州互联网法院等政府机构，为百度图腾的司法存证提供技术保证和结论性证据，降低了维权举证的成本。百度图腾自上线以来，已存证数超过1300万，提供超过200万起维权检测，并助力1.5万起维权成功。

原本区块链数字版权平台

原本区块链专注于数字版权领域，能够有效完成知识产权（版权）的确权、溯源、交易、分发、变现等，其本质上是一个分布式的底层数据网络。通过全球部署节点以及搭建机构级节点，原本区块链已经成为一条扩展性极强的可信联盟链。原本区块链利用智能合约系统以及数字加密算法，实现了链上数据可持续性交互以及数据传输的安全性。原本区块链通过独有的"原本DNA"技术，为每一个文创作品生成独一无二的数字身份信息，并通过区块链进行确权，作品的后续交易都会被实时记录，能够实现文化产业的全生命周期可追溯、可追踪，为司法取证提供了技术保证和结论性证据。

另外，"原本DNA"技术实现了自定义授权协议，支持在线自助版权交易，用户可以通过自定义转载授权协议，帮助知识产权拥有人实现自助且持续地获得知识产权变现收益；原本区块链独立开发了"鹰眼"系统，能够实现24小时不间断地监测全网侵权，依托人工智能技术，对数字作品的相似度进行比对，快速发现抄袭等侵权行为。一旦发现侵权行为，原本区块链可以实现快速固证，保证数据的完整性和不易篡改性。

原本区块链的业务流程如图15-6所示。

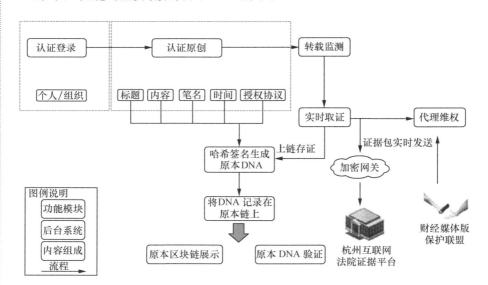

图15-6 原本区块链的业务流程

图片来源："2019上海区块链技术与应用白皮书"

目前，原本区块链后台已经打通了杭州互联网法院、广州互联网法院等政府机构，降低了司法取证的成本；也已与中国财经媒体版权保护联盟、江苏版权服务、国家海峡版权中心等机构建立了合作关系，加强版权保护公信力。并且，原本区块链已经完成全球五大洲节点部署，包含上海、新加坡、法兰克福、弗吉尼亚等，在一定程度上保证了链上信息的公信力与不易篡改。

Bernstein 区块链确权

Bernstein 是一家专注于保护和管理知识产权的公司，它的底层运用区块链技术，上层采用简单的网页应用，以快速实现知识产权链上确权。用户将文件或文件集上传后，Bernstein 将在后台发起一笔区块链交易，这笔交易包含一份用户知识产权的加密电子签名和一份权利归属证明。这笔交易是 Beinstein 签发区块链证书的基础，并且 Bernstein 的注册协议能够将同一个项目的所有关联的证书链接起来，为用户创建一份数字化轨迹，记录和证明项目的发展过程。

Bernstein 提供零知识架构，用户提交的信息和文件将在本地加密，而后加密后的信息才被发送到服务器上。当用户需要使用其知识产权变现时，任何一方都需要验证区块链证书，但由于知识产权的使用寿命以 10 年为单位计算，那么证书的存储将是之后验证的一个难点，Bernstein 提供两种不同类型的存储服务，一是商业化云端存储，二是通过"去中心化"的 IPFS 进行存储，以提高证书文件存储的时效性。

另外，Bernstein 也联合了一些相关的政府机构，来提高区块链确权的公信力。现在 Bernstein 能够提供区块链确权服务，也能够提供德国联邦印钞公司提供的数字时间戳（欧盟认证的时间戳机构）确权服务。

第16章　能源

能够提供能量的资源被视作能源。此处的能量包括且不限于热能、电能、光能、机械能、化学能。按照能源来源可将其分为以下 3 类。

◎ **第一类是来自太阳的能量。**包括直接来自太阳的能量，例如，太阳光热辐射能；间接来自太阳的能量，例如，煤炭、石油、天然气、油页岩等可燃矿物、薪材等生物质能、水能和风能等。

◎ **第二类是来自地球本身的能量。**一种是地球内部蕴藏的地热能，例如，地下热水、地下蒸汽、干热岩体；另一种是地壳内铀、钍等核燃料所蕴藏的原子核能。

◎ **第三类是月球和太阳等天体对地球的引力产生的能量。**例如，潮汐能。

1.行业现状

从全球维度来看，能源服务市场预计在 2024 年实现市场规模达到 869 亿美元，相比于 2019 年的 520 亿美元，取得 10.8% 的年复合增长率。Markets and Markets 全球市场研究机构认为，此种市场规模的增长主要归因于公用事业收入的增加、分布式能源资源的发展、可再生能源发电与存储解决方案成本的降低、能效项目税收优惠等因素。

按能源的服务类型划分，能源服务市场可分为能源供应服务、运营和维护服务、能源效率和优化服务。Markets and Markets 全球市场研究机构认为，未来能源服务市场的最大贡献者可能是能源供应服务部门，预计在 2024 年占据最大的市场份额。

国际能源署给出了类似的预测：预计全球清洁能源占比将在 2030 年时超过 30%，以化石能源为主的传统能源发展模式终将难以持续。全球能源发展的终极目标毫无疑问应该是持续开发清洁低碳的可再生能源。

此外，研究表明，能源产业，尤其是可再生能源产业，主要在以下几个方面存在弊端。

（1）新能源产业存在"数据孤岛"，调度效率低

新能源产业目前正处于从补充能源向替代能源转换的关键时期，由于顶层规划落实到用户侧运营的过程中，存在上下游协同效率低、供需两侧信息不对称、源头数据真实性难以保证等问题，新能源规模化、系统化发展受到阻碍。若想打破"数据孤岛"，就必须实现多方数据共享，从而协同高效地调配能源。

（2）集中化能源交易方式导致清洁能源市场消纳水平低

在政策与市场力量的双重推动下，分布式清洁能源快速发展。然而，由于新能源输送不稳定、运送成本高、发电设施分散等，清洁能源的发展受到阻碍。在传统配电系统中，所有电能都统一接入高压配电系统，再由中心统一调度。反观新能源分布式发电，由于单个设备产生的电能较少，使得其接入高压系统的成本很高。基于此，市场难以消化新能源的供给，风力发电、光伏发电与水力发电均经历了初步发展后的逐渐没落。

一方面，清洁能源的生产波动性大，逐步被市场放弃。清洁能源的前期发展主要得益于政策支持，高额的设备成本在逐步萎缩的新能源市场环境下，即将付诸东流。另一方面，低压配电系统的存在，使得能源供应的门槛较高，而大部分清洁能源生产设备的配置趋于分散，不能并入供电网，产能浪费严重。

（3）传统的能源交易数据记录方式易被攻击和操控

传统能源交易数据记录储存以"中心化"的方式进行，能源价格、能源消费量、发电能力等各项信息由市场各方参与者发送到"中心化"组织后，进行统一储存，此后的查询则是先由用户提交查询请求，中心服务完成查询后予以反馈。这一数据运作方式存在被黑客攻击与操控的可能。单一的数据储存地址，即便中心机构设置了非常严密的防控系统，一旦中心机构被攻击，仍然会带来无法挽回的巨大损失。由于"中心化"数据库有被攻击篡改的风险，若能实现

公共事业数据的透明化，将有助于公众形成更明智的决策。

2.区块链赋能能源

区块链技术能够保证系统透明、稳定可信以及不易篡改，并且在点对点网络中存在可以自动执行的智能合约机制，这给能源行业带来了新的发展思路。

（1）智能设备预测能源利用水平，减少浪费

区块链技术具有可溯源的特征，智能设备可以通过获取家庭的过往用电量，对用户的用电需求予以分析。只要用户将私人行程分享给智能代理，智能代理就可以据此预测其短期内的用电需求，并将预测用电量上链，同时能源供给方也将预测产量上链，实现供需平衡，减少产能浪费，并在供需不均衡的地区，快速高效调度能源，满足各方能源需求。对于用户行程的分享，区块链通过加密技术保护用户隐私，提升其体验感与安心度。

与传统电力系统"只进不出"的管理模式不同，智能代理可以智能化地应对能源需求。对于自动恒温器、充电器等设备，智能代理可以实现特定情况下的负荷运行，释放出可以满足用户家庭其他设备用电需求的电能。此外，智能代理也可以通过微电网进行交易，实现一定的收益，提高能源的利用率，降低家庭的用电成本。

（2）分布式能源交易提高能源利用率

微电网是指由分布式电源、储能装置、能量转换装置、负荷、监控和保护装置等组成的小型发配电系统，实现分布式电源的灵活、高效应用，解决数量庞大、形式多样的分布式电源并网问题[1]。

而区块链是有效的微电网交易基础技术，可以让分布式的清洁能源（如太阳能）直接进行点对点交易，降低接入统一电网的高成本，有效改善能源电力的利用率。同时微电网系统能够提高局部能源的自产自用率，降低运输导致的能源消耗，解决能源分布不均衡的问题，使能源利用更具弹性和高效。

此外，微电网的成功建设避免了单点故障问题的频发，还有效降低了意外

---

[1] 吴凝. 微电网技术在主动配电网中的应用 [J]. 建筑工程技术与设计. 2018（8）：2095—3054.

事件可能带来的巨大潜在损失。

（3）提高能源数据的安全性

区块链的分布式记账提高了能源上链数据的安全性、完整性、可追溯性和透明度。由于能源数据是关乎每个人的公共事业数据，数据安全的保障不可或缺。向公众公开能源数据，不仅可以引导市场做出正确的决策，还有助于公众增强对公共事业的信心，增强对政府的信任。

3.应用案例

国网电商打造区块链公共服务平台

国网电子商务有限公司是国家电网的子公司，致力于实现互联网与电网的融合，打造优质电网服务平台，并进一步推动电力能源互联网产业体系的稳定发展。国网电商的全资子公司——国网区块链科技有限公司，瞄准区块链科技研发，推动电力物联网公共事业发展，为电力能源交易创建新型的区块链服务生态。基于这一背景，国网区块链公司在原有电力系统中运用区块链技术寻求创新突破，形成了可行性极强的区块链解决方案。

国网区块链创建了电网系统里首个司法级可信区块链云平台，并与北京互联网法院"天平链"连通，保障平台用户身份信息真实可信。以传统电网为枢纽，区块链能源平台整合新能源产业全资源，将用户所有的业务需求信息上链，实现了能源端与用户端的链上连接。在管理方面，该平台不只着眼于能源调配的协同，还积极助推对内业务的质效提升，将科技、服务、金融等多方应用贯通上链，实现了多环节的共同发展。

国网区块链的服务架构如图16-1所示。

该平台具备区块链在节点信息共享、分布式存储、数据不易篡改、信息可溯源等方面的优势，对能源系统各环节实行上链管理，打破了数据壁垒。具体操作包含可信身份认证、节点数据同步共享和隐私安全保护3个模块。

电网参与者，无论是电力用户、能源供应方，还是平台运营管理方，都必须在进入平台之前进行严格的身份认证，并结合"天平链"确认身份，使并网身份认证具有法律效力。而这一身份认证体系又不同于传统的强认证，它采用了区块链云端轻量级电子签名技术，通过跟踪电子签名，构建认证过程溯源链，既安全又方便，实现了多元化身份的统一管理；各方交易均在链上进行，用户身份、合同具体内容等关键数据都上链保存，并同步在链上的所有节点中；在确保身份信息安全的前提下，在线上实现交易签约，链上保存的合同可以被随时查询，并且过去交易可溯源，有效解决了各类合同纠纷问题。这一认证过程有效切除了线上交易的不信任疑虑，是平台能够系统化运营的基础。

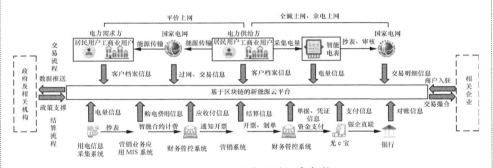

图 16-1　国网区块链的服务架构

图片来源：可信区块链推荐计划

节点数据同步共享，利用区块链的分布式储存特征，将监管部门、新能源供给方、电力用户、发电企业等主体的重要数据链上储存，防止数据被篡改。各方也可以查询链上全部数据，解决数据保密问题与主体间信任缺失问题，实现各环节信息互通，提高主体间的协同效率，构建全生态、全场景、高互信的新能源服务基础设施。能源供给侧与消费侧实现信息对称，通过区块链智能合约，提高新能源吸纳水平，解放"中心化"电网系统中的能源调度部门。

国网区块链的数据传导过程如图 16-2 所示。

目前，该项目已在多地进行试点，极大提升了当地新能源业务的办理效率，为该新能源云平台的全面推广积累了大量的实践经验。截至 2019 年，区块链能源平台已累计接入 130 万座新能源电站，达到 3.5 亿千瓦的装机容量，实现

1022 家供应商入驻，突破 350 亿元的交易规模，带动产业链上下游超过 3000 家企业协同发展，直接或间接带动就业超过 100 万人。

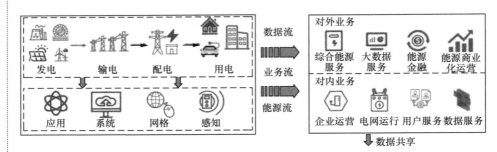

图 16-2　国网区块链的数据传导过程

图片来源：可信区块链推荐计划

在隐私保护方面，该平台对认证用户达到唯一识别，通过加密技术，设置敏感信息权限，用户只需要以唯一身份识别进行交易，既保护了用户的隐私安全，又保护了企业的商业机密。

L03 Energy 成立布鲁克林微电网——TransActive Grid

美国初创能源公司 L03 Energy，专注于能源利用效率的提高。2016 年 3 月 3 日，L03 Energy 与区块链技术创业公司 ConsenSys 合作成立了 TransActive Grid 项目，在纽约市布鲁克林区开展新型微电网试验，这是区块链在能源领域的首次应用，被认为将会带来能源交易的重大变革[2]。

起初，TransActive Grid 项目只涉及 10 个分布在美国布鲁克林地区总统大道两侧的家庭。道路一侧的 5 户家庭安装了屋顶光伏发电系统，产生的电能在完全满足家庭用电需求之余，还有大量剩余；另一侧的 5 户家庭没有安装发电系统，因此需要向对面家庭购买电力。据此，这 10 个家庭构成了一个微型的电力生态。即便没有第三方电力运营商，家庭之间也可以通过区块链网络，采用 P2P 模式直接进行点对点的能源交易。

[2] 吕诗宁，颜拥，丁麒，等. 能源互联网中的区块链应用：优势、场景与案例 [J]. 浙江电力，2017（3）：1—4+23.

智能电表作为这种电力交易模式的硬件基础，在底层应用了基于区块链的智能合约，可以采集包括发电能力、用电需求、交易电量等在内的用户信息。用户信息完成实时上链后，将同步至所有节点并分布式储存。此种模式不仅可以预测用电量，从而智能地应对能源需求，还能及时储存剩余能源，并进行能源交易。

TransActive Grid 项目的系统设计如图 16-3 所示。

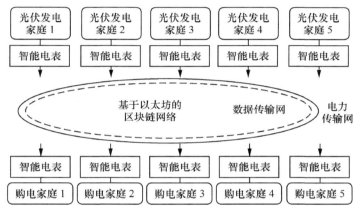

图 16-3　TransActive Grid 项目的系统设计

图片来源：L03 Energy 官网

此外，区块链微电网还保证了即时交易的实现，消费者不需要中间零售商便可以进行能源批发的市场交易，随后使用智能设备实时自动地支付账单。这意味着，智能代理完成能源交易价格的分析后，将结合其预测出特定的用电需求，为客户制定更明智的消费策略：在能源价格低时，增加能源购买，并在家庭储电设备储存多余的能源；在能源价格上涨时，减少能源购买，甚至出售部分储存能源。

智能代理与智能合约的应用，形成了区块链微电网独有的分布式能源交易体系。该项目的优势可以简述为以下几个方面。

（1）点对点交易：能源供应方与需求方可以在项目平台实现即时自主交易。

（2）微电网：交易双方通过微型电力系统连接，形成微型能源生态系统，实现能源实时实地地产生、交易和储存，社区将更高效、更弹性化、更可持续地利用能源。

（3）分布式系统：操作员可以在分布式系统下访问各项消费者数据，运营商将以价格为调节代理指标，以协商价格方式管理能源的利用情况，达到负载均衡以及迅速响应需求。

（4）"去中心化"：纽约市常受飓风天气的影响，电网常遭破坏，原有的"中心化"能源系统会因任何局部损坏而陷入瘫痪，分布式电网有效避免了这一情况的发生，并将损失降到最低。

即使该微电网试验显示出令人惊叹的种种优势，但目前仍无法实现微电网项目的大规模推广。点对点的交易方式确实对交易双方具有很强的吸引力，但对于开发团队而言毫无利润可言。在布鲁克林这局部地区试用的该项目，若无收益产生，在未来的推广中会给公司带来严重的成本负担。资金上的顾虑阻碍了 L03 Energy 和 ConsenSys 双方的进一步合作，因此该项目陷入停滞。此外，由于纽约市禁止个人直接参与电网市场，该项目也一度被叫停。

尽管如此，TransActive Grid 依然是能源市场的一次重要革新，为后续区块链在能源领域的应用提供了范例，所遇问题也是未来需要改进的方面。

融链科技开发智能微网综合管控系统

2017 年 6 月，北京融链科技有限公司正式成立。它以区块链作为底层数据结构予以支持，结合大数据与人工智能技术，搭建智能化、"去中心化"、自主化的能源交易平台，创造了中国在能源领域应用区块链技术的首次试验。

融链科技自主研发区块链数据平台和 AI 大数据处理服务，针对能源细分领域分别创建了对应的智能化管理方案，目前已构建的产品包括分布式电力交易、智慧能源、智慧电网、智能氢能管控、微网能源管理等。融链科技致力于应用已有的区块链技术，解决新能源发展难题，并据此推出了智能微网综合管理系统。

　　智能微网综合管理系统通过分布式采集与分析数据提供了一个新能源耦合的运行平台，从而实现了能源供给需求双方的协同优化，这不仅能够帮助用户选择能源类型和交易对象，实现点对点的交易方式，而且对于分布式清洁能源，可以实现在低压配电层面的合理利用，有效减少能源浪费，扩大新能源的市场空间。此外，能源供需双方的关系进一步优化，能源供给方可以将不同种类的能源及短期预测供给量在微网上发布，能源需求方则可以使用智能设备预测用电量，并通过区块链微网达成交易。智能微网综合管控系统的应用模式如图 16-4 所示。

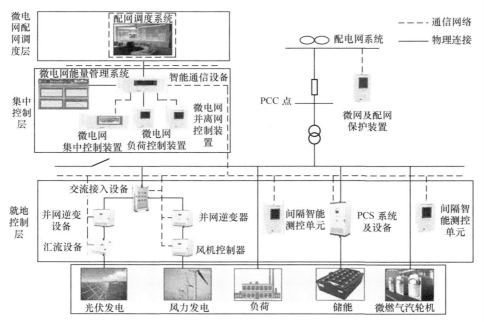

图 16-4　智能微网综合管控系统的应用模式

图片来源：融链科技官网

　　智能微网系统与传统电力交易系统的最大区别是实现了电力分布式生产、储存、转换、利用，是一个可自我控制、自我管理的自治系统。各个不同的微型系统既可以独立运行，也可以多微网系统并网形成大系统运行。从微观层面来看，它可能加大消费者对清洁能源的偏好程度；从宏观层面来看，它可以实现高效能源的智能调度，在确保提高清洁能源使用率的同时，保障用户用电需求，解决清洁能源产能不稳定等问题。在区块链的技术支持下，智能微网接入分布式能源，降低了能源供应门槛，有效提高了清洁能源的入网能力，实现了低压配电层面能源的高效利用。

智利国家能源委员会使用以太坊追踪能源数据

　　智利国家能源委员会隶属于智利能源部，具有能源监管职能。2018年2月，智利国家能源委员会声称将开展基于区块链网络的数据记录项目，旨在运用区块链技术保护数据安全，这将是区块链在拉丁美洲的首次应用。区块链与传统数据记录方式最大的区别在于，其采用分布式记账，具有不易篡改、便于查询的特性。若将其应用于能源市场，市场内的任一交易信息，包括价格、时间、能源种类、能源量等都会载入区块链。此后，任一节点均可通过区块链进行信息查询。由于区块链中存在大量的节点，黑客若只对一个节点或者部分节点进行信息篡改，都不会影响整体的数据安全。这意味着除非黑客同时攻击50%以上的节点（这是很难实现的），否则区块链上的信息将保持绝对安全。

结 语

从广泛的政务基层到前沿的金融领域，从精密的工业制造到客户端的商业模型，我们都能发现区块链的独到之处。通过 100 个来自各行各业的"区块链＋"产业案例，想必读者心中已对区块链有了全面的认识。

区块链作为一种分布式系统，在促进数据共享、优化业务流程、降低运营成本、提升协同效率、建设可信体系等方面发挥着独一无二的作用，并与公共事务、政务、司法、金融、农业、工业、商业、交通运输及物流医疗、教育或文创、能源等众多领域结合得相得益彰。

产业区块链的发展，空间广袤，大有可为。目前我们还可以在上链信息的真实性、链上权限设置、联盟链间数据互通、项目冷启动推动以及确保项目可持续发展等方面做出努力，使之更加完善。

当然，区块链的应用远不止此 100 例，思路更是不必拘泥于书中的方向。一千个读者的眼中有一千个哈姆雷特，我们希望通过这本《区块链产业应用100 例》抛砖引玉，为国家的区块链创新添砖加瓦，为区块链行业提供灵感火花，进而让区块链更好地赋能实体经济，最终加速区块链将要带来的新一轮世界范围的生产力的宏大革新。